Winfried Wolf
TEMPOWAHN

Bibliografische Information der Deutschen Bibliothek:
Die Deutsche Bibliothek verzeichnet diese Publikation
in der Deutschen Nationalbibliografie.

Detaillierte bibliografische Daten sind im Internet über http://dnb.ddb.de abrufbar.

Coverfoto: shutterstock
Umschlaggestaltung: Gisela Scheubmayr

Druck: CPI – Clausen & Bosse, Leck
Printed in Germany
ISBN: 978-3-85371-481-2

Fordern Sie die Kataloge unseres Verlags an:
E-Mail: promedia@mediashop.at
Web: www.mediashop.at
www.verlag-promedia.de

Winfried Wolf

TEMPOWAHN

Vom Fetisch der Geschwindigkeit zur Notwendigkeit der Entschleunigung

PROMEDIA

Über den Autor

Winfried Wolf, geboren 1949 in Horb am Neckar, studierte Politikwissenschaften in Freiburg und Berlin und promovierte in Hannover. Von 1994 bis 2002 war er Mitglied des deutschen Bundestags. Er ist Chefredakteur von „Lunapark21 – Zeitschrift zur Kritik der globalen Ökonomie" und Mitglied im Wissenschaftlichen Beirat von Attac. Im Promedia Verlag sind von ihm u.a. erschienen: „Verkehr. Umwelt. Klima. Die Globalisierung des Tempowahns" (2. Auflage 2009) und „Mit dem Elektroauto in die Sackgasse" (aktualisierte Neuauflage 2020).

Inhalt

Vorwort 7

Kapitel 1: Der Mensch. Die Zeit. Die Uhr 9

Kapitel 2: Die Industrialisierung als Zeitmaschine 17

Kapitel 3: Kanäle und Eisenbahnen
als Transportrevolutionen der Industrialisierung 27

Kapitel 4: Die Transportrevolution der Eisenbahnen 39

Kapitel 5: Der kleine Mann macht Tempo 59

Kapitel 6: Fordismus und Faschismus 75

Kapitel 7: Autostrade, Autobahnen, Interstates 91

Kapitel 8: PS-Wahn – SUV-Boom – Macho-Tempo 107

Kapitel 9: Die Produzenten des Autowahns 123

Kapitel 10: Der Flugverkehr – das bislang
letzte Kapitel in der Tempowahn-Geschichte 149

Kapitel 11: Der Preis des Fetischs Geschwindigkeit.
Oder: Das Nullsummenspiel beim Zeitgewinn 185

Kapitel 12: Entschleunigung – der Griff zur Notbremse 203

Literaturverzeichnis 219

Vorwort

Als ich das vorliegende Buch plante, war dieses thematisch eher eng angelegt. Im Zentrum sollte der aktuelle Tempowahn stehen, also das, was sich nun vor allem in den Kapiteln 8 und 9 findet. Es waren dann vor allem meine Recherchen hinsichtlich dessen, was ich zu dem Thema bereits einmal teils geschrieben und teils auch selbst erlebt hatte, was zu dem jetzt umgesetzten weit breiteren Themenspektrum führte. In dem 1986, 1987 und 1992 erschienenen Buch „Eisenbahn und Autowahn" finden sich bereits Abschnitte, die Ivan Illichs Theorie der „gesellschaftlichen Durchschnittsgeschwindigkeit" aufgreifen. Wobei es dort im Kapitel „Geschwindigkeitsmythos" noch um Autos geht, „deren Spitzengeschwindigkeiten bis vor zwei Jahrzehnten dem Rennsport vorbehalten waren". Damit waren jedoch Tempi von „bis zu 200 km/h" gemeint. Derzeit haben alle drei großen deutschen Autohersteller Modelle mit Spitzengeschwindigkeiten von 300 plus im Angebot. Auch gibt es Autovermieter, die sich auf Pkw mit solchen Spitzengeschwindigkeiten spezialisiert und dabei vor allem junge Männer als potenzielle Kunden (und nicht selten als Mörder respektive als Selbstmörder) im Fokus haben. Das Buch „Verkehr. Umwelt. Klima", das 2007 und 2009 bei Promedia erschien, hatte bereits den richtungsweisenden Untertitel „Die Globalisierung des Tempowahns". Und als – erneut bei Promedia – 2020 die dritte Auflage von „Mit dem Elektroauto in die Sackgasse" erschien, da durfte ich bereits über *Elektroautos* mit solchen Top-Geschwindigkeiten und „mit 510 PS im Heckmotor, weiteren 263 PS im Frontmotor und einem Leergewicht von 2486 Kilogramm" berichten. Es geht um das Model X von Tesla, von der EU als „Zero-Emission-Vehicle" eingestuft.

Insofern kann ich beim Thema Tempowahn aus dem Vollen schöpfen. Das gilt auch für die Notwendigkeit der Entschleunigung. In meiner Jugend verfügte ich über ein Kartenspiel mit dem Titel „Rennen und Rekorde". Abgebildet war unter anderem der Dampfer „Britannia", der 1840 die Transatlantik-Querung in der Rekordgeschwindigkeit von zwei Wochen bewältigt hatte. Mit an Bord war immer eine Kuh, damit die Passagiere täglich ihre frische Milch trinken konnten. Man mag füglich bezweifeln, dass dabei das Tierwohl in ausreichendem Umfang beachtet wurde; doch für die Passagiere handelte es sich zweifellos um ein entschleunigtes Reisen. Die leistungsstärksten Schiffe in diesem Quartett waren 18 Knoten oder 33 Stundenkilometer schnell. Es ging um das „Blaue Band"; man sprach damals tatsächlich von Transatlantik-*Rennen*. Anfang der 1990er-Jahre befuhr ich dann – selbst am Ruder stehend – den Llangollan-Canal in Wales, und las abends auf dem narrow boat die Beschreibung darüber, wie der in dieser Region Anfang des 19. Jahrhunderts erstellte exzellente Käse auf tagelangen Kanalschifffahrtstransporten – am Ende auf dem Shropshire Union Canal – reifte, um schließlich auf dem Wochenmarkt der Stadt Chester verkauft zu werden. In meiner Zeit als Bundestagsabgeordneter entwickelte ich meine Begeisterung für die Nachtzüge. Ich konnte irgendwo in Baden-Württemberg abends eine Veranstaltung abhalten, danach noch ein oder zwei Viertel Gutedel trinken; Hauptsache ich war bis 23.26 Uhr in Karlsruhe oder bis 0.05 Uhr in Mannheim: Der Talgo-Nachtzug brachte mich dann bis Punkt 8 Uhr früh nach Berlin; das Frühstück im Zugrestaurant war wirklich ausgezeichnet.

Doch lesen Sie selbst – die Geschichte von Mensch und Geschwindigkeit, Industrialisierung als Zeitdiktat, Ford und Faschismus, Globalisierung und Corona und den „Griff des in einem (rasenden) Zug reisenden Menschengeschlechts nach der Notbremse", wie Walter Benjamin die notwendige Revolution charakterisierte.

Für Lektorat und intensiven Austausch bedanke ich mich bei Andreas Jacobson.

Winfried Wolf,
Michendorf, im März 2021

Kapitel 1:
Der Mensch. Die Zeit. Die Uhr

Zu Beginn des anschließenden Winters jedoch kam ein Weib, das in der Stunde der schlimmsten Hitze Wäsche im Fluss wusch, höchst aufgeregt und laut zeternd durch die Hauptstraße gerannt. »Da kommt was Unheimliches«, stieß sie mühsam hervor, »so was wie eine Küche, die ein Dorf hinterdrein schleppt.«
In diesem Augenblick erzitterte das Dorf von weithin hallenden Pfiffen und ungeahntem Zischen. [...] Als sie sich von dem betäubenden Pfeifen und Keuchen erholt hatten, liefen alle Einwohner auf die Gassen hinaus und sahen gebannt den blumengeschmückten Zug, der zum ersten Mal mit acht Monaten Verspätung eintraf. Der unschuldige gelbe Zug, der so viele [...] Verhängnisse und Sehnsüchte nach Macondo bringen sollte.

Gabriel Garcia Márquez – Hundert Jahre Einsamkeit, 1967[1]

»Weißt du, dass einst Zigeuner zusammen mit Melquíades hierher kamen, um euch das Eis zu zeigen?« – »Natürlich! Das erzählt García Márquez in seinem Roman‹Hundert Jahre Einsamkeit‹« – »Was hältst du davon, was die Zigeuner dieses Mal mitgebracht haben?« – »Wundervoll! Der Traum von García Márquez ist endlich Wirklichkeit geworden.«

Ramon Chao, Ein Zug aus Eis und Feuer, 1994[2]

Wenn ich Ende der 1950er-Jahre nach der Schule – zunächst der Volkschule in Weißenau und dem Humanistischen Gymnasium in Ravensburg, jeweils in Oberschwaben – mit meinen Freunden in

1 Gabriel García Márquez, Hundert Jahre Einsamkeit, Original 1967, hier nach deutsche Ausgabe Köln 1970, S. 260.

2 Ramon Chao, Ein Zug aus Eis und Feuer. Mit Mano Negra durch Kolumbien, Hamburg 2008 (Original Paris 1994. Der Rockmusiker Manu Chao durchquerte mit seiner damaligen Band La Mano Negra in einem aus Schrotteilen zusammengeschmiedeten Zug mit einer Gruppe französischer und kolumbianischer Künstler (»Zigeuner«) das ländliche Kolumbien, teilweise auf längst nicht mehr befahrenen Gleisen. Sein Vater Ramon Chao dokumentierte die zeitlose Reise.

den nahe gelegenen Wald zum Spielen ging, pflegte meine Mutter zu sagen, wir müssten zum »Gebetläuten« nach Hause kommen.[3] An den Sonntagen gab es eine halbe Stunde vor Beginn des Hochamtes ein eher schlichtes Gebimmel, das in die Kirche rief. Besonders pünktlich war dieses Geläut nicht; um es in Gang zu setzen, musste der Messner jeweils einen guten Kilometer per Fahrrad zur Kirche radeln und dort eigenhändig an einem dicken Hanfseil ziehen, um den Klöppel in Schwung zu bringen – und bei feierlichen Anlässen sogar die große Hosianna-Glocke bewegen. Allerdings gab es bereits eine große Uhr auf dem 45 Meter hohen Turm der Barockkirche. Diese war weithin sichtbar. Man konnte sie auch von zwei der Klassenzimmer der Volksschule aus gut erkennen; wer ausreichend Mut und gute Noten hatte, konnte gegebenenfalls den Lehrer ermahnen, wenn er am Ende der Unterrichtsstunde die Zeit allzu sehr überzog. Es gab ein Zeitgefühl; doch das war eher vage, die Erinnerung an die Zeit erfolgte sporadisch und auf höchst praktischem Weg. Wir waren noch weit entfernt von der Allgegenwart der Zeit im Zeitalter von Handy, DB-Navigator und »getaktetem« Terminkalender.

Jahrtausendelang lebten die Menschen ohne Zeit oder zumindest ohne ein genaueres Zeitgefühl. Ja, es gab schon immer enorm unterschiedliche Zeitgefühle. Wer auf jemanden oder auf ein Ereignis wartet, vermeint, die Zeit bliebe stehen und die Sekunden würden tropfen. Wer ein freudiges Ereignis erlebt, für den vergeht die Zeit »wie im Fluge«. Eine exakte Zeit – ein spezifisches Zeitmaß – lässt sich aus eigener Geisteskraft oder eigenem Empfinden kaum definieren. Studien zeigen: Menschen können die Aufgabe, ohne Uhr nach exakt einer Stunde einen Knopf zu drücken, nicht erfüllen. Ein jeder und eine jede wählt dabei – mit enormen Abweichungen – einen anderen Zeitpunkt.

3 Das Gebetläuten (auch Gebetsläuten oder – in anderen katholischen Regionen – Angelusläuten) fand regelmäßig abends, meist um 18 Uhr statt. Es war, wenn ich mich korrekt erinnere, ein einfaches Läuten, ein mehrfacher Schlag des Klöppels gegen die Glocke, also ohne ein Schwingen der Glocke.

Das gesellschaftliche Leben erforderte jahrtausendelang kein genaues Zeitmaß. Und somit gab es keine sprachliche Ausformung für »Zeit« – beziehungsweise der Zeitbegriff wurde in anderer Weise ausgelegt. Das *»panta rhei* (πάντα ῥεῖ) – alles fließt« des Heraklit setzt den Zeitfluss mit dem Bett eines Stromes gleich. Dabei ging es ihm nicht in erster Linie um Zeit. Schon gar nicht um konkrete Zeitpunkte. Im Gegenteil: Hektik und Tempo sind dem Bild vom Flussbett fremd. Inzwischen ist vom Zeitstrahl die Rede. Im alten Ägypten soll es kein Wort gegeben haben, das so abstrakt und umfassend ist wie unser Begriff Zeit – wohl aber viele Worte, die sich auf die Zeit von etwas und für etwas beziehen und so viel wie »Augenblick«, »Moment« bedeuten und damit »auf einen bestimmten Zeitpunkt eines Ereignisses [...] hinweisen, an dem sich dieses am charakteristischsten entfaltet.« Es habe, so Erhard Oeser, eine »grundlegende Spaltung des Zeitbegriffs« gegeben: »Die alten Ägypter hatten zwar schon das Bewusstsein von einer das eigene subjektive Zeiterleben und die eigene Lebenszeit übersteigenden Zeit. Aber diese ›Zeit‹ fiel bei ihnen mit der ewigen Zeitfülle zusammen, außerhalb derer nicht gedacht werden kann und die mythologisch durch den ›Uruboros‹, das Symbol der sich in den Schwanz beißenden Schlange, dargestellt wurde.«[4]

Es waren staatsähnliche Strukturen, der Handel, Transport und Verkehr und nicht zuletzt Kriege, die ein möglichst genaues Zeitmaß und eine höchstmögliche Geschwindigkeit diktierten. Die Übermittlung eines wichtigen Ereignisses konnte kriegsentscheidend sein. Deswegen war die Geschwindigkeit von Boten – und die gesicherte Übertragung – von strategischer Wichtigkeit. Im Jahr 490 vor Christus galt es den Sieg Athens über die Perser in der Schlacht von Marathon im knapp 40 Kilometer entfernten Athen zu vermelden. Ein Bote soll die Strecke ohne anzuhalten in voller Kampfausrüstung zurückgelegt und in Athen den Sieg verkündet haben, um dann tot

4 Erhard Oeser, Zeitpfeil und Zeithorizonte, in: Zeit-Räume. Zeiträume – Raumzeiten – Zeitträume. Herausgegeben von Martin Bergelt und Hortensia Völckers, Wien 1991, S. 171.

zusammenzubrechen. Es dürfte sich um eine Legende handeln. Gesichert ist die Erkenntnis, dass es im antiken Griechenland ein System laufender Boten gab, die in einem relativ festen Zeitmaß Nachrichten überbrachten. Die 240 Kilometer weite Entfernung Athen–Sparta soll ein solcher Hemerodromos in einem Tag zurückgelegt haben.

Tausend Jahre später wird in der »Memminger Chronik« über eine systematisierte Nachrichtenübertragung auf Basis von Taxi'schen Posten wie folgt berichtet: »1490 […] In diesem Jahr fiengen die Posten an bestellet zu werden/ auß Befelch Maximiliani I. deß Königs von Oesterreich biß in die Niderland/ und biß nacher Rom. Es lag allweg 5 Meil wegs ein Post von der anderen. Einer war zu Kempten/ einer zu Bleß 3 Stund unter Memmingen/ einer an der Bruck zu Elchingen/ und also fortan/ einer musste alle Stund eine Meil/ das ist zwei Stund weit reiten/ oder es ward ihm am Lohn abgezogen/ und mussten sie reiten Tag und Nacht. Also kam offt in 5 Tagen ein Brieff von hier biß nacher Rom.«[5]

Die übliche Tagesleistung dieser Taxi'schen Posten lag im Inland bei 120 Kilometern. Auf europäischer Ebene musste das Habsburger Reich in ein Zeitmaß gebracht werden. Dabei wurde die Leistung bewusst niedriger angesetzt, um ein realistisches Maß als Dauerzustand aufrechterhalten zu können und damit ein festes Zeitmaß zu erreichen. In einem 1505 geschlossenen Vertrag zwischen Philipp und Franz von Taxis wurden die folgenden Zeitmaße vereinbart: Brüssel–Paris 44 Stunden im Sommer und 54 Stunden im Winter; Brüssel–Innsbruck fünfeinhalb Tage bzw. sechseinhalb Tage; Brüssel–Granada 15 beziehungsweise 18 Tage.

Die Fähigkeit, aus Zeitgewinn, Zeitkontrolle und einem Briefmonopol ein Geschäft zu machen, verschaffte der Adelsfamilie der Thurn und Taxis einen enormen Reichtum, weswegen der Milliardär Albert von Thurn und Taxis heute zu den hundert reichsten

5 Zitiert bei Wolfgang Behringer, Thurn und Taxis: Die Geschichte ihrer Post und ihrer Unternehmen, München – Zürich 1990, S. 26.

Deutschen zählt. Und während sich die Thurn-und-Taxis-Pferde-Posten mit Tempo 20 Stundenkilometern bewegten, bevorzugt seine Durchlaucht heute die zehn- bis fünfzehnfache Geschwindigkeit: Der Mann fährt Autorennen. Immerhin auf dafür vorgesehenen und für den öffentlichen Verkehr nicht geöffneten Bahnen. Seine Mutter, die Fürstin Gloria von Thurn und Taxis: »Es macht schon wahnsinnig viel Spaß auch mal sehr schnell, mit Tempo 300, über die Autobahn zu fahren. [...] Man kann hin und wieder nachts schon mal versuchen, die magische Grenze zu knacken. [...] Der Blick klebt dabei auf der Straße. Das ist natürlich schon ein Erlebnis.«[6]

Doch zurück in entschleunigtere Zeiten und zum Läuten der Glocken. Dies war im gesamten Mittelalter und bis in die Zeit der Industriellen Revolution hinein das übliche Zeitmaß. Andernorts – so in den Tuchdistrikten und in den Gebieten mit Töpferei in England – wurde das Horn eingesetzt, um frühmorgens die Leute zu wecken. Zwar gab es erste mechanische Uhren bereits im 14. Jahrhundert; es handelte sich jedoch in der Regel um Turmuhren, die im öffentlichen Raum die Zeit verkündeten. Mitte des 17. Jahrhunderts verbreiteten sich die Standuhr und erste Taschenuhren. Genauigkeit in der Zeitmessung war noch kaum ein Thema – auch weil nicht im gesellschaftlichen und Arbeitsleben notwendig. Es war dann nicht zufällig die Schifffahrt, in der mechanische Zeitmesser mit präzisem Uhrwerk zum Einsatz gelangten. John Harison, ein Uhrmacher und ehemaliger Schreiner aus Barton-on-Humber (Lincolnshire), perfektionierte 1730 eine Schiffsuhr, von der er sagte, diese »dahin gebracht (zu haben), dass sie genauer geht, als man sich vorstellen kann, wenn man an die große Zahl von Sekunden denkt, die ein Monat hat, und während deren sie um nicht mehr als eine Sekunde abweicht. [...] Ich bin mir sicher, dass ich es noch auf die Genauigkeit von 2 oder 3 Sekunden pro Jahr bringen kann.«[7]

6 Fürstin Flott, Interview mit Fürstin Gloria von Thurn und Taxis, in: *PS Welt – Die Zukunft der Mobilität, Das Automagazin der Welt am Sonntag*, September 2017.

7 Zitiert bei Edward P. Thomson, Zeit, Arbeitsdisziplin und Industriekapitalismus, in: Derselbe, Plebeische Kultur und moralische Ökonomie. Aufsätze zur englischen Sozialgeschichte des 18. und 19. Jahrhunderts, ausgewählt und eingeleitet von Dieter Groh, Frankfurt/M.–Berlin–Wien 1980, S. 41.

Im ausgehenden 17. Jahrhundert und das gesamte 18. Jahrhundert hindurch war die englische Uhrmacherkunst in Europa hinsichtlich Technik, Präzision und modischer Ausgestaltung führend. Ihre Basis war zunächst eine rein handwerkliche; das Uhrmacherhandwerk ging aus dem Schmiedehandwerk hervor. Im 18. Jahrhundert wurde daraus jedoch ein ansehnlicher Industriezweig, in dem einige Tausend Menschen auf halbindustrieller Ebene arbeiteten: Es gab eine Arbeitsteilung mit vorfabrizierten Zulieferungen aus großen Fabriken. Für 1796 wird als Produktion der englischen Uhrmacher die Zahl von 191.678 Taschenuhren genannt. Ein großer Teil der Uhren ging in den Export.[8] Anfang des 19. Jahrhunderts erwuchs dem englischen Uhrenhandwerk eine kontinentale Konkurrenz insbesondere in Form französischer und Schweizer Uhrenhersteller.

Ein gutes halbes Jahrhundert lang waren Taschenuhren ein Luxusgut der Reichen. Der Durchschnittspreis lag so hoch, dass die ständig ablesbare Zeit das Privileg von Adel, Meistern, Fabrikherren und Händlern blieb. Ende des 18. Jahrhunderts wurde aus Luxus Mode und mit der Mode in zunehmender Weise ein Massenprodukt:

> Unter den neuen Bedürfnissen, die der Industriekapitalismus nun zur Förderung der eigenen Entwicklung weckte, war das kleine Instrument, das den neuen Rhythmus des industriellen Lebens regulierte, relativ dringlich. Eine Wand- oder Taschenuhr war nicht nur nützlich, sie verlieh auch Prestige, und so werden nicht wenige für ihren Erwerb die letzten Ersparnisse geopfert haben. [ ] Selbst Arbeiter mochten ein bis zweimal in ihrem Leben unerwartet zu Geld kommen und dafür eine Uhr erstehen: für den Wehrsold, einen Ernteverdienst oder den Jahreslohn eines Dieners. In manchen Teilen des Landes wurden Uhrenclubs (*clock and watch clubs*) zu gemeinschaftlichem Ratenkauf gegründet. Die Taschenuhr war die Sparkasse

8 Edward P. Thomson, a. a. O., S. 42.

> des kleinen Mannes, in schlechten Zeiten konnte sie verkauft oder verpfändet werden. [ ] Wann immer eine Gruppe von Arbeitern ihren Lebensstandard zu erhöhen vermochte, gehört der Erwerb von Uhren zum ersten, das die Beobachter vermerken. Nach Radcliffes bekanntem Bericht über das goldene Zeitalter der Handwerker in Lancashire in den neunziger Jahren des 18. Jahrhunderts hatte jeder Weber »eine Uhr in der Tasche« und jedes Haus war »wohl ausgestattet mit einer Wanduhr in einem eleganten Mahagoni- oder sonstigen modischen Gehäuse«.[9]

Und wie kam die Uhrenindustrie in die Schweiz? Wohl durch puren Zufall. Der 1685 geborene und 1741 verstorbene Daniel JeanRichard, ursprünglich von Beruf ein Schlosser, gilt als Gründer der Branche. Ihm soll ein Pferdehändler nach vorübergehendem Aufenthalt im Ausland im Jahr 1679 eine in London gefertigte Taschenuhr gebracht haben, die »in Unordnung gekommen« war. JeanRichard tat das, was man noch vor einigen Jahrzehnten den Chinesen nachsagte: Er zerlegte die Uhr, reparierte sie wohl auch; doch sie diente ihm vor allem als Vorlage für die Entwicklung eigener Uhren. Anfang des 18. Jahrhunderts begründete er im Schweizer Kanton Neuenburg die Uhrenindustrie, die sich bald zum bedeutendsten Wirtschaftszweig des Landes entwickelte. Begünstigt wurde dies durch den Zuzug von Uhrmachern, die nach der Aufhebung eines Ediktes 1685 aus Frankreich aus religiösen Gründen vertrieben wurden und Zuflucht im protestantischen Genf gefunden hatten.

Wer sich heute im Vallée de Joux, dem Zentrum der feinen Schweizer Uhrmacherei, wundern sollte, warum die meisten Fenster älterer Häuser nach Norden gerichtet sind, bekommt als Antwort: der präzisen Uhrmacherei wegen. »Das Spiel von Licht und Schatten, hervorgerufen durch den Lauf der Sonne, würde die Arbeit der

9 Ebenda, S. 44.

Uhrmacher mehr behindern als fördern. Nordlicht hingegen zeichnet sich durch seine Gleichmäßigkeit aus.«[10]

Offensichtlich sind die Menschen erst seit einer relativ geringen Zeitspanne Zeit-Menschen. In der überwältigend langen Periode vor dem Zeit-Zeitalter spielte Zeit im engeren Sinn, getaktet nach Stunden, geschweige denn nach Minuten, im menschlichen Sein keine größere Rolle. Entsprechend des Fehlens von Zeit als Begleiter im gesellschaftlichen Leben beziehungsweise der geringen Bedeutung von Zeit für die Menschen waren die Zeitmess-Vorstellungen und Chronometer entwickelt. In den Worten von Norbert Elias: »Es wäre nicht sehr schwer zu zeigen, wie auf dem Wege, sagen wir, von Wasser-, Sonnen- und Sanduhren zu den Kirchturmruhren und von dort im Lauf der Jahrhunderte zu den individualisierten, am einzelnen Menschen haftenden Armbanduhren« – die heutigen Smartphone-Zeitgeber nicht zu vergessen – »das Abstimmen des Verhaltens und Empfindens der einzelnen Menschen auf die sozial eingerichtete ›Zeit‹ differenzierter und selbstverständlicher wird. Genügte es früher einmal den sozialen Erfordernissen, wenn Glocken die Gläubigen [...] zum Gebet riefen, so entsprach es auf einer weiteren Stufe den sozialen Erfordernissen, wenn öffentliche Uhren die Stunden anzeigten, und auf noch weiteren Stufen der Gesellschaftsentwicklung schließlich auch noch die Minuten und sogar die Sekunden.«[11]

10 Gisbert L. Brunner, Das war hier schon immer so. Im Vallée de Joux, dem Mekka der feinen Uhrmacherei, in: *Süddeutsche Zeitung* vom 26. Oktober 1993.

11 Norbert Elias, Über die Zeit, Frankfurt/Main 1988, S. 80.

Kapitel 2: Die Industrialisierung als Zeitmaschine

> Seitdem unsere Zeit einem Einheitsmaß unterworfen ist und des Tages Goldbarren zu Stunden gemünzt wird, wissen die Fleißigen aller Berufe jede Minute zu ihrem Vorteil zu nutzen. Wer aber seine Zeit sorglos vertändelt, ist in Wahrheit ein Geldverschwender.
>
> *Benjamin Franklin, Autobiographie, 1790*[1]

> Jetzt waren die Londoner Zifferblätter weiß. Viele Uhren hatten Sekundenzähler wie vorher nur die Schiffschronometer. Uhren und Menschen waren genauer geworden. John [Franklin] hätte das gut geheißen, wenn daraus mehr Ruhe und Gemessenheit entstanden wäre. Stattdessen beobachtete er überall nur Zeitknappheit und Eile. Oder wollte nur für ihn, John, niemand mehr seine Zeit opfern? Nein, es musste eine allgemeine Mode sein. Der Griff zur Uhrkette war häufiger geworden als der zum Hut. Man hörte kaum Flüche, der Ausruf »Keine Zeit« war an ihre Stelle getreten.
>
> *Sten Nadolny, Die Entdeckung der Langsamkeit, über London im Jahr 1821*[2]

Die regelmäßige Wiederkehr der Jahreszeiten, erfasst unter anderem in hochwissenschaftlichen Kalendern, spielte in vielen Kulturen eine wichtige Rolle, auch wenn der Alltag der Menschen eher grob als Abfolge von Tag und Nacht, von Sonne und Mond bestimmt war. In der Landwirtschaft gaben oft die Tiere ihre spezifischen Zeitsignale; der Hahnenschrei kündigte den Sonnenaufgang an und spätestens mit dem Brüllen der Milchkühe mussten dieselben gemolken werden. Am Abend musste das Vieh in den Stall getrieben werden. Das klösterliche Leben und die Seefahrt waren an Zeiten ausgerichtet; im Kloster waren es Rituale, auf einem Schiff die überlebensnotwendige Technik.

1 Zitiert nach: Edward P. Thomson, Zeit, Arbeitsdisziplin und Industriekapitalismus, a. a. O., S. 58.
2 Sten Nadolny, Die Entdeckung der Langsamkeit, München 1987, S. 266.

Die Zeit als Maß für verausgabte Arbeit gab es seit Jahrhunderten. Karl Marx beschreibt gut, wie er selbst noch den Übergang der mittelalterlich-handwerklichen Arbeit mit der ursprünglichen Zeitbestimmung als Wert aller Arbeit erlebte:

> Dem Bauer des Mittelalters war also die für die Herstellung der von ihm eingetauschten Gegenstände erforderliche Arbeitszeit ziemlich genau bekannt. Der Schmied, der Wagner des Dorfs arbeiteten ja unter seinen Augen; ebenso der Schneider und Schuhmacher, der noch zu meiner Jugendzeit bei unsern rheinischen Bauern der Reihe nach einkehrte und die selbstgefertigten Stoffe zu Kleidern und Schuhen verarbeitete. Der Bauer sowohl wie die Leute, von denen er kaufte, waren selbst Arbeiter, die ausgetauschten Artikel waren die eigenen Produkte, eines jeden. [ ] Wie also können sie diese ihre Produkte mit denen andrer arbeitenden Produzenten austauschen anders als im Verhältnis der darauf verwandten Arbeitszeit? [ ] Dem Bauer (sind nicht nur) die Arbeitsbedingungen des Handwerkers bekannt, sondern dem Handwerker auch die des Bauern. Denn er ist selbst noch ein Stück Bauer, er hat nicht nur Küchen- und Obstgarten, sondern auch sehr oft ein Stückchen Feld, eine oder zwei Kühe, Schweine, Federvieh usw.[3]

Es konnte da durchaus sein, dass ein Handwerker, der geschickter, erfahrener, schneller, kunstfertiger war als der Durchschnitt, mehr oder bessere Produkte in derselben Zeit herstellen, und damit auf die Dauer vielleicht wohlhabender als andere werden konnte. Doch es stand ihm auch frei, sich stattdessen mehr Freizeit, mehr Muße zu gönnen oder einer anderen, mehr erfüllenden Art der Beschäftigung nachzugehen. Es gab keinen, der ihm den Takt vorgab. Mit der ursprünglichen Akkumulation und der Trennung der Produzenten

3 MEW 25, Seite 907f.

von ihren Produktionsmitteln kam die große Veränderung. Die mittellosen Arbeiterkräfte wurden damit vollständig dem Zeitdiktat der Maschinen – und damit letzten Endes der Produktionsmittelbesitzer – unterworfen, weil sie an den Fabrikbesitzer nichts anderes mehr als ihre Arbeitskraft verkaufen konnten. Mit dieser Veränderung des Arbeitsprozesses erhält die Zeit eine völlig neue Bedeutung. Nun geht es um die Unterwerfung unter das Zeitdiktat, ja unter eine Zeitmaschine. Es lässt sich belegen, dass die Bedeutung der Zeit – der Arbeitszeit und nicht zuletzt des Zeitdiktats – in dem Maß zunimmt, wie sich die Industrielle Revolution herausbildet und der Arbeitsprozess als Teil derselben synchronisiert und nach Zeit getaktet wird.

In Großbritannien bis Ende des 18. Jahrhunderts und im übrigen Europa bis Mitte des 19. Jahrhunderts überwogen die handwerkliche Arbeit und die Heimarbeit. Es gab kleine Werkstätten ohne weitergehende Arbeitsteilung. Und es gab flächendeckend eine enge Verbindung von einfacher Manufaktur und Handwerk einerseits und landwirtschaftlichen Tätigkeiten und bäuerlichem Leben andererseits. Und dies oft in ein und derselben Person beziehungsweise Familie.

Die Verhältnisse auf dem europäischen Kontinent waren weit rückständiger als diejenigen in England oder auch in Nordamerika. Beispielsweise gab es in ganz Preußen Anfang des 19. Jahrhunderts gerade mal »24.643 massive Häuser von insgesamt 1.454.475 Häusern oder Feuerstellen«, wobei man die große Zahl der zuletzt genannten »Häuser« dann eher mit »Hütten« übersetzen muss.[4] Selbst in den Städten überwogen ärmliche Häuser oder Hütten: »Weimar war zu Goethes späterer Zeit erst ein Städtchen mit 8000 Einwohnern, die in 800 Häusern lebten. Die Häuser waren also klein; sie beherbergten höchstens zwei Familien. Einige Häuser waren noch mit Stroh abgedeckt, die meisten mit Schindeln.«[5]

4 Werner Sombart, Die deutsche Volkswirtschaft im neunzehnten Jahrhundert und im Anfang des 20. Jahrhunderts – Eine Einführung in die Nationalökonomie, Berlin, 7. Auflage 1927, S. 14.

5 Ebenda.

Selbst in England lebte Anfang des 19. Jahrhunderts die große Mehrheit der Bevölkerung noch auf dem Land; in Deutschland war das ein halbes Jahrhundert später noch der Fall. Und dort, wo es in England zu diesem Zeitpunkt handwerkliche und gewerbliche, also industrielle Arbeit gab, war diese oft noch mit Landwirtschaft verbunden.

Edward P. Thompson schreibt, dass in Großbritannien viele Menschen »in den frühen Entwicklungsstadien von Gewerbe und Bergwerk mehrere Tätigkeiten gleichzeitig ausführten: Zinngießer aus Cornwall gingen zugleich der Pilchardfischerei nach, Bleibergleute im Norden bestellten einen kleinen Acker, Dorfhandwerker waren sowohl als Maurer als auch als Fuhrhandwerker oder Schreiner tätig; Heimarbeiter verließen zur Erntezeit ihre Arbeit; Kleinbauern aus dem Penninschen Gebirge webten nebenbei.«[6]

Vergleichbares berichtet Werner Sombart über die Verhältnisse in Deutschland Mitte des 19. Jahrhunderts: »Auch dort, wo die wirtschaftliche Tätigkeit schon berufsmäßig für andere ausgeübt wird, also in den für Austausch produzierenden Wirtschaften, finden wir eine viel geringere Differenzierung als etwa heute. [Ende des 19. Jahrhunderts; W. W.] So begegnet uns häufig der Fall [...], dass die Handwerker in den kleinen und mittleren Orten nebenbei Landwirtschaft treiben, was freilich heute auch noch häufig (vorkommt). [...] So waren beispielsweise die Schiffsleute fast durchgängig kleine Landwirte, die nur im Sommer auf See gingen, wie es der damals ja allein herrschenden Segelschifffahrt entsprach. Aber auch die Berg- und Hüttenarbeiter und die Arbeiter in den Fabriken waren vielfach solche Zwitter von Landwirt und Lohnarbeiter, die oft nur einen Teil des Jahres sich ihrem gewerblichen Berufe widmeten.« Der Autor führt dann eine exakte Statistik für den Landkreis Solingen und die dort lebenden »9718 Familien« auf, in der diese Angaben dahingehend konkretisiert werden, dass in dieser jungen Industriestadt um das

6 Edward P. Thompson, Zeit, Arbeitsdisziplin und Industriekapitalismus, a. a. O., S. 45.

Jahr 1835 herum noch gut zwei Drittel der Familien über eine direkte Verbindung zum Land verfügten.[7]

Diese Art Mischung von Landarbeit und Gewerbe, also die Möglichkeit der jungen Industriearbeiterschaft auf die eigene landwirtschaftliche Tätigkeit und die damit verbundene Subsistenzwirtschaft zurückzugreifen, bot dieser neuen Gesellschaftsschicht vielfach Schutz vor Unternehmerwillkür. Der Zugriff auf die Ware Arbeitskraft war eingeschränkt. Oft war die Arbeitskraft auch noch knapp und das Bauernlegen noch nicht weit genug für die Schaffung einer industriellen Arbeiterschaft – neben einer »Reserve« an Arbeitslosen – entwickelt. Thompson zitiert umfänglich Klagen der Kapitalistenklasse über freche Jung- und Halbproletarier, die sich dem Diktat des Kapitals entzogen, die erfreulich viel bummelten und sich ganze zusätzliche freie Tage herausnahmen:

> Auch der blaue Montag wurde ganz allgemein, von wenigen Gewerbezweigen abgesehen, gefeiert: bei Schustern, Schneidern, Kohlearbeitern, Druckern, Töpfern, Webern, Strumpfwirkern, Messerschmieden und in allen kleineren Handwerken. Trotz Vollbeschäftigung in vielen Londoner Gewerben während der Napoleonischen Kriege [1800 bis 1814; W. W.) klagte ein Augenzeuge: »Dem blauen Montag, der in dieser großen Stadt sehr streng eingehalten wird, […] folgt meist noch ein blauer Dienstag.«[8]

7 Werner Sombart, a. a. O., S. 33. Dort heißt es: »Damals [im dritten Jahrzehnt des 19. Jahrhunderts«; W. W.] lebten [im Landkreis Solingen; W. W.] von 9718 Familien von der Landwirtschaft allein 3055 [Familien], von Handel, Krämerei, Wirtschaft, Handwerk im einzelnen 1763 [Familien], von Tagelohn 1599, davon in Verbindung mit Ackerbau 933 (also beinahe zwei Drittel!), von mehreren solcher Gewerbe ohne Landbau 347, von solcher Verbindung mit Landbau 2167.« (Die Addition ergibt nicht exakt die angegebene Gesamtzahl der Familien; es dürfte entweder Überschneidungen geben, wenn die 933 Familien, die »vom Tagelohn« leben, die jedoch »in Verbindung mit Ackerbau« aufgeführt werden, als Teil der Gesamtzahl gemeint sind, oder es fehlt eine kleinere Gruppe). Klar ist jedoch, dass selbst in Solingen in den 1830er-Jahren, also in einem Kreis mit relativ entwickelter, wenn auch junger Industrie, weniger als 30 Prozent keine Verbindung zur Landwirtschaft aufwiesen.

8 Edward P. Thomson, a. a. O., S. 46.

Diese für die ärmeren Schichten und für die arbeitenden Klassen akzeptablen Verhältnisse konnten solange Bestand haben, wie die objektiven Verhältnisse, darunter die zur Anwendung kommenden Arbeitstechniken, und die darauf aufbauenden gesellschaftlichen Kräfteverhältnisse, dies zuließen. Die tiefgreifenden Veränderungen wurden dann vor allem mit der Erfindung und Einführung moderner Maschinerie bewirkt. Das war auf dem Gebiet der Anfang des 19. Jahrhunderts vorherrschenden Weberei und späteren Textilindustrie die Spinnmaschine (»spinning mule«), die 1785 in England erfunden und dort ab Anfang des 19. Jahrhunderts in großem Umfang eingesetzt wurde. Fast zeitgleich erfand James Watt die Dampfmaschine (1764); auch sie gelangte in England Anfang des 19. Jahrhunderts massenhaft zum Einsatz, nicht zuletzt zum Antrieb von Spinnmaschinen. Friedrich Engels bilanzierte in seiner berühmten Schrift »Lage der arbeitenden Klasse in England«: »Mit diesen beiden Erfindungen, die seitdem noch jedes Jahr verbessert wurden, war der Sieg der Maschinenarbeit über die Handarbeit in den Hauptzweigen der englischen Industrie entschieden, und die ganze Geschichte dieser letzteren berichtet von nun an nur, wie die Handarbeiter aus einer Position nach der anderen durch die Maschinen vertrieben wurden.«[9] Der Sieg der Maschinerie über die Handarbeit war begleitet von vielfältigem Widerstand; Engels schreibt: »Es vergeht keine Woche, ja, fast kein Tag, wo nicht hier oder dort ein Strike vorkommt – bald wegen Lohnkürzung, bald wegen verweigerter Lohnerhöhung, [...] bald wegen neuer Maschinerie.«[10] In Deutschland mündet die Einführung der neuen Technik 1844 im Aufstand der Weber, von dem Heinrich Heine berichtete: »Im düsteren Auge keine Träne/ Sie sitzen am Webstuhl und fletschen die Zähne:/ Deutschland, wir weben dein Leichentuch,/ Wir weben hinein den dreifachen Fluch –/ Wir weben, wir weben!«[11]

9 Friedrich Engels, Lage der arbeitenden Klasse in England, erstmals erschienen 1845, MEW, 2, S. 242.

10 Ebenda, S. 441.

11 Heinrich Heine, Die schlesischen Weber, Heinrich Heine, Sämtliche Schriften, München 1997, Band 4, S. 455.

Ergebnis der modernen Industrie. In der mit Maschinen arbeitenden Fabrik unterscheidet sich die Arbeit des einen Arbeiters fast in nichts mehr von der Arbeit eines anderen Arbeiters. Die Arbeiter können sich voneinander nur unterscheiden durch das Quantum von Zeit, welches sie bei der Arbeit aufwenden.[13]

Und welche Auswirkungen auf das Verhältnis Mensch und Uhr hat eine Entschleunigung, wie wir sie 2020 mit den vielfachen Lockdowns und der enormen Steigerung von Homeoffice, was ja auch bedeutet, dass »das Pendel der Uhr« nicht mehr »der genaue Messer« für das Arbeitsverhältnis ist, erlebten? Unter der Überschrift »Uhrenhersteller drehen am Rad« berichtete dazu die *Frankfurter Allgemeine Zeitung*, dass die Schweizer Uhrenproduktion im Jahr 2020 um dramatische 20 Prozent einbrach; die Exporte gingen gar um 22 Prozent zurück. Beim Branchenprimus Swatch – zu dem die Edelmarken Omega, Breguet, Blancpain, Longines, Glashütte Original und Tissot gehören – ist der Umsatz sogar um 32 Prozent eingebrochen. Er reduzierte sich damit dreimal stärker als das Bruttoinlandsprodukt, das um rund 10 Prozent rückläufig war. Ein Swatch-Firmensprecher betonte jedoch, man blicke aus zwei Gründen zuversichtlich in die Zukunft: Erstens, weil auch für Europa und für die Schweiz 2021 ein Wirtschaftswachstum erwartet werde. Und zweitens, weil sich der wichtigste Exportmarkt, China, bereits seit geraumer Zeit wieder in einem neuen Boom befinde. Macht die Wirtschaft auf Geschwindigkeit, sind Uhren wieder verstärkt gefragt; dies trifft auch auf solche Chronometer zu, die eher der Wertanlage und dem individuellen Prestige denn der Zeitmessung dienen.[14]

13 Karl Marx, Elend der Philosophie, MEW 4, S. 85.

14 *Frankfurter Allgemeine Zeitung* vom 29. Januar 2021. 95 Prozent (!) der Schweizer Uhrenfertigung gehen in den Export. 2020 lag der Wert dieser Exporte bei 17 Milliarden Franken.

Kapitel 3: Kanäle und Eisenbahnen als Transportrevolutionen der Industrialisierung

Ein Drahtseil führte von der Vormaststange zu der hundert Meter voraus auf dem Treidelpfad einher stampfenden Maultierkette, und mit gründlichem Schlagen und Fluchen gelang es dem Trupp der Treiber, drei bis vier Kilometer in der Stunde [...] aus den Maultieren herauszuholen. Der Neckar ist von jeher als Schifffahrtsweg benutzt worden [...] aber nun, da dieser Dampfschlepper mit einer kleinen Besatzung und ein paar Scheffeln Kohle neun Kähne in einer Stunde weiter den Fluss hinaufziehen kann als dreißig Männer und dreißig Maultiere in zwei, glaubt man allgemein, dass die altmodische Treidelindustrie auf dem Sterbebett liegt.

Mark Twain, Bummel durch Europa –
Den Fluß hinunter – Heidelberg 1878[1]

Am Morgen des 11. Juni 1859 verabschiedete sich Joanna Franks in Runcorn Terrace von Mrs. Russell. Sie wollte auf dem Wasserweg von Liverpool nach Preston Brook fahren, dem nördlichen Endpunkt des Trent-and-Mersey-Canal, der acht Jahre zuvor eröffnet worden war. Von hier aus nahm sie eines der Express- oder »fliegenden Boote« von Pickford & Co. Der Fahrpreis von 16 Shilling und 11 Pennies war erheblich billiger als der Preis für eine Fahrkarte Liverpool-London mit der Eisenbahn.

Colin Dexter, Mord am Oxford-Kanal, 1989[2]

Das Rad wurde im vierten, möglicherweise sogar im fünften Jahrtausend vor Christus erfunden. Die Domestizierung von Wildpferden

1 Hier zitiert nach: Winfried Wolf, Verkehr. Umwelt. Klima – Die Globalisierung des Tempowahns, Wien 2009, S. 17.

2 Colin Dexter, Mord am Oxford-Kanal, Hamburg 1990, S. 41. Original: The Wench is Dead, London 1989.

zu Hauspferden fand ungefähr zum gleichen Zeitpunkt statt. Das erste nachweisbare Schiff wird auf 6500 vor Christus datiert; erste Segelschiffe gab es spätestens 1000 vor Christus. Seither und bis ins 17. Jahrhundert gab es keine grundlegenden Verbesserungen der Verkehrstechniken mehr, auch wenn es zu bedeutenden Verfeinerungen und Optimierungen kam. Damit bewegten sich die Menschen über fünf bis sechs Jahrtausende hinweg mit vergleichbar geringen Geschwindigkeiten, gewissermaßen mit Bodenhaftung: zu Fuß, mit einem Ochsenkarren, zu Pferde, mit einem von einem Pferd gezogenen Streitwagen, mit Schiffen mit Ruderern beziehungsweise mit Schiffen mit Segeln. Verwandte Transportarten wie der Marsch mit Elefanten über die Alpen im Zweiten Punischen Krieg im Jahr 218 vor Christus nicht zu vergessen.

Der Zeitaufwand spielte bei diesen Formen von Mobilität eine enorme Rolle; der Widerstand des Raums, der örtlichen Gegebenheiten mit den Tälern, Hügeln, Bergen, Flüssen, Furten, Brücken, ergänzt um die Widrigkeiten der Jahreszeiten und des Wetters, waren bestimmend. Das änderte sich mit der Industrialisierung. Im Rahmen der Industriellen Revolution gab es zwei Transportrevolutionen – diejenige des Kanalbaus und diejenige der Eisenbahnen. Der Bau von Kanälen mit seinem Schwerpunkt im 17. Jahrhundert war der Frühzeit der Industrialisierung angemessen. Relativiert wurde dabei bereits die Erdverbundenheit; das Tempo freilich blieb angemessen und entsprach dort, wo getreidelt wurde, einem gemäßigten Schritt. Das erinnert an die enge Verbindung, die damals noch zwischen Manufaktur und früher Industrie einerseits und Landwirtschaft und Landarbeit andererseits bestand. Anfang des 19. Jahrhunderts änderte sich das Geschehen mit den Eisenbahnen, mit denen das Tempo im Verkehr sprunghaft gesteigert wurde. Heinrich Heine stellte fest, dass mit den Eisenbahnen »die Elementarbegriffe von Zeit und Raum [...] schwankend geworden (sind)«.[3] Das bezog sich gewissermaßen auf

3 Heinrich Heine, Sämtliche Schriften, Band 5, München und Wien 1984, S. 449.

die »gefühlte Raum- und Zeitlosigkeit«. In Wirklichkeit bleiben Raum und Zeit feste Bezugsgrößen. Allerdings sind die neuen, schnellen Gangarten mit einer Bewusstlosigkeit hinsichtlich der Zeit und mit einer Rücksichtslosigkeit gegenüber Natur und Klima verbunden.

Boote und Schiffe auf Flüssen – das gab es seit Jahrtausenden. Optimierungen dieser Transportart in Form von Stauungen und kurzen Durchstichen zwischen Seen und Flüssen ebenfalls. Ägyptische Pharaonen haben vermutlich schon im zweiten Jahrtausend vor Christus eine Verbindung vom Nil zum Roten Meer graben lassen. Gesichert scheint ein solcher Kanalbau um die Zeit 600 vor Christus zu sein. Doch ein System kommunizierender Kanäle und schiffbarer Flüsse entstand in Europa und im Mittelmeerraum erst im späten Mittelalter und am Beginn der Industrialisierung. Dabei hat es in anderen Kulturen und auf anderen Kontinenten ein vergleichbares Kanalzeitalter gegeben – so in Thailand, wo im 16. Jahrhundert ein mehr als 2000 Kilometer langes Kanalnetz (als Klong oder Khlong bezeichnet) geschaffen wurde.

Beim europäischen Kanalbau für eine ausgedehnte Binnenschifffahrt handelt es sich um die größten Investitionen, die bis zu diesem Zeitpunkt in der menschlichen Geschichte in dieser Region getätigt wurden. Es waren – genau wie ein halbes Jahrhundert später bei den Eisenbahnen – säkulare Investitionen, Investitionen mit einer Beständigkeit von hunderten Jahren. Sie veränderten die Landschaft für immer. Die Zehntausenden Menschen, die sie schufen, waren dabei oft kaserniert; vielfach waren es Arbeitskräfte aus dem Ausland, in England vor allem solche aus Irland.

Die Führung der Kanäle erfolgte weitgehend unabhängig von den natürlichen Gegebenheiten, was durch Schleusen, Wassertunnel und große Aquädukte ermöglicht wurde. Die Kanäle brachten, zusammen mit dem weltweiten Seehandel, eine erste Revolutionierung des Verkehrssektors, eine Reduktion der Transportzeiten und damit verbunden eine radikale Reduktion der Transportkosten. Die Zeit, die für den Transport zwischen den großen Wirtschaftszentren aufzubringen war, wurde einerseits durch die gleichmäßige, weil nunmehr fast durchgängig ebenerdige Gangart der Pferde und andererseits durch die Verkürzung der Wegelängen deutlich reduziert.

Interessanterweise wird der Kanalbau als Teil der Industriellen Revolution in den Geschichtsbüchern nicht oder nur am Rande erwähnt. Auch Karl Marx und Friedrich Engels streifen das Thema nur am Rande. Über die Gründe für diese Vernachlässigung mag man spekulieren; zweifellos spielte eine Rolle, dass die späteren Eisenbahnen spektakulärere Wirkung zeigten. Dass die Investitionen in den Eisenbahnbau gemessen an der jeweiligen Wirtschaftsleistung größere als die im Kanalbau waren, darf bezweifelt werden, wenn wir die folgenden Angaben berücksichtigen. Der Kanalbau und die Binnenschifffahrt prägten ein Jahrhundert Wirtschaftsgeschichte von Mitte des 18. bis Mitte des 19. Jahrhunderts. In Großbritannien entsprach dies weitgehend dem Zeitalter der Industriellen Revolution. In dem Mutterland der Industriellen Revolution traten die Eisenbahnen erst ein Dreivierteljahrhundert *nach* Beginn der Industriellen Revolution auf den Plan, und sie waren erst hundert Jahre nach den Anfängen der Industriellen Revolution gut genug ausgebaut, um die Kanäle und die Binnenschifffahrt in ihrer Bedeutung überflügeln zu können. Nicht die Eisenbahnen, sondern die Wasserstraßen bildeten in England, Wales und Schottland – und teilweise auch in Irland – die Adern der Industriellen Revolution. Nicht mit den Eisenbahnen gab es das erste groß angelegte »Spekulationsgelüst« und die ersten Aktiengesellschaften, wie Karl Marx schrieb. Sie existierten bereits beim Kanalbau.[4]

Mit den Kanälen blühte in England und in einer Reihe anderer Länder das Bankgeschäft auf, und in diesem Rahmen trieb die Spekulation ihre ersten fantastischen Blüten. Eine *Canal-Mania* brach aus. Selbst nach dem Aufkommen der Eisenbahnen blieb die

4 »Hier (beim Bau von Eisenbahnen; W. W.) fand das Spekulationsgelüst der Fabrikanten und Kaufleute zuerst Befriedigung.« Karl Marx, MEW 25, S. 421.

Binnenschifffahrt in England mehr als 100 Jahre, bis Anfang des 20. Jahrhunderts, gegenüber dem Schienenverkehr auf wichtigen Verbindungen konkurrenzfähig. Der wichtigste und profitträchtigste Kanal in England war der *Leeds and Liverpool Canal*: 116 Meilen lang, exakt 877.616 Pfund Sterling teuer, im Wesentlichen zwischen 1770 und 1790 erbaut. Es handelte sich um eine Bonanza: Bei der Beantragung der Konzession gingen die Konzessionäre und die Regierung von einer erwarteten jährlichen Leistung von 300.000 Tonnenmeilen[5] aus. Bei Fertigstellung wurde bereits die achtfache Tonnage (2,5 Millionen Tonnenmeilen) erbracht. Die Company, die diesen Kanal betrieb, eine Aktiengesellschaft, erbrachte folgenden Rekord: »... from 1786–1919 it never failed to make profit«, im beschriebenen Zeitraum von über 130 Jahren warf sie Jahr für Jahr Dividenden ab, und zwar meist 15 bis 20 Prozent.[6]

Auf dem Höhepunkt der Canal-Mania, Mitte des 19. Jahrhunderts, ging in England der Satz um: Es gibt keine Stadt von Bedeutung, die mehr als zwölf Meilen von dem nächsten Schifffahrtsweg entfernt liegt. 120 Jahre später sollte der deutsche Bundeskanzler Helmut Schmidt eine vergleichbare Zielsetzung verkünden – für den Anschluss der westdeutschen Wohnbevölkerung an die nächste Autobahnauffahrt.

Eine »Allgemeine Geschichte der Technik« fasst die sprunghafte Entwicklung des britischen Kanalbaus wie folgt zusammen: »Bis zum Bau der ersten Kanäle betrug die Länge der schiffbaren Wasserwege [und das waren damals vor allem natürliche Wasserwege, also Flüsse, Seen und der Strom Themse; W. W.] in Großbritannien etwa 1500 Kilometer. 100 Jahre später, im Jahr 1850, gab es – noch ohne Irland – 7000 Kilometer Binnenwasserstraßen.«[7] Dies entsprach der Länge, die das

5 Die Tonnage (das Gewicht der transportierten Waren) multipliziert mit der zurückgelegten Entfernung. Früher in Meilen, später in Kilometern gemessen. Daher werden inzwischen entsprechende Angaben in »Tonnenkilometer – tkm« angegeben.

6 Mike Clark, Leeds and Liverpool Canal. A History and Guide, Aston 1990 (Carnegie Press), S. 139.

7 Allgemeine Geschichte der Technik von den Anfängen bis 1870, herausgegeben von Semjon W. Schuchardin, Nikolai K. Laman, Alexander S. Fjodorow, Leipzig 1981, S. 261.

westdeutsche Autobahnnetz 140 Jahre später, im Jahr 1990, erreichte. In Großbritannien gab es zwei Durchquerungen der gesamten Insel: eine erste, 1777 eröffnete Wasserstraße, den Grand Trunk Canal, der, indem er die Flüsse Trent und Mersey miteinander verband, eine Wasserstraße durch ganz Mittelengland von der Irischen See bis zur Nordsee eröffnete; und eine zweite mitten durch Schottland, welche heute noch in den Sommerloch-Geschichten über »Nessie« Erwähnung findet: der 1822 eröffnete Caledonian Canal, der Loch Ness passiert.

Bei dem britischen Kanalnetz handelt es sich um keinen Sonderfall. Große und technisch hoch entwickelte Kanalnetze, deren Ursprünge teilweise deutlich früher lagen, die jedoch alle am Beginn der Industriellen Revolution massiv ausgebaut und mit moderner Technik versehen wurden, gab es in vielen anderen Ländern, so auf dem Gebiet der späteren Vereinigten Staaten von Amerika, in Frankreich, Italien, Preußen bzw. Deutschland oder in der Habsburgermonarchie bzw. in Österreich.[8]

Das Kanalzeitalter wird in der Wirtschaftsgeschichte oft auch deshalb vergessen, weil es, anders als die Epoche der Eisenbahnen, in seinen ersten Jahrzehnten von traditionellen Techniken, wie es sie seit dem Mittelalter gab, geprägt war. Die Transportkähne wurden bis Mitte des 19. Jahrhunderts von Pferden, die auf den Treidelpfaden neben den Kanälen gingen, gezogen. Trotz dieser jahrhundertealten Technik gab es mit dem Kanalbau und mit dem Ausbau der Flüsse eine enorme Steigerung in der Produktivkraft der Transportorganisation: Die Nutzlast, die zu dieser Zeit von einem Pferd auf der Straße transportiert werden konnte, betrug zwischen 600 und 700 Kilogramm. Mit einem Kahn, lediglich von *einem* Pferd gezogen, ließen sich Lasten von bis zu 50 Tonnen Gewicht befördern.

8 Das französische Kanalnetz erreichte Mitte des 19. Jahrhunderts eine Gesamtlänge von gut 5000 Kilometern. Das US-amerikanische Kanalnetz hatte auf seinem Höhepunkt eine Länge von 8000 Kilometern. Im Deutschen Reich umfasste das Netz von Kanälen und schiffbaren Flüssen 1880 sogar eine Länge von 12.400 Kilometern. In der Habsburgermonarchie betrug die gesamte Länge der Wasserstraßen (einschließlich der Donau) im Jahr 1880 rund 3900 Kilometer. Ausführlich bei: Winfried Wolf, Eisenbahn und Autowahn, Hamburg 1992, S. 95ff.

Mitten im Kanalzeitalter kam es mit der Entwicklung der Dampfmaschine zur bahnbrechenden technischen Revolution. Diese wurde im Transportsektor in größerem Umfang und zu gewerblichen Zwecken zuerst auf Wasserwegen und nicht wie in der Regel berichtet zuerst bei den Eisenbahnen eingesetzt. Bereits Ende des 18. Jahrhunderts entwickelte man in Frankreich erste Prototypen von Dampfschiffen. Sie kamen dann in den USA und dort in der Binnenschifffahrt in größerem Umfang zur Anwendung. 1807 wurde in den USA das von dem Franzosen Robert Fulton konstruierte Dampfschiff *Claremont* in Betrieb genommen. Mitte des 19. Jahrhunderts verkehrten allein auf dem Mississippi und seinen Nebenflüssen bereits eintausend Dampfschiffe – das waren mehr als es zum gleichen Zeitpunkt Lokomotiven im Land gab.

Der Bau von Kanälen brachte bereits, ähnlich wie später der Eisenbahnbau, eine gewaltige Veränderung der Landschaft und der Art und Weise ihrer Besiedelung mit sich. Fabriken, die früher auf und an den Berghängen standen (um Wind- und Wasserenergie auszunutzen), wurden mit dem Aufkommen der Binnenschifffahrt an die Wasserstraßen verlegt; Transportweg waren nun die Kanäle, die wiederum ideal waren, um die entscheidenden Ressourcen Kohle und Erze zu befördern und die Fabriken mit Dampfenergie zu versorgen. Die Arbeitersiedlungen entstanden um die Fabriken herum, woraus wiederum die großen Städte der Industriellen Revolution hervorgingen: Manchester, Liverpool, Birmingham, Leeds. »Jetzt zogen es die Reichen vor, auf die Hügel zu ziehen, oberhalb der Arbeiterklasse-Gegenden mit ihrem Dauer-Smog«, so eine Beschreibung des Kanalzeitalters von Ron Freethy und Catherine Woods.[9] Friedrich Engels hat dies am Beispiel der Stadt Manchester konkretisiert, wo »die östliche und nordöstliche Seite (der Stadt) die einzige ist, an welche die Bourgeoisie nicht angebaut hat – aus dem Grunde, weil der hier

9 Ron Freethy und Catherine Woods, Discovering the Leeds to Liverpool Canal, ohne Ort und Jahr (printed by Tamley-Reed-Limited), S. 9.

zehn oder elf Monate im Jahr herrschende West- und Südwestwind den Rauch aller Fabriken – und der ist nicht gering – stets nach dieser Seite hinübertreibt. Den können die Arbeiter allein einatmen.«[10]

Die Arbeit der Bootsleute im 18. und 19. Jahrhundert war hart. Pferde waren vielfach wertvoller als Arbeitskräfte. Noch 1903, so zitiert eine andere Studie eine zeitgenössische amtliche Schrift, wurden ein »Bootscaptain, sein Bruder und deren Gehilfe von Boot Nr. 186 zu einem Monat harter Arbeit verurteilt, weil sie das Pferd Nr. 111 der Company schlecht behandelten und überbelasteten«.[11] Spezifische Jobs der Binnenschifffahrt wie das »legging« sind charakteristisch für die unmenschlichen Beschäftigungsformen jener Zeit: In vielen eng gebauten Tunnels konnten die Boote nicht mehr mit Pferdekraft gezogen werden; die Pferde führte man während der Tunnelpassage um oder über den Berg. Im Tunnel selbst wurden die schweren Boote durch Arbeiter, die ausschließlich diese kurzstreckenbezogene Tunneltransportarbeit verrichteten, wie folgt vorwärtsbewegt: Zwei Arbeiter legten sich am Bug auf das Bootsdeck, mit den Schultern in der Bootsmitte gegeneinander, wobei sie den Kahn mit den Beinen an den beiden Tunnelaußenwänden vorwärts stemmten.

Mitte des 18. Jahrhunderts entwickelte sich mit der Verbreitung der Eisenbahnen eine harte und volkswirtschaftlich oftmals absurde Konkurrenz zwischen den beiden Verkehrsträgern Wasser und Schiene. In Großbritannien bauten die Railway Companies ihre Strecken bevorzugt parallel zu den Kanälen. In den Vereinigten Staaten betrieben die Eisenbahngesellschaften eine gezielte Politik, um die Binnenschifffahrt und die Kanäle im Wortsinne auszutrocknen; es war ausgerechnet Henry Ford der eine entsprechende Klage führte: »Mit das erste, was die Eisenbahnen taten, war, alle übrigen Transportmittel zu erdrosseln. [...] Die Eisenbahnen kauften die Kanalgesellschaften auf und ließen die Kanäle versanden und mit Unkraut und Abfällen

10 Friedrich Engels, Die Lage der arbeitenden Klasse in England, MEW 2, 291.
11 Mike Clark, Leeds and Liverpool Canal. A History and Guide, Aston 1990 (Carnegie Press), S. 31.

verstopfen.«[12] Die konkrete Form des Eisenbahnbaus bedeutete, dass damit gewaltige Doppelinvestitionen im Transportsektor und eine groß angelegte Entwertung von früher verausgabter Arbeit verbunden waren. Preiskriege dominierten das Business – und führten zu massiven Lohnsenkungen und zu einer ständigen Arbeitsintensivierung für die in der Binnenschifffahrt und bei den Eisenbahnen Beschäftigten. Dabei wurde das vordergründig einleuchtende Argument, die Eisenbahn garantiere gegenüber der Binnenschifffahrt einen schnelleren Transport, in der Praxis oft relativiert. Indem die großen industriellen Ballungszentren und die Fabriken, Kohlegruben usw. direkt an die Kanäle grenzten und oft erst errichtet worden waren bzw. die Kanäle zu diesen geleitet wurden, indem die Wasserstraßen vielfach sogar in die Kohle- und Erzgruben hineinführten, war ein Haus-zu-Haus-Transport garantiert. Auf der anderen Seite konnten die Eisenbahnen vielfach nur einen gebrochenen Verkehr – mit Umladen von Schiene auf Schiffe oder Schiene auf Chausseen – realisieren. Darüber hinaus konterten die Kanalgesellschaften die höheren Geschwindigkeiten der Eisenbahnen, indem sie »flying boats« einsetzten, Boote, die Tag und Nacht ohne Unterbrechung fuhren und denen an Schleusen und Schwingbrücken der Vorrang vor anderen Booten zustand. Diese flying boats wiederum dienten auch dem – eher preiswerten, mit der Eisenbahn konkurrierenden – Personenverkehr.

Das Kanalzeitalter mit der Binnenschiffsfahrt hat einen gewaltigen Beitrag zur Revolutionierung des Transportsektors geleistet. Bis dahin hatten sich nach Karl Marx die Transportmittel als »unerträgliche Hemmschuhe für die große Industrie mit ihrer fieberhaften Geschwindigkeit der Produktion [...], ihrem beständigen Werfen von Kapital- und Arbeitermassen aus einer Produktionssphäre in die andere und ihren neugeschaffenen weltmarktlichen Zusammenhängen« erwiesen.[13] In Großbritannien waren vor dem Kanalzeitalter

12 Henry Ford, Mein Leben, München 192, S. 182 (Originalausgabe »My Life and my Work, New York 1922).

13 Karl Marx, Das Kapital Band 1, MEW 23, S. 405.

die Wege so schlecht, dass man beim Befahren mit schwer beladenen Wagen vielfach Achsbrüche riskierte. In Österreich lagen Ende des 18. Jahrhunderts die Transportkosten vieler Waren so hoch wie die Herstellungspreise der Waren selbst.[14]

Voraussetzung für die enorme Steigerung der Transporte und für die Preisrevolution war zunächst eine Standardisierung, wie sie für die spätere moderne Industrie charakteristisch wurde. Bereits früh kam es im Mutterland der Industriellen Revolution zu einer Normierung der Transportgefäße und der Transportwege. James Brindley hatte diese bei der Projektierung des 1777 fertiggestellten Trent and Mersey Canals, des ersten »Narrow Canal«, durchgesetzt. Waren bisher die Kanäle für verschiedene, bereits existente Bootsgrößen ausgelegt, so wurden nun maximale Abmessungen für einen Standard-Bootstyp vorgegeben, was gleichzeitig entscheidend für die Größe der zu bauenden Schleusenkammern war. Die Maximalmaße für die ab diesem Zeitpunkt verwendeten »Narrow Boats« waren 72 Fuß (ca. 22 Meter) Länge, dabei aber nur 7 Fuß (etwa 2,2 Meter) breit, womit sie eine Ladung von 20 bis 25 Tonnen, bewegt von einem einzelnen Treidelpferd, transportieren konnten.[15] Diese Maße besitzen auch heute noch einige Tausend auf den britischen Kanälen verkehrende narrow boats im Tourismus-Geschäft, etwa auf dem Llangollan-Kanal, der wohl am meisten beeindruckenden Kanalstrecke: Sie verbindet England mit Wales und führt über das Chirk-Aquädukt und dann über das von Thomas Telford 1805 eröffnete 304 Meter lange und 40 Meter hohe Pontcysyllte Aquädukt.[16]

In Preußen kam es ein halbes Jahrhundert später ebenfalls zu einer entsprechenden Normierung aller Schleusen zwischen Elbe

14 Allgemeine Geschichte der Technik ..., a. a. O., S. 256.

15 Vgl. Sven Pieper, Die Ära der Kanäle, in: Bauwelt 14 vom 12. April 1991 (82. Jahrgang), S. 724. Die heute touristisch befahrbaren britischen Kanäle weisen weiterhin überwiegend diese relativ kleinen Maße auf, was ihnen ihren besonderen Charme verleiht.

16 Gemeinsam mit Freunden befuhr ich in den 1980er- und 1990er-Jahren ein Dutzend dieser britischen Kanäle mit narrow boats (und später auch mit Penichette-Booten ihre Pendants in Frankreich). Diese Erfahrungen veranlassten mich dazu, in der 1992 erschienenen Neufassung des Buchs »Eisenbahn und Autowahn« ein neues Kapitel mit der Überschrift »Canal-Mania. Oder: Marxens Irrtum« einzufügen.

und Oder. Hier waren die Maximalmaße bereits großzügiger bemessen, was sich für die spätere Entwicklung des Transports auf den deutschen Binnenwasserstraßen als vorteilhaft erweisen sollte.[17] Diese Standardisierungen folgten der gleichen Logik wie die ein halbes Jahrhundert später erfolgte Festlegung der Eisenbahnspurweite durch Robert Stephenson auf umgerechnet 1435 Millimeter oder wie die 200 Jahre später erfolgende Standardisierung der Wechselbehälter (Container) mit der Einführung des Standardcontainer-Maßes TEU (Twenty Foot Equivalent Unit).

Das volkswirtschaftlich entscheidende Ergebnis der mit dem Kanalzeitalter verbundenen Transportrevolution waren eine deutliche Verkürzung der Transportwege, eine Reduzierung der Transportzeiten, eine radikale Senkung der Transportpreise und, als logische Folge von diesen Veränderungen, ein immenser Anstieg des stofflichen Austausches bzw. des Handels.

Die Transportkosten sanken auf ein Drittel bis ein Sechstel des bisherigen Niveaus beim Transport mit Pferdekarren auf Wegen und Chausseen. Der Preis der Waren reduzierte sich dabei enorm. In einem Bericht heißt es beispielsweise: »Als der Kanal Manchester 1761 erreicht hatte, reduzierte sich der Preis für Kohle in der Stadt auf die Hälfte.«[18] Der stoffliche Warenaustausch steigerte sich in der Folge enorm; er dürfte sich mit Beginn des Kanalzeitalters und bis zu seinem Höhepunkt, was zugleich der Beginn des Eisenbahnzeitalters war, mehr als verdreifacht haben.

17 Nach: Hans-Joachim Uhlemann, Berlin und die märkischen Wasserstraßen, Berlin 1987, S. 41.

18 Michael E. Ware, Canals and Waterways, Aylesbury 1987, S. 6. Bei Mike Clark heißt es, dass die Kosten des Transportguts Lehm sich nach Fertigstellung eines Kanals um ein Drittel reduziert hätten (M. Clark, Leeds and Liverpool Canal, a. a. O., S. 40). Immanuel Wallerstein beziffert die Reduktion der Transportkosten durch die Kanäle auf »50 bis 75 %«. Nach: I. Wallerstein, die große Expansion – Das moderne Weltsystem III. Die Konsolidierung der Weltwirtschaft im langen 18. Jahrhundert, Wien 2004, S. 97.

Kapitel 4: Die Transportrevolution der Eisenbahnen

> Obwohl man, mit den Fürsprechern dieses Verkehrsmittels, zugeben muß, daß es wirtschaftlicher ist als der Gebrauch von Pferden, muß man doch auch erkennen, daß der Brennstoff, dem diese Maschinen ihre Arbeitsleistung verdanken, tagtäglich jenen natürlichen Lagerstätten entnommen wird, die trotz ihrer großen Ausdehnung doch keineswegs unerschöpflich sind [...] Die Verwendung von Pferden bietet demgegenüber ganz andere Möglichkeiten; die Pferdekraft basiert auf den Produkten des Bodens, die die Natur jedes Jahr neu hervorbringt.
>
> *Pierre-Simon Girard, Ingenieur und Mitglied der Académie des sciences, 1827*

Auf dem Höhepunkt der Industriellen Revolution in England und in Nordamerika und in einem eher frühen Stadium der Industriellen Revolution auf dem europäischen Kontinent erfolgte mit der Eisenbahn eine zweite Transportrevolution. Diese brachte erstmals eine massive Temposteigerung beim Personenverkehr und im Gütertransport mit sich. Die Transportgeschwindigkeiten wurden im Vergleich zu Pferd, Kutsche und zur Kanalschifffahrt versechsfacht.

Am 27. September 1825 wurde in England unter George Stevensons Regie die Eisenbahnlinie zwischen Stockton und Darlington eröffnet. In der offiziellen Geschichtsschreibung handelte es sich um die erste öffentlich betriebene Eisenbahn, was so nicht zutrifft.[1] Auch wenn diese Verbindung von vornherein für den Personenverkehr zugelassen

1 Tatsächlich fuhr bereits im Februar 1804 ein erster mit Dampfkraft betriebener Eisenbahnzug auf der Hüttenwerksbahn der Firma Merthyr Tydfil in Südwales. Erfinder und Erbauer war Richard Trevithick. Die Erprobung der Eisenbahn erfolgte öffentlich, beladen mit 10 Tonnen Eisen und achtzig Passagieren an Bord. Die Fahrt wurde in den Zeitungen begeistert gefeiert. Es gibt also kaum einen Grund, diese Rekordfahrt klein zu reden und Stevensons 22 Jahre später realisiertem Projekt den Vorzug zu geben. Ausführlich bei: W. Wolf, Eisenbahn und Autowahn, a. a. O., 1992, S. 24 und derselbe, Verkehr. Umwelt. Klima – Die Globalisierung des Tempowahns, a. a. O., 1992, S. 31ff.

war, so standen auch hier – wie bei der Kanalschifffahrt – industrielle Interessen im Vordergrund: Es galt, die Kohlevorkommen im südlichen Durham um das Städtchen Auckland besser zu erschließen und seine Standortnachteile (die verkehrsmäßige Isolation) auszugleichen. Erst recht waren industrielle Interessen ausschlaggebend, als ein Jahr später, 1826, die Bahngesellschaft zum Bau der Verbindung Liverpool–Manchester, die durch das industrielle Zentrum des modernen Kapitalismus verlief, gegründet wurde. Die Strecke verlief parallel zu dem bestehenden Kanal und eröffnete so mit einem Paukenschlag die Konkurrenz zwischen Schiene und Binnenschifffahrt. 1826 wurde in den Vereinigten Staaten von Amerika die Little-Schuylkill-Eisenbahngesellschaft gegründet. Ihr Eigentümer war Friedrich List, der später als Theoretiker für ein deutsches Schienennetz als Korsett für einen deutschen Nationalstaat hervortrat. Am 28. Dezember 1829 nahm auf der Verbindung Baltimore–Ellicot Mills die erste öffentliche amerikanische Dampfeisenbahn den Betrieb auf. Die erste deutsche Eisenbahnstrecke (eine Märklin-Eisenbahn) zwischen Nürnberg und Fürth wurde erst 1835 eröffnet.

Binnen weniger Jahrzehnte entstand in Europa ein Eisenbahnnetz, das bis 1890 223.700 Kilometer Gesamtstreckenlänge aufwies und in den führenden Industrieländern Großbritannien, Frankreich und Deutschland als flächendeckend bezeichnet werden kann. Dabei kam es zu einem dramatischen, Jahrzehnte hin- und herwogenden Wettlauf zwischen dem Eisenbahnbau in Nordamerika und demjenigen in Europa, bei dem es am Ende jedoch einen eindeutigen Sieger gab: die Eisenbahnen in den Vereinigten Staaten von Amerika.

Tabelle 1: Der Eisenbahnbau in den Vereinigten Staaten von Amerika und in Europa 1840–1925 – Netzentwicklung in Kilometern[2]

Jahr	Nordamerika	Europa	darunter Deutschland
Netzlänge in km			
1840	4534	2925	462
1850	14.515	23.504	5.875
1860	49.292	51862	11.157
1870	85.139	104.914	18.810
1880	150.717	168.903	34.500
1890	268.409	223.714	43.000
1900	311.094	283.878	51.678
1925	420.580	310.000	57.684

In den vier Jahrzehnten von 1840 bis 1880 entwickelten sich die Netze auf dem europäischen und dem nordamerikanischen Kontinent noch weitgehend parallel. Und als 1870 und 1880 Nordamerika hinter Europa zurückzufallen schien, war dies vor allem dem Amerikanischen Bürgerkrieg (1861–1865) geschuldet. Danach allerdings beginnt in Nordamerika ein drei Jahrzehnte andauernder Eisenbahnbau-Boom, der auf der Welt einmalig ist und eine Ausdehnung des Streckennetzes mit sich brachte, hinter der das europäische am Ende um rund 100.000 Kilometer Netzlänge zurückblieb. In diesem Zeitraum wurden im Jahresdurchschnitt 7500 km neue Bahnstrecken erstellt. Auch Deutschland, das in Europa ab dem letzten Drittel des

2 Angaben nach: Ralf Roman Rossberg, Geschichte der Eisenbahn, Künzelsau 1977, S. 89 u. 151.

19. Jahrhunderts über das größte Schienennetz verfügte, fiel gegenüber den USA von Jahrzehnt zu Jahrzehnt deutlich zurück. Während das Schienennetz auf deutschem Boden 1860 noch gut 22 Prozent des US-amerikanischen entsprach, waren es 1925 nur noch knapp 14 Prozent.

Auch wenn heute das Auto als Massenprodukt mit dem US-amerikanischen Kapitalismus verbunden wird, so lässt sich doch sagen, dass am Beginn der US-Hegemonie auf dem Weltmarkt dieses Land über das mit Abstand größte Eisenbahnnetz verfügte und dass diese Eisenbahnen erheblich die Stärke der US-Wirtschaft bestimmten. Autos und auch die Autoindustrie selbst spielten damals, 1925, im Verkehrswesen und insbesondere beim Gütertransport noch eine untergeordnete Rolle.

Der bereits zitierte deutsche Ökonom Werner Sombart machte für die deutschen Eisenbahnen eine Rechnung auf, welche die gewaltige Arbeitsleistung, die in dieser Transporttechnologie steckt, verdeutlicht: »In den 70 Arbeitsjahren [des hier betrachteten Eisenbahnbaus in Deutschland; W. W.] sind jährlich 100 Millionen Arbeitstage auf den Bau von Eisenbahnen verwendet worden, *eine Drittelmillion Menschen hat Jahr für Jahr nichts anderes getan, als Eisenbahnen gebaut* oder hergestellt, was zum Eisenbahnbetrieb gehört: Bahnhöfe, rollendes Material usw.«[3] Es handelt sich im Wortsinn um jene »säkularen«, auf ein Jahrhundert und mehr ausgerichtete Großinvestitionen, von der Joseph Schumpeter beim Kanalbau *und* beim Eisenbahnbau sprach. Diese gewaltige Leistung – zugleich eine Vorleistung für die Ausweitung der Industriellen Revolution und für einen späteren relativen allgemeinen Wohlstand – wurde zu einem erheblichen Maß

3 Er argumentierte dabei wie folgt: »Die deutschen Eisenbahnen haben bis zum Schluß des Jahres 1910 rund 17 Milliarden Mark gekostet. Rechnen wir davon auf Arbeitslohn nur drei Viertel, so ergäbe das einen Betrag von zwölf bis dreizehn Milliarden Mark. Nehmen wir einen Jahresverdienst von fünf- bis sechshundert Mark im Durchschnitt an (was sehr hoch gegriffen ist ...), so würden wir auf eine Arbeitsleistung von rund 25 Millionen Arbeitsjahren oder etwa 7 ½ Milliarden Arbeitstagen kommen. Es hätte also eine Million Arbeitssklaven 25 Jahre lang, 100000 Sklaven hätten zwei und ein halbes Jahrhundert lang zu bauen gehabt. Auf die geschichtliche Zeit berechnet: ...!« Werner Sombart, Die deutsche Volkswirtschaft ..., a. a. O., S. 240f.

»von außen« finanziert: Im Fall Englands und Frankreichs waren die Gewinne, die bei der Ausbeutung der Kolonien erzielt wurden, in den Eisenbahnbau investiert und im Schienennetz »kapitalisiert« worden. In Deutschland hängt der Eisenbahnboom der 1870er-Jahre mit dem siegreichen Krieg gegen Frankreich und den französischen Reparationsleistungen an das neue Deutsche Reich zusammen. Oder, in den Worten von Werner Sombart: »Man kann sagen, daß uns Frankreich als Kriegsentschädigung unser Vollbahnnetz ausgebaut hat.«[4] Und nicht zuletzt wurde diese gewaltige Aufbauleistung ermöglich durch die extreme – deutlich überdurchschnittliche – Ausbeutung, denen die Eisenbahnbauarbeiter ausgesetzt waren. Hier erleben wir eine Wiederholung dessen, was beim Bau und Betrieb der Kanäle beschrieben wurde. Die Industrielle Revolution war von der »Vernichtung zahlreicher überkommener Erwerbsmöglichkeiten auf dem Lande« begleitet; es kam zu einer »Bereitstellung besitzloser Menschenmassen« (Sombart). Für die so entwurzelten, einkommenslosen Menschen gab es damals, so Gerald Sammet in einer historischen Untersuchung, nur drei Alternativen: »Amerika, die Eisenbahn oder die Fabrik.«[5]

Neben den Kanälen waren es nun Dampfeisenbahnen, die den Raum ebenso erschlossen wie sie Räume und regionale Strukturen zerstörten. Die Nationalökonomen des 19. und 20. Jahrhunderts wurden nicht müde, insbesondere die ökonomischen Vorteile der Eisenbahn herauszustreichen. Sie konnten sich dabei auf den deutschen Eisenbahnpionier und Eisenbahnunternehmer Friedrich List beziehen, der bereits 1837 voraussagte: »Der wohlfeile, schnelle, sichere und regelmäßige Transport von Personen und Gütern ist einer der

4 Werner Sombart, Die deutsche Volkswirtschaft ..., a. a. O., S. 242.

5 Gerald Sammet, Das Klassensystem der Beweglichkeit, in: Sonderbeilage der *Nürnberger Nachrichten* vom 10. 5. 1985.

mächtigsten Hebel des Nationalwohlstands und der Zivilisation.«[6] Er predigte der Landwirtschaft, welche Vorteile der Schlachtviehtransport über große Entfernungen gegenüber dem bisher üblichen Auftrieb hätte: Die damit ausbleibenden Gewichtsverluste (!) der Tiere würden sich in Mehreinnahmen niederschlagen, ein im Übrigen interessantes Argument beim Blick auf die heutigen europaweiten Viehtransporte hin zu den kostengünstigsten Schlachthöfen. Insbesondere führte List der Industrie vor Augen, dass die Eisenbahn Kohle und Erz so nah zusammenrücken würde, wie dies in England zum Teil von Natur aus der Fall war. Aus diesem Grund würde die Konkurrenzfähigkeit Deutschlands enorm gesteigert werden.

Tatsächlich brachten die Eisenbahnen eine *Preisrevolution* mit sich und diese wiederum steigerte und beschleunigte Transporte und Verkehr. Es kam zu einem kontinuierlichen Rückgang der Transportpreise im Güterverkehr. Im Zeitraum 1840 bis 1913 reduzierten sich die Transportkosten auf rund ein Viertel. Gleichzeitig – und teilweise als Folge davon – explodierten die Transportmengen: Während sich die tatsächlichen gesamten Ausgaben der deutschen Industrie und Landwirtschaft für Transporte im Zeitraum 1850 bis 1913 »nur« um das 72-fache steigerten, nahm der stoffliche Gütertransport in diesem Zeitraum um mehr als das 200-fache zu.[7] Je dichter das Eisenbahnnetz eines Landes und je niedriger die relativen Transportkosten waren, desto ausgeglichener wurde schließlich das allgemeine Preisniveau innerhalb eines Landes. Der rein physische »Standortvorteil« einer Produktionsstätte wurde zunehmend unwichtig; die Eisenbahnen überrollten eine ganze Schule der Nationalökonomie, die Anhänger

6 Friedrich List im Staatslexikon von Rotteck Welcker, erschienen 1837. Wiedergegeben in der Einleitung zu Lists maßgeblicher Schrift: Über ein sächsisches Eisenbahn-System als Grundlage eines allgemeinen deutschen Eisenbahn-System, Leipzig o. J., S. 10. (Erstveröffentlichung 1833). Die DDR-Hochschule für Verkehrswesen »Friedrich List« Dresden hatte sich der Wahrung und Weiterentwicklung des Erbes dieses Theoretikers und Praktikers des Schienenverkehrs verschrieben. Der Autor dieses Buches erhielt im Dezember 1989 von dieser Hochschule die (wohl letzte) »Friedrich-List-Ehrung der Deutschen Demokratischen Republik«.

7 Der Transportpreis pro Tonnenkilometer betrug 1840 16,9 Pfennig; 1900 waren es 3,7 und 1913 3,6 Pfennig. Wird die Inflation berücksichtigt, dann ist die Reduktion nochmals größer. Ausführlich: W. Wolf, Verkehr. Umwelt. Klima, a. a. O., S. 48.

der Bodenrente.[8] Der Preis einer Ware war am Ort der Fertigung nur noch unwesentlich niedriger als an den verschiedensten Verkaufspunkten des nationalen Marktes. Nun konnten auch Fertigungsstätten weit entfernt von den zur Produktion benötigten Rohstoffen errichtet werden, ohne dass damit größere Wettbewerbsnachteile verbunden waren. Was für die kapitalistische Ökonomie vorteilhaft ist, erweist sich für die Natur und letzten Endes auch für das Klima als fatal – worauf wir zurückkommen werden.

Interessant sind natürlich Berechnungen der unterschiedlichen Transportverhältnisse, die zwischen dem Eisenbahnzeitalter und dem Zeitalter der Pferdefuhrwerke existierten. Werner Sombart liefert einen solchen Vergleich: »Im Jahr 1846 mühten sich auf den Straßen des (deutschen) Zollvereins 38.349 Pferde um die Bewältigung des Fracht- und Reiseverkehrs, Meitzen [August Meitzen, ein deutscher Statistiker und Nationalökonom; W. W.] berechnet die Leistungsfähigkeit dieser armen Tiere auf rund 130 Millionen Tonnenkilometer. Dagegen betrug wiederum die Zahl der von den deutschen (Voll-) Eisenbahnen zurückgelegten Tonnenkilometer im Jahr 1910 56.276 Millionen, das ist also etwa die fünfhundertfache Leistung des alten Frachtverkehrs.«[9] Wie im vorausgegangenen Kapitel dargestellt, stieg im gleichen Zeitraum auch der Transport auf den deutschen Binnenwasserstraßen massiv an. Damit war der reale Anstieg des Güterverkehrs noch deutlich größer als die hier errechnete Steigerung um das Fünfhundertfache im Zeitraum von rund 65 Jahren.

Ein entscheidender Grund für den Erfolg der Eisenbahnen bestand in der *Temposteigerung*. Alle bisher genannten Charakteristika der

8 In seiner Theorie von der Bodenrente ging der deutsche Nationalökonom J. H. von Thünen (1783–1850) davon aus, dass der Standort der landwirtschaftlichen Produktion entscheidend für die Intensität ist, mit welcher der Boden bearbeitet wird. Je näher eine bestimmte landwirtschaftliche Produktion am Absatzmarkt (Konsumzentrum) ist, desto intensiver wird der Boden bearbeitet, je weiter entfernt davon sie sich befindet, desto niedriger die Bodenkultur. Als Ursache für die so entstehenden »Thünenschen Kreise« werden die hohen Transportkosten (vor dem Aufkommen der Eisenbahnen) gesehen, die ab einer gewissen Entfernung vom Absatzmarkt eine (arbeits- und kapital-)intensive Produktion nicht rentabel erscheinen lassen.

9 Werner Sombart, Die deutsche Volkswirtschaft …, a. a. O., S. 245.

Eisenbahnen – Art der Streckenführung, Preisrevolution und extreme Formen der Ausbeutung menschlicher Arbeitskraft – trafen auch auf die Transporte auf Kanälen und auf den schiffbaren Flüssen und Strömen zu. Die *qualitative Geschwindigkeitssteigerung* allerdings ist ein neues Element in der Verkehrsgeschichte, das erstmals mit den Eisenbahnen auftauchte. Zwei Jahrtausende lang hatten sich die Transportzeiten und Reisegeschwindigkeiten kaum verändert. Die im dritten Jahrhundert vor Christus unter Alexander dem Großen gebauten Straßenverbindungen, die bis nach China reichten, das unter Gaius Julius Cäsar stark erweiterte und bis zu 80.000 Kilometer umfassende Netz römischer Straßen und das unter Napoleon 1811 errichtete System der »routes impériales« wiesen eine vergleichbare Qualität auf. Die Geschwindigkeit des zivilen Verkehrs auf denselben – auch das Tempo beim Vormarsch und Rückzug der Heere – hatte sich über diese zweitausend Jahre hinweg kaum verändert. Entscheidender Grund dafür war, dass die Antriebskräfte beim Personen- und Güterverkehr mit Mensch, Esel und Pferd zu Lande und Mensch, Pferd und Wind zu Wasser dieselben geblieben waren.

Nun kam es mit der Dampfkraft auf den eisernen Schienen (und zeitlich weitgehend parallel auf den Wasserstraßen und den Seewegen) zu einer qualitativen Beschleunigung. Die Eisenbahnen brachten im Vergleich zu den Pferdefuhrwerken eine Steigerung der Geschwindigkeit um das Zehnfache, wenn wir als durchschnittliche Transportgeschwindigkeiten mit Pferdekraft eine solche von fünf Stundenkilometern und im Fall von Eisenbahnen im zweiten Drittel des 19. Jahrhunderts eine solche von fünfzig Stundenkilometern unterstellen.

Das Tempo von Verkehr und Transport wurde noch durch die *neue Art der Streckenführung* erhöht. Bereits im Kanalbau war versucht worden, natürliche Gegebenheiten zu ignorieren und möglichst kurze Verbindungen zu wählen. Dafür gab es bei dieser Transporttechnologie zwar bereits die notwendigen Mittel (Bau von Schleusen, Tunneln und Aquädukten), allerdings war dafür erst teilweise ein rein technisch bedingter Zwang vorhanden. Bei der neuen Transporttechnologie der Eisenbahnen gab es für die Herstellung möglichst kurzer Verbindungen ebenfalls von Anfang an die entsprechenden Mittel (Tunnel, Brücken, Viadukte, Einschnitte). Nunmehr existierten jedoch für eine direkte Streckenführung auch technische Notwendigkeiten: Eisenbahn-Schleusen oder gar »Schleusenfolgen« (»flights of locks«), um auf kurzer Distanz größere Höhenunterschiede zu überwinden, waren nicht vorstellbar. Eisenbahnen konnten (und können) nur maximale Steigungen von 25 Promille (2,5 Meter auf 1000 Meter) realisieren. Der Charakter des rollenden Materials und die hohen Geschwindigkeiten, mit denen Eisenbahnen betrieben werden, erfordern des Weiteren weite Radien bzw. sie verbieten enge Radien und eine »mäandernde«, stark kurvenreiche Streckenführung, wie sie bei vielen britischen und teilweise auch bei französischen Kanälen noch typisch war. Auf die davon teilweise abweichende Schienen-Streckenführung in Nordamerika kommen wir noch zu sprechen.

Entsprechend unterschieden sich die Eisenbahnnetze qualitativ von den Straßennetzen der damaligen Zeit. Die Eisenbahnen waren, sobald die ersten Teilstücke verbunden wurden und sich ein Netz herausbildete, für den *fließenden* Verkehr gebaut; sie verbanden nicht, wie dies bis dahin bei den Landstraßen der Fall war, Stadt mit Stadt. Entsprechend lagen die neu erbauten Bahnhöfe zunächst meist *am Rande der Städte*. Sie wurden später durch die Ausdehnung der Städte wieder in diese »zurückgeholt«. Teilweise entstanden auch neue Bahnhöfe völlig außerhalb der Städte – der Hochgeschwindigkeitsbahnhof Kassel-Wilhelmshöhe spielte in Westdeutschland in den 1980er-Jahren eine entsprechende problematische Vorreiterrolle. Für die Bahnhöfe in den beherrschenden Zentren wurde ein spezifisches Bahnhofsmodell der Entschleunigung entwickelt: Da in diesen Knotenbahnhöfen mehr als 90 Prozent der Fahrgäste ihre Reise beenden oder die Eisenbahnfahrt beginnen (und damit weniger als zehn Prozent die Stadt passieren), gibt es in Europa und in Nordamerika ein paar Hundert Kopfbahnhöfe. Die englischen beziehungsweise französischen Bezeichnungen für diese Art Bahnhof (terminus bzw. gare terminus) sind diesbezüglich treffender: Hier *enden* und beginnen die meisten Fahrten. Die neueren Versuche des Baus unterirdischer Durchgangsbahnhöfe als Ersatz der Kopfbahnhöfe (wie in den Fällen Stuttgart 21 und des Fernbahntunnels Frankfurt/M.), mit denen solche Kopfbahnhöfe ganz oder teilweise aufgelöst werden, ignorieren die geniale Grundidee dieser Bahnhöfe. Wolfgang Schivelbusch hat dem Thema in seinem wunderbaren Buch »Geschichte der Eisenbahnreise« ein erhellendes Kapitel gewidmet.[10]

Zwischen Europa und Nordamerika gab es einen wichtigen Unterschied im Eisenbahnbau. In Europa war im 19. Jahrhundert die Arbeitskraft preiswert, Kapital in großem Umfang vorhanden und der Boden in Privatbesitz, also teuer. In Nordamerika dagegen war Arbeit knapp und, soweit es weiße Arbeitskräfte betraf, relativ teuer. Kapital war zunächst knapp und teuer. Preiswert gestaltete sich jedoch der Grund und Boden, da er zu einem großen Teil durch die Gewalt des Faktischen niemand mehr gehörte – er war widerrechtlich angeeignet, geraubt: Die indigene Bevölkerung war in den vorausgegangenen drei Jahrhunderten getötet, vertrieben oder in Reservaten zusammengepfercht worden.

Der gegenüber einem hohen Material- und Arbeitskraftaufwand billigere Raubbau an der Natur führte in den USA zu einem gegenüber Europa stark vereinfachten und billigen Streckenbau. Die nordamerikanischen Eisenbahnstrecken wurden weniger nach dem Prinzip der geraden Linie als nach Art eines Flusslaufs – um Hindernisse herum anstatt hindurch – geführt. Schwellenmaterial war genügend vorhanden, Land kostete so gut wie nichts. Dies heißt allerdings auch, dass die Radien der Schienenkurven enger sind als bei den europäischen Eisenbahnen. Dies stellte eine technische Herausforderung dar, da die in Europa üblichen, mit zwei starren Achsen versehenen Wagen bei

10 »Eintritt in die Stadt: der Bahnhof«, Wolfgang Schivelbusch, Geschichte der Eisenbahnreise, Frankfurt/M.–Berlin–Wien 1977, a. a. O., S. 152ff.

dieser Streckenführung aus den Gleisen gesprungen wären. Es kam zur Entwicklung des »Bogie«-Fahrgestells.[11] So entwickelten sich zwei höchst unterschiedliche Eisenbahnwagen-Kulturen: In Nordamerika etablierte sich der Durchgangswagen, der faktisch eine Nachbildung der dort seit langem vorherrschenden Fluss- und Kanalfahrt mit Kabinenschiffen darstellte. In Europa war der Abteilwagen vorherrschend. Diese Waggonform reproduzierte die dort vorherrschende Transportform und stellte die auf die Schienen gehobene Kutsche dar. Der Abteilwagen blieb in Europa knapp eineinhalb Jahrhunderte lang die vorherrschende Eisenbahnwagen-Form.

Die privaten Bahnbaugesellschaften erhielten in den USA vom Staat enorme Vergünstigungen, vor allem in Form der »grants«, der Landschenkungen. Dabei vergab der Staat Land, das ihn nichts kostete und das andere reich machte. Dokumentiert ist, dass mittels der Landschenkungen im Zeitraum 1850 bis 1871 rund 210 Millionen Acres oder rund 850.000 Quadratkilometer Grund und Boden in das Eigentum der Eisenbahngesellschaften übergingen. Das entsprach rund 18 Prozent der Fläche des Staatsgebiets im Jahr 1871 und entspricht elf Prozent der Fläche der heutigen USA. Berücksichtigt man frühere Landschenkungen an erste Eisenbahngesellschaften, solche an die privaten Straßenbahngesellschaften und die Tatsache, dass die Kanalgesellschaften ebenfalls mit gewaltigen Landschenkungen bedacht worden waren, dann dürfte binnen weniger Jahrzehnte ein Fünftel bis ein Viertel des Bodens der USA in die Hände einiger weniger privater Kanal- und Bahngesellschaften gelangt sein. Diese Gesellschaften kontrollierten einen großen Teil des *fruchtbaren* Bodens bzw. des Bodens im Umkreis der Besiedelungen durch die weißen

11 Das Bogie-Fahrgestell, das nach dem Ersten Weltkrieg auch in Europa breitere Anwendung fand, besteht aus zwei starren Achsen, die auf einem Fahrgestell mit sehr engem Abstand zusammengefügt sind, während das Fahrgestell selbst mittels eines Drehzapfens mit dem Wagenchassis verbunden ist. Ein Eisenbahnwaggon verfügt an beiden Enden über je ein Bogie-Fahrgestell, also über vier Achsen. Indem diese Bogie-Fahrgestelle sich unabhängig vom Wagenchassis bewegen, können sie sich dem Kurvenverlauf anpassen; die Waggons können enge Radien beschreiben bzw. lange Waggons können enge Kurven durchlaufen.

Einwanderer. Eisenbahnen in Privateigentum und Bodenspekulation in großem Maßstab gingen damit bald Hand in Hand – was den Niedergang der US-Eisenbahnen ab dem ersten Drittel des 20. Jahrhunderts begünstigte.

Der auch heute noch vorherrschende rücksichtlose Umgang mit den natürlichen Ressourcen in den USA hängt eng zusammen mit der Art und Weise, wie sich in Nordamerika die neuen Transportarten Binnenschifffahrt und vor allem Eisenbahnen durchsetzten. Es kommt zu einer spezifischen Ökonomie von »nature for capital«, des Einsatzes von Natur anstelle von Kapital. Ein Jahrhundert lang – in jenem Jahrhundert, in dem sich in dieser Region die neue Nation der Vereinigten Staaten von Amerika herausbildete – wurde die Ideologie genährt, der Preis für den Verbrauch natürlicher Ressourcen tendiere gegen Null und diese natürlichen Ressourcen seien unendlich ersetzbar. Der Begriff »Land der unbegrenzten Möglichkeiten« beinhaltet die Negation der Maxime der Nachhaltigkeit. Gleichzeitig erfolgte ausgerechnet im Eisenbahnland Nummer eins der Schienenwegebau aus den beschriebenen Gründen auf einem äußerst primitiven Niveau. Da auch Dampfenergie aus Kohle – die es in den USA ausreichend gab – preiswert war und da die auf Kohle und Dampf folgende Energieform der US-Eisenbahnen, Diesel-Kraftstoff, aufgrund großer eigener Ölvorkommen ebenfalls zu niedrigen Preisen genutzt werden konnte, gab es im 20. Jahrhundert kaum einen Stimulus für eine Optimierung des Eisenbahnsystems. Das im 19. Jahrhundert und bis 1910 aufgebaute Eisenbahnstreckennetz, das in seinen Grundzügen sich nicht wesentlich verändert hat, bestand zu einem erheblichen Teil aus viel zu langen – und damit energie- und zeitintensiven – Verbindungen mit gewaltigen Umweg-Verkehren. Zu einer Elektrifizierung kam es nur ausnahmsweise; es gab keinen Sprung in der Energieeffizienz. Damit aber befanden sich die US-amerikanischen Eisenbahnen gerade zu dem Zeitpunkt in einer schwachen Position, als es am Anfang des 20. Jahrhunderts zur Herausforderung durch die aufkommende neue Transporttechnologie des Pkw- und Lkw-Verkehrs kam.

Die Gründe, die für einen zentralisierten Betrieb, für eine gesamtnationale, wenn nicht für eine supranationale Planung und Organisation des Eisenbahnverkehrs sprechen, sind zahlreich und zwingend. Da ist zunächst die Notwendigkeit eines einheitlichen (nationalen oder supranationalen) Fahrplans. Im Gegensatz zum Individualverkehr existiert beim Schienenverkehr eine kaum auflösbare Einheit zwischen Transportmittel und Verkehrsweg. Wird diese Einheit nicht beachtet, existiert kein Fahrplan für den Verkehr, sind Chaos und Unfälle nicht fern. Nun steht dieses Erfordernis im Schienenverkehr in einem offenen Widerspruch zu einem grundlegenden Prinzip des Kapitalismus: dem der *Konkurrenz*. Während im »normalen« Kapitalismus eine Produktvielfalt als sinnvoll und für »das Geschäft belebend« angesehen wird, erweist sich diese im Fall des Schienenverkehrs als äußerst unproduktiv. Die Natur der Sache erfordert beispielsweise eine *Normierung* der Spurbreiten, der Wagentypen und der Loktypen. Ein Schienenverkehr, der bei Existenz konkurrierender privater Unternehmen betrieben wird, tendierte damals (und auch heute!) zu nicht kompatiblen technischen Standards. Doch all diesen zwingenden, für die menschliche Ratio unabweisbaren Erfordernissen wurde *nicht* Rechnung getragen – jedenfalls ein halbes bis ein Dreivierteljahrhundert lang nicht. Die Eisenbahnen wurden entgegen den sachlichen Notwendigkeiten privat, durch verschiedene, miteinander in Konkurrenz stehende Unternehmen betrieben. Das schloss die Existenz mehrerer, miteinander konkurrierender Eisenbahngesellschaften in einem Land, sogar auf ein und derselben Strecke und zeitweise auf ein und demselben Schienenstrang mit ein.[12] Es gab bis Ende des 19. Jahrhunderts

12 Bis in die 1860er-Jahre hinein, noch vier Jahrzehnte nach Aufnahme des Linienverkehrs zwischen Stockton und Darlington, existierte zwischen London und dem englischen Norden keine einheitliche Linie. Stattdessen gab es mehrere Parallelbahnen, die sich heftige Konkurrenzkämpfe lieferten. Insgesamt waren zu diesem Zeitpunkt in England über 300 private Eisenbahngesellschaften aktiv.

auch keine verallgemeinerte *Normierung und Standardisierung* für die Gleise.[13]

Vor allem liegt auf der Hand, dass ein Eisenbahnverkehr, sobald er über eine einzelne kurze Verbindung, etwa Nürnberg–Fürth oder Liverpool–Manchester hinausgeht und zu einem nationalen Netz zusammenwächst, eine *einheitliche Zeit* notwendig macht. Und auch hier versagte die kapitalistisch organisierte Eisenbahn: Mehr als ein halbes Jahrhundert lang gelang eine solche Vereinheitlichung nicht. Hunderte höchst unterschiedliche Bahnen ratterten jahrzehntelang durch eine Landschaft mit dutzenden buntscheckigen Lokalzeiten. Mit dem Eisenbahnverkehr verlieren Landschaften, Orte, Städte und Länder ihr Jetzt in einem ganz konkreten Sinn. Wolfgang Schivelbusch: »Solange sie voneinander isoliert waren, hatten sie ihre individuelle Zeit. Londoner Zeit war vier Minuten früher als die Zeit in Reading, siebeneinhalb Minuten früher als in Circencester, 14 Minuten früher als in Bridgewater. Diese buntscheckige Zeit störte nicht, solange der Verkehr zwischen den Orten so langsam vor sich ging, dass die zeitliche Verschiebung darin gleichsam versickerte. Die zeitliche Verkürzung der Strecken durch die Eisenbahn konfrontiert nun nicht nur die Orte miteinander, sondern ebenso ihre verschiedenen Lokalzeiten. Unter diesen Umständen ist ein überregionaler Fahrplan unmöglich, da Anfahrts- und Abfahrtszeit jeweils nur für den Ort gelten, um dessen Lokalzeit es sich handelt. Für die nächste Station mit ihrer eigenen Zeit gilt diese Zeit schon nicht mehr. Ein geregelter Verkehr erfordert eine *Vereinheitlichung der Zeit*, ganz analog wie die technische Einheit von Schiene und

13 Die sogenannte Normalspur mit 1435 Millimetern, die heute in Mitteleuropa dominiert, konnte zwar in der zweiten Hälfte des 19. Jahrhunderts eine klare Vormachtstellung erobern. Allerdings gab es selbst in England einen langen und teuren Prozess, bis sich diese Standardspurweite durchsetzte. Auch heute noch stehen in Europa der Normalspur im mittleren Europa die Breitspurbahnen im Westen (in Spanien und Portugal) und im Osten (in Russland und in den aus der UdSSR hervorgegangenen übrigen Staaten) gegenüber. In Nordamerika existierten bis 1865 sechs unterschiedliche Spurbreiten; erst der amerikanische Bürgerkrieg war wesentlicher Promoter zur Durchsetzung der Normalspur.

Wagen den Individualverkehr desavouierte und das Transportmonopol erzwang.«[14]

Doch selbst die Herstellung einer Einheitszeit ließ sich erst ein halbes Jahrhundert nach Eintritt in das Eisenbahnzeitalter verwirklichen. In England führten in den 1840er-Jahren zunächst die Bahngesellschaften unabhängig voneinander eigene, für die gesamte Linie gültige Zeiten ein. Der Prozess zur Herstellung dieser Einheitszeit einer einzelnen Eisenbahngesellschaft wird für die Gesellschaft Grand Junction wie folgt beschrieben: »Jeden Morgen händigte ein Bote der Admiralität dem diensttuenden Beamten des Postzugs (Irish Mail) von Euston [Kopfbahnhof in London; W. W.] nach Holyhead [Hafenstadt auf der walisischen Insel Anglesey, Irland gegenüberliegend; W. W.] eine Uhr mit der genauen Zeit aus. In Holyhead wurde die Uhr den Beamten der Kingston-Fähre übergeben, die sie nach Dublin brachten. Auf dem Rückweg wurde die Uhr in Euston erneut dem Boten der Admiralität übergeben.«[15]

Die privaten Eisenbahngesellschaften hatten 1842 ein Railway Clearing House gebildet. Dabei handelte es sich um eine Art Verbindungsbüro, das elementare Fragen des Rechts, der Fahrplanabstimmung und technische Standards abstimmte. Diesem Clearing House gelang es, 1847 eine Einheitszeit auf Basis der Greenwich Mean Time – die bereits im Seeverkehr eine wichtige Rolle spielte – durchzusetzen. Doch auch diese Zeit blieb bloße Bahnzeit; sie hatte weitere drei Jahrzehnte nur Gültigkeit für den Eisenbahnverkehr. Im Alltag blieb es bei den unterschiedlichen Lokalzeiten, die nun jedoch in dem Maß, wie der Eisenbahnverkehr zur vorherrschenden Verkehrsform

14 Schivelbusch, a. a. O., S. 44. Das weltweit für die Einheitszeit zuständige Observatorium musste 1954 wegen der Luftverschmutzung seinen Sitz von Greenwich bei London nach Schloß Herstmonceaux ins südenglische Sussex verlegen, behielt jedoch den Namen Royal Greenwich Observatory bei. Ab 1966 sorgten sechs Atomuhren für exaktere Zeiten. Im November 1985 wäre eine grundlegende Erneuerung der Anlagen erforderlich gewesen. Das war der britischen Regierung zu teuer. Seither wird die Greenwich Mean Time (GMT) vom Internationalen Büro für Maße und Gewichte in Paris gemessen.

15 P. S. Bagwell, The Transport Revolution from 1770, London 1974, S. 124, zitiert bei Schivelbusch, a. a. O., S. 44.

wurde, in immer kurioserem Widerspruch zur Eisenbahnzeit standen. 1880 wurde dann die Eisenbahnzeit zur allgemeinen Standardzeit in England.

1884 kam es in Washington zu einer internationalen Standardzeit-Konferenz, auf welcher die Welt in vier Zeitzonen eingeteilt wurde. In Deutschland wurden die unterschiedlichen lokalen Zeiten 1893 aufgehoben, und die Zonenzeit offiziell eingeführt.

In den Vereinigten Staaten, wo der Kapitalismus nochmals ungezügelter herrschte, konnten sich die privaten Eisenbahngesellschaften ein halbes Jahrhundert lang nicht auf eine Einheitszeit einigen. Bis 1883 gab es ebenso viele Eisenbahnzeiten wie es große private Bahngesellschaften gab. »An Bahnhöfen, die von verschiedenen Linien benutzt werden, finden sich Uhren mit verschiedenen Zeiten, z.B. in Buffalo drei, in Pittsburgh sechs.« Erst 1883 trat ein im Wesentlichen bis heute gültiges System von vier Zeitzonen in Kraft – erneut als reine Eisenbahnzeit, wenn auch meist auch die Alltagszeit bestimmend. Die allgemeine Standardzeit wurde in den USA erst 1918 gesetzlich vereinbart.

Die enorme Temposteigerung in großen Teilen des Verkehrs, die ab Mitte des 19. Jahrhunderts mit den Eisenbahnen die Gesellschaften in Europa und Nordamerika erreichte, hatte eine ambivalente Wirkung: Einerseits wurden weit entfernte Räume zueinander gebracht. Andererseits wurden regionale Räume entwertet und regionale Strukturen vielfach zerstört. Der Verlust von Nähe oder die »Entwertung« von Nähe und Regionalem dürfte in Europa noch nicht als große Zerstörung wahrgenommen worden sein. Und viele großangelegte Umgestaltungen von Landschaften sind heute verwachsen, teilweise wurden sie auch von der Natur zurückerobert. Die Begriffe Umweltzerstörung und Klimaveränderung spielten noch keine Rolle. Und im Vergleich zu den Eingriffen in Natur und Umwelt, zu denen es im 20. Jahrhundert mit dem Autoverkehr und der Luftfahrt kam, waren der Bau von Eisenbahnen und die ergänzenden Strukturen möglicherweise weniger dramatisch. Wohlgemerkt: Der Flächenverbrauch im

Fall des Straßenverkehrs liegt bei mindestens dem Vierfachen im Vergleich zu Schienentransporten.

Oft wurden damals in erster Linie die *kulturellen* Aspekte wahrgenommen. Der französische Romancier Victor Hugo hat die veränderten Wahrnehmungsformen bei hoher Eisenbahngeschwindigkeit literarisch wie folgt auf den Punkt gebracht:

> Die Blumen am Feldrain sind keine Blumen mehr, sondern Farbflecken, vielmehr rote oder weiße Streifen. Es gibt keinen Punkt mehr, alles wird Streifen; die Getreidefelder werden zu langen gelben Strähnen; die Kleefelder erscheinen wie lange grüne Zöpfe; die Städte, die Kirchtürme und die Bäume führen einen Tanz auf und vermischen sich auf eine verrückte Weise mit dem Horizont; ab und zu taucht ein Schatten, eine Figur, ein Gespenst an der Tür auf und verschwindet wie ein Blitz, das ist der Zugschaffner.[16]

Interessanterweise sah der bereits kurz angeführte deutsche Dichter Heinrich Heine die Veränderung, die das Eisenbahnzeitalter mit sich brachte, in einem weit größeren Zusammenhang. Und er tat dies in einer ausführlichen Betrachtung, aus der wohl das folgende – wie wir sehen werden: aus dem Zusammenhang gerissene – Zitat allgemein bekannt ist: »Durch die Eisenbahnen wird der Raum getötet und es bleibt uns nur noch die Zeit übrig. Mir ist, als kämen die Berge und Wälder aller Länder auf Paris angerückt. Ich rieche schon den Duft der deutschen Linden; vor meiner Tür brandet die Nordsee.«

Dieses Zitat wird allerdings immer in der Form, wie hier wiedergegeben, ohne die eigentlich erforderlichen Auslassungszeichen zwischen den beiden Sätzen, angeführt. Und genau dies ist falsch, ja eigentlich eine Fälschung. Das vollständige Zitat macht einen hoch

16 Zitiert bei Wolfgang Schivelbusch, Geschichte der Eisenbahnreise – Zur Industrialisierung von Raum und Zeit im 19. Jahrhundert, Frankfurt/M.–Berlin–Wien 1979, S. 54. Brief von V. Hugo vom 22. August 1837 nach: Baroli, Le train dans la litérature francaise, Paris 1964, S. 58.

politischen und weiterhin aktuellen Text daraus. Im Original heißt die komplette Passage wie folgt:

> Durch die Eisenbahnen wird der Raum getötet und es bleibt uns nur noch die Zeit übrig. *Hätten wir nur Geld genug, um auch die letztere anständig zu töten!* In vierthalb Stunden reist man jetzt nach Orléans, in ebenso viel Stunden nach Rouen. Was wird das erst geben, wenn die Linien nach Belgien und Deutschland ausgeführt und mit den dortigen Bahnen verbunden sein werden! Mir ist als kämen die Berge und Wälder aller Länder auf Paris angerückt. Ich rieche schon den Duft der deutschen Linden; vor meiner Tür brandet die Nordsee.[17]

Bereits bei Einfügung des ausgelassenen Satzes wird klar, dass weit mehr hinter dieser Betrachtung steckt. Das gilt vor allem dann, wenn Heines Überlegungen in dem betreffenden Artikel als Ganze gewürdigt werden. Er stellt dabei zunächst die Niederungen der französischen Politik im Jahr 1843 dar, in denen »die Gegner des Zuckerrohrs« und die »Freunde der Runkelrübe« sich absurde Debatten liefern, so wie man in Deutschland »einst für die deutsche Eiche und den Eichelkaffee« geschwärmt habe. Tatsächlich befände man sich an einer Zeitenwende, in der »die Zeit rasch vorwärts (rollt), unaufhaltsam, auf rauchenden Dampfwagen«. Dies erkennt Heine vor dem Hintergrund der Inbetriebnahme der »beiden neuen Eisenbahnen, wovon eine nach Orléans, die andere nach Rouen führt«. Und dann beschreibt Heine in wunderbaren Worten das Neue, Aufbrechende wie folgt:

> Die ganze Bevölkerung von Paris bildet in diesem Augenblick gleichsam eine Kette, wo einer dem anderen den elektrischen Schlag mitteilt. Während aber die große Menge verdutzt und

17 Heinrich Heine, Sämtliche Schriften, Band V, Lutetia, S. 449. Hervorgehoben von mir.

betäubt die äußere Erscheinung der großen Bewegungsmächte anstarrt, erfasst den Denker ein unheimliches Grauen, wie wir es immer empfinden, wenn das Ungeheuerste, das Unerhörteste geschieht, dessen Folgen unabsehbar und unberechenbar sind. Wir merken bloß, dass unsere ganze Existenz in neue Gleise fortgerissen, fortgeschleudert wird, dass neue Verhältnisse, Freuden und Drangsale uns erwarten, und das Unbekannte übt seinen schauerlichen Reiz, verlockend und zugleich beängstigend. So muss unseren Vätern zumute gewesen sein, als Amerika entdeckt wurde, als die Erfindung des Pulvers sich durch ihre ersten Schüsse ankündigte, als die Buchdruckerei die ersten Aushängebögen des göttlichen Wortes in die Welt schickte. Die Eisenbahnen sind wieder ein solches providencielles Ereignis, das der Menschheit einen neuen Umschwung gibt. [ ] Es beginnt ein neuer Abschnitt in der Weltgeschichte und unsere Generation darf sich rühmen, dabei gewesen zu sein. Welche Veränderungen müssen jetzt eintreten in unserer Anschauungsweise und in unseren Vorstellungen! Sogar die Elementarbegriffe von Raum und Zeit sind schwankend geworden.

Wobei hier erst – im Folgenden in Heines Text – das bereits ausgeführte Zitat folgt.

Die Aussage »*Hätten wir nur Geld genug, um auch die letztere*« – also die Zeit – »*anständig zu töten!*« wird von Heine bereits in dem Sinne beantwortet, dass bereits viel Geld und wohl auch ausreichend Kapital vorhanden sei, dass also mit diesen Geldsummen und Projekten auch »die Zeit getötet« werden würde. Er geht in seinem Text auf die großen Aktiengesellschaften ein, die die Eisenbahn-Projekte aufgriffen, wobei »Bajazzo auf dem Balkon einer Marktbude das verehrungswürdige Publikum zum Hereintreten« einladen würde – gemeint: das gemeine Volk zur Zeichnung von Aktien und zur Spekulation einladen würde. Nachdem er darauf zu sprechen kommt, welchen Charakter die Vorstände und die Aufsichtsräte der neuen privaten Eisenbahngesellschaften hätten – es befänden sich bekannte »Admiräle und Marineoffiziere« darunter –, und dass sich in diesen neuen Unternehmungen »die herrschende Geldaristokratie« konzentrieren würde, verallgemeinert Heine wie folgt: »Jene Leute (in den Führungskreisen der neuen Eisenbahngesellschaften; WW) werden bald nicht nur das comité de surveillance (Aufsichtsrat; W. W.) der Eisenbahnsozietät, sondern auch das comité de surveillance (Überwachungskomitee; W. W.] unserer ganzen bürgerlichen Gesellschaft bilden, und sie werden es sein, die uns nach Toulon oder Brest schicken«[18] – auf dass die Angesprochenen in den dortigen Häfen, im Fall der Pleite der Gesellschaften, »zum Rudern auf den Galeeren verurteilt« werden würden.

18 A. a. O., S. 450.

Kapitel 5: Der kleine Mann macht Tempo

Amerika ist kein Lunapark, Amerika ist ein großer Kontinent. Reservoire elektrischer Energie sind nichts als Literatur. Hingegen sind die Reservoire der Standard Oil mit gutem Benzin eine sichere Sache.

Henry Ford, 1922[1]

Von den obersten Stockwerken von Ford World Headquarters […] aus kann man sehr gut die Ford-Teststrecke sehen. […] Man kann gerade noch die Autos erkennen, wie sie Runde um Runde drehen. […] Ein anderer Wirklichkeit gewordener Traum befindet sich gleich neben der Teststrecke. […] »Greenfield Village« ist Henry Fords Huldigung an die Vergangenheit […] – eine Ansammlung von Häusern aus dem 18. und 19. Jahrhundert, zusammengesucht überall in den Vereinigten Staaten, […] zerlegt in Einzelteile und vorbildgetreu wieder aufgebaut. Geschwindigkeit, sagt Aldous Huxley, ist das einzig wahre Vergnügen des 20. Jahrhunderts. Und Geschwindigkeit gibt es nicht in Greenfield Village.

Robert Lacey, Ford – Eine amerikanische Dynastie,1986[2]

Anfang des 20. Jahrhunderts kam es ausgehend von den USA zu einer weiteren Revolutionierung des Transportsektors. Das Auto fand erstmals massenhaft Verbreitung; ein motorisierter Straßenverkehr entwickelte sich auf der Basis von Personenkraftwagen (Pkw) und Lastkraftwagen (Lkw). Nicht zu vergessen, die neuen Transport- und Vernichtungsmittel des modernen Kriegs: Jeeps, Militärlaster und Kettenpanzer. Die Grundlage dieser neuen Verkehrsorganisation

1 Henry Ford, Mein Leben, München 1952, S. (Originalausgabe »My Life and my Work«, New York 1922)

2 Robert Lacey, Ford – Eine amerikanische Dynastie, Düsseldorf–Wien–New York 1987, S. 160f (Originalausgabe »Ford, The Men and the Machine«, London 1986)

bildete die nunmehr maßgebliche Energie, die aus Rohöl und seinen Derivaten Diesel und Benzin gewonnen wird. Dabei sahen sich die Propagandisten der neuen Technologie vor eine schwierige Aufgabe gestellt: Anfang des 20. Jahrhunderts wurde der motorisierte Verkehr in den Industrieländern zur Zufriedenheit der überwältigenden Mehrheit der Menschen auf Schienen bewältigt – bei größeren Distanzen durch die Eisenbahn, in den Städten und im Umland durch Straßenbahnen, Schnellbahnen und Vorortbahnen. Der Güterverkehr wurde mit Eisenbahnen, auf Kanälen und mit Schiffen, allesamt meist bereits mit Dampf betrieben, abgewickelt. Genau besehen war das Auto ein alter Hut. Oder besser: Es war damals bereits altes Eisen; es bewegte sich seit drei Jahrzehnten weltweit mit einigen wenigen Zehntausend Exemplaren als Luxusgefährt für wenige auf schlecht ausgebauten Straßen. Dass dem Auto die Zukunft gehören würde, sah vor 120 Jahren kaum jemand vorher. Noch im Jahr 1910 beschrieb der meist weitsichtige Nationalökonom Werner Sombart die Zukunft des Transportsektors wie folgt: »In der dritten Periode, die [...] durch die 1870er Jahre gebildet wird, gelangt das System der Vollbahnen [...] zur Vollendung: Periode des Ausbaus, die schließlich in diejenige der Verästelung mündet, in der wir uns noch befinden. Diese letzte Epoche wird damit endigen, dass vor jedes Haus eine Eisenbahn führt. Dazu verhilft vor allem auch die Entwicklung eines Sekundär-, Tertiär- usw. Bahnbaus, eines Systems von Schmalspurbahnen (...).«[3]

In den wichtigsten Industrieländern konnte das Schienennetz als mehr oder weniger flächendeckend bezeichnet werden. Auch standen bereits die neuen Technologien bereit, die den Transport mit Eisenbahnen qualitativ verbessern und verbilligen sollten: Die Dampflokomotive wurde durch die elektrische Traktion abgelöst, ergänzt um von Dieselkraftstoff angetriebenen Lokomotiven.

Das in der Ölbranche und im Autosektor engagierte Kapital stand vor der eigentlich kaum lösbaren Aufgabe, den Verkehr in seiner

3 Werner Sombart, Die deutsche Volkswirtschaft ..., a. a. O., S. 239.

Masse von der Schiene und teilweise auch von der Binnenschifffahrt abzuwerben und auf die Straße umzulenken. In der Konsequenz musste das vorausgegangene und in einem Dreivierteljahrhundert weltweit aufgebaute Transportsystem Schiene niederkonkurriert, ja ruiniert werden. Nicht zu vergessen: Die reichsten und mächtigsten Männer jener Zeit waren die Eisenbahnkönige: George Hudson in England, Bethel Henry Strousberg in Deutschland und Cornelius Vanderbilt in den Vereinigten Staaten von Amerika – und diese Herren geboten über gewaltige Kapitalmassen und standen im engen Bündnis mit den damals führenden Banken.

Es bedurfte dann auch eines halben Jahrhunderts und zweier Weltkriege, bis der Straßenverkehr den Schienenverkehr von Platz 1 im Transportsektor verdrängt hatte, und eines weiteren Vierteljahrhunderts, bis der Schienenverkehr in allen hochentwickelten kapitalistischen Ländern in eine derartige Randposition gedrängt worden war, dass er keine ernsthafte Konkurrenz zum Straßenverkehr mehr darstellte. Es war ein Sieg, der fast allerorten als Triumph der »privaten Freiheit« über den »staatlichen Zwang« gefeiert wurde. So schrieb Michael Hennecka 1985 in der als progressiv und ökologisch engagiert geltenden Tageszeitung *taz*: »Die Technologie des Autos ist [...] Produktivkraft im doppelten Sinn geworden: Sie revolutioniert die Produktionsverhältnisse ebenso wie die innere Natur des Menschen. [...] Der Weg von der Eisenbahn zum Auto markiert so den Weg vom Untertan zum autonomen Bürger, von der Identifikation mit der Macht zur Selbstdarstellung der eigenen, vermeintlichen Macht [...] Das Auto ist ein fester Bestandteil des Lebens geworden, es ist als sinnlicher Gegenstand Teil der Konstitution des Menschen.«[4]

Die Geschichte des Automobils war am Beginn der Massenmotorisierung bereits 140 Jahre alt. Im Jahr 1763 baute der französische

4 Michael Hennecka, Hundertfünfzig Jahre Eisenbahn. Für die Bahn ist der Zug längst abgefahren, in: *Tageszeitung* (*taz*) vom 18.1.1985.

Ingenieur N. J. Cugnot ein mit Dampf getriebenes Kraftfahrzeug. 1770 entwickelte derselbe einen verbesserten Dampfwagen, der sich in den engen Straßen von Paris als nicht kontrollierbar erwies und gegen eine Mauer prallte, worauf die französische Regierung alle weiteren Versuche wegen öffentlicher Ruhestörung verbot.[5] 1801 wurde ein funktionsfähiger Dampfwagen präsentiert – vom eigentlichen Erfinder der ersten Eisenbahn, Richard Trevithick. 1860 präsentierte der Franzose Lenoir erstmals die grundlegende Technologie eines Verbrennungsmotors. Es handelte sich um einen Zweitaktmotor, der mit Leuchtgas betrieben wurde. 1861 reichte der Kölner Nikolaus Otto das Patent für einen mit Spiritus betriebenen Verbrennungsmotor ein, 1867 baute er einen ersten Viertaktmotor. Gottlieb Daimler entwickelte zusammen mit Wilhelm Maybach 1883 den ersten schnell laufenden Motor und Rudolf Diesel 1893 den ersten mit Schweröl betriebenen Motor. 1886 montierte Daimler seinen Motor auf einen vierrädrigen Kutschenwagen und startete erste Versuchsfahrten. Carl Benz stellte im selben Jahr einen dreirädrigen Motorwagen der Öffentlichkeit vor.

1894 organisierten die französischen Autofirmen Panhard & Levassor und Peugeot das erste Autorennen. Es wurde zwischen Paris und Rouen ausgetragen. Die Preise gingen an Firmen, deren Fahrzeuge mit Daimler-Motoren ausgerüstet waren. Die erreichten Geschwindigkeiten waren eher mäßig: »Unter diesen Bedingungen war es möglich, dass Scharen von Pferdefuhrwerken und Radfahrern die Wagen auf der Rennstrecke begleiteten und der Sportmäzen Gordon Bennet, Inhaber des New York Herald, einem seiner Redakteure den Auftrag gab, den Rennverlauf auf dem Fahrrad zu verfolgen.«[6] Am 29. April 1899 durchbrach nahe von Paris das erste Fahrzeug der

5 Allgemeine Geschichte der Technik … a. a. O., S. 259.

6 Einbaum, Dampflok, Düsenklipper, Autorenkollektiv des Instituts für Verkehrsgeschichte an der Hochschule für Verkehrswesen »Friedrich List« Dresden, Leipzig 1968, S. 112.

Automobilgeschichte die Geschwindigkeitsgrenze von 100 Stundenkilometern. Es handelte sich um ein Elektroauto.[7]

Doch all das waren eher Randerscheinungen in der Verkehrsgeschichte; sie stellen sich nur im Rückblick als Teil eines grandiosen Siegeszugs des Autos in der Verkehrswelt dar. Schließlich waren Eisenbahnen auch damals bereits wesentlich schneller und omnipräsent – die Eisenbahnverbindung Paris–Rouens wurde bereits zitiert; ausgerechnet entlang dieser Route also fand ein Rennen mit Fahrzeugen statt, deren Geschwindigkeit bei rund einem Viertel der dort damals verkehrenden Eisenbahn lag. Das Auto schien nicht dafür prädestiniert, aus der Nische eines Luxustransportmittels herausrollen zu können.

Dies konnte nur in den USA gelingen; und es bedurfte einer Revolution in der industriellen Fertigung. Wobei erneut die behauptete hohe Geschwindigkeit und Autorennen eine große Rolle spielten. Im Jahr des zitierten Geschwindigkeitsrekords mit einem Elektroauto, 1899, verließ Henry Ford die Edison-Gesellschaft, um sich »dem Autogeschäft zu widmen«. 1902 ging ein von Ford gebautes Auto als Sieger aus einem Autorennen hervor. Jetzt, so Ford, wusste jeder, »dass ich schnelle Autos bauen konnte. Eine Woche nach dem Rennen wurde die Ford-Automobil-Gesellschaft gegründet.« Die erste Ford-Fabrik entstand. »Das Geschäft ging wie durch Zauber. Unsere Wagen hielt man für leistungsfähig.«[8] 1906 wurde bereits eine sensationelle Jahresproduktion von 1708 Wagen erreicht. Eine derartige Menge war jedoch immer noch unzureichend für die Massenproduktion und insbesondere dem Tatbestand geschuldet, dass Ausführung und Preis der Fahrzeuge auf die Oberschicht zielten. Ford wechselte seine Modellpolitik, verzichtete in den Jahren 1906 und 1907 völlig auf die Fertigung von Luxuslimousinen und bot nur

7 Am Steuer saß der Belgier Camille Jenatzky, der das Auto auch konstruiert und diesem den Namen »La Jamais Contente« – die niemals Zufriedene« – gegeben hatte. Siehe: Winfried Wolf, Mit dem Elektroauto in die Sackgasse. Warum E-Mobilität den Klimawandel beschleunigt, Wien 2020, 3. und erweiterte Auflage, S. 146f.

8 Henry Ford, Erfolg im Leben, München 1922, S. 33 (Original »My Life and Work«, 1922).

drei Modelle an. Die Preise sanken von 2000 auf 700 Dollar je Automobil. 1910 wurde diese Grundkonzeption konsequent zu Ende geführt: Ford stellte nur noch einen Wagentyp her, ein »Automobil für die Menge«, das »T-Modell«, später als »Tin Lizzie« (Blech-Liesel) bezeichnet. Die Jahresproduktion konnte mit dieser Unternehmensphilosophie ständig gesteigert werden. Mit mehr als 34.000 Einheiten im Jahr 1910/11 erreichte sie ein Niveau, das sich zur Einführung der *Produktion mittels Fließbändern* eignete: der Verkettung aller zur Herstellung des Personenkraftwagens wichtigen Arbeitsprozesse mittels Transportbändern. Die Umstellung wurde während der Herstellung des T-Modells vorgenommen und schrittweise für die einzelnen Fertigungsbereiche eingeführt.

Innerhalb weniger Monate bestand die Fabrik Highland Park fast nur noch aus Fließbändern: Armaturenbrett-Fließbänder, Vorderachsen-Fließbänder, Chassis-Fließbänder. »Jedes Teil in der Fabrik bewegt sich«, freute sich Ford, »an Haken, an Ketten auf beweglichen Plattformen oder von allein nur durch Schwerkraft – nichts wird mehr gehoben oder getragen. [...] Wenn man für jeden der 12.000 Arbeiter pro Tag zehn Schritte einspart, spart man 50 Meilen verschwendete Energie und Bewegung ein.«[9] Dabei hatten Ford und seine Leute das 1911 erschienene Buch »The Principles of Scientific Management« von Frederick Taylor studiert, die Grundlage des »Taylorismus«, der Zerlegung der bis dahin weitgehend handwerklichen und ganzheitlichen Arbeit in ihre einzelnen Schritte. In Verbindung mit dem Fließband entstand ein völlig neues Fabriksystem und eine kapitalistische Epoche, die als Fordismus treffend gekennzeichnet wird (siehe das folgende Kapitel).

Beim Start der Fertigung des T-Modells, im Jahr 1910/11, waren exakt 34.528 Fahrzeuge zum Preis von je 780 US-Dollar hergestellt worden. 1912/13 waren es 168.220 Einheiten, die nur noch einen

9 Ford, zitiert bei Robert Lacey, Ford – Eine amerikanische Dynastie, Düsseldorf 1987, S. 85 (US-Originalausgabe, Ford, The Man and the Machine, London 1986).

Verkaufspreis von 600 Dollar hatten. 1916/17 wurden 785.432 Pkw zu einem die Konkurrenz erschreckenden Preis von 360 Dollar produziert.[10] Gegen Ende des Ersten Weltkriegs beherrschte Ford den amerikanischen und den Weltmarkt – rund die Hälfte aller in der Welt hergestellten Autos waren »T-Modelle«. Als 1928 die Fertigung dieses Modells eingestellt wurde, waren 15 Millionen T-Modelle hergestellt. Ford war der mächtigste Industrielle der Welt. Herzstück seiner Autofertigung war das 1918 in Angriff genommene River Rouge-Werk, an der Stadtgrenze von Detroit und an einem Fluss gelegen und mit einem großen Hafen versehen. In den Jahren 1917 und 1918 hatte Ford vor allem Kriegsgerät hergestellt. Nach dem Weltkrieg zählten zu Fords Imperium eine Eisenbahn, die Detroit, Toledo & Ironton Railroad Company, Erzbergwerke und Kohlezechen, eigene Elektrizitätswerke, zeitweilig auch eine eigene Flugzeugfertigung und nicht zuletzt eine Wochenzeitung, die zwar »Dearborn Independent« hieß, die jedoch so von Ford abhängig war, dass er sich darin eine eigene Seite, »Mr. Fords Page« hielt.

Der Autoboom machte auch Fords Konkurrenten stark. Es kam zur Herausbildung der »Big Three«, Ford, Chrysler und General Motors, die insbesondere nach der Weltwirtschaftskrise 1920–32 und bis in die 1960er-Jahre hinein die US-Autoproduktion und große Teile der weltweiten Fahrzeugbranche beherrschen sollten. General Motors entwickelte sich zu Fords wichtigstem Konkurrenten, der nach dem Zweiten Weltkrieg die Führungsposition übernehmen sollte. In den 1920er-Jahren wurden die Autoindustrie und die mit ihr verbundenen Sektoren (wie die Ölbranche und die Kautschuk- bzw. Reifen- und chemische Industrie) zu den wichtigsten Wachstumsbranchen und zum Träger des Nachkriegsbooms. 1929 gab es bereits 19 Millionen Pkw in den USA. Rund 180 Pkw kamen auf 1000 Einwohner, jeder fünfte Mensch, Greise und Säuglinge eingeschlossen, war Eigentümer eines Automobils. Eine vergleichbare Pkw-Dichte

10 Henry Ford, a.a.O., S. 112.

wurde im kapitalistischen Westeuropa erst Ende der 1960er-Jahre und in der DDR Anfang der 1980er-Jahre erreicht.[11] Trotz der großen Wirtschaftskrise 1929 bis 1933 rollten Ende 1941, bei Kriegseintritt der USA, bereits 30 Millionen Pkw auf den Straßen der Vereinigten Staaten von Amerika. Als 1950, trotz eines zeitlich begrenzten Einbruchs bei der Massenmotorisierung während des Zweiten Weltkriegs, die Zahl von gut 40 Millionen registrierter Pkw erreicht wurde, hatte das Kraftfahrzeug endgültig die Vorherrschaft im nordamerikanischen Transportsektor übernommen.[12] Die Vereinigten Staaten von Amerika hatten sich auf der Welle der Massenmotorisierung und der grundlegenden Umstrukturierung im Transportsektor an die Spitze der kapitalistischen Industrienationen katapultiert.

In Europa setzte sich eine Massenmotorisierung erst nach dem Zweiten Weltkrieg durch. Zwischen den Weltkriegen gab es nur in Frankreich, das seit Napoleon über ein gut ausgebautes Straßennetz verfügte und wo es früh zur Herausbildung einer Autoindustrie gekommen war, und in Großbritannien, wo Ford bereits 1911 ein Autowerk erbaut hatte, Ansätze einer ersten größeren Automotorisierung. Insgesamt jedoch wurde der alte Kontinent stark von den Kosten der Hochrüstung, der Weltwirtschaftskrise und den zwei Weltkriegen belastet. Die niedrige Massenkaufkraft bot keine ausreichende Grundlage für eine Massenmotorisierung.

Der Erste Weltkrieg wirkte in allen großen Industriestaaten als Promotor des Autos. Nun wurden seine militärischen Varianten entwickelt und erstmals in großem Maßstab eingesetzt; das Automobil erhielt gewissermaßen erste Feuertaufen bzw. es hinterließ eine Blutspur. So in der Schlacht um Verdun: Die Eisenbahnversorgung

11 Während 1929 in den USA fünf Personen auf einen Pkw kamen, waren es in Großbritannien 30, in Frankreich 33, in Deutschland 102, in Japan 702 und in der Sowjetunion 6130. Nach: Daniel Yergin, Der Preis – Die Jagd nach Öl, Geld und Macht, Frankfurt/M. 1991, S. 270 (Original: The Prize. The Epic Quest for Oil, Money, and Power, New York 1991).

12 Zahlen zur Pkw-Produktion und Pkw-Dichte nach: Heiner Köhnen, Industrielle Beziehungen und betriebliche Auseinandersetzungen in Nordamerika – Neue Unternehmensstrategien und die Automobilgewerkschaften UAW und CAW, Münster 2000, S. 69.

der Festung lag unter deutschem Feuer. Die Franzosen organisierten den Nachschub auf Lastkraftwagen – über eine Million Soldaten und über zwei Millionen Tonnen Material rollten auf primitiven Lkw an die Front. Ähnliches erfolgte auf deutscher Seite, sodass ein Direktor der Daimler-Werke, die hiervon besonders profitierten, erklärte: »Der Krieg ist ein einziger großer Nimmersatt, dessen Leibspeise Automobile sind.« Zum selben Zeitpunkt warfen die Engländer an der Somme ihre automobile Neuerfindung, den »Tank«, ins Gefecht: Wegen der militärischen Geheimhaltung waren die ersten Panzer als »Wasserbehälter« (»Tank«) deklariert worden. Lastkraftwagen, Kübelwagen, Tanks oder Panzer wurden dann im Zweiten Weltkrieg in Serienproduktion gefertigt. Dies gab der europäischen Autoindustrie die Möglichkeit zur massenhaften Fertigung von militärisch genutzten Fahrzeugen. Der Rückstand bei der zivilen Pkw-Produktion im Vergleich zum US-Markt konnte so teilweise ausgeglichen werden.

Für einen Siegeszug des Autos sprach, wie eingangs dieses Kapitels bereits angesprochen, zunächst eher wenig. Das Auto brachte sogar erkennbar Rückschritte – hinsichtlich des Reisekomforts und auch hinsichtlich der Geschwindigkeit. Henry Ford organisierte zwar, wie erwähnt, Autorennen als PR-Aktionen.[13] Gleichzeitig versuchte er aus der Not der im Vergleich zur Eisenbahn geringeren Geschwindigkeit eine Tugend zu machen und propagierte »das Auto speziell für den Alltagsgebrauch und Alltagsnutzen«, ein Auto »ohne die halsbrecherischen Fahrtgeschwindigkeiten [...], die heute so allgemein verurteilt werden.« Hervorgehoben wurde nun der Personenkraftwagen, »der von allen Männern, Frauen und Kindern gleichmäßig um seiner Stabilität, Einfachheit, Sicherheit [...] und seines außerordentlich niedrigen Preises willen bewundert wird.«[14]

13 Er sponserte auch das erste große Autorennen, das seit 1911 und bis heute in jedem Jahr stattfindet, die Indianapolis 500 (»Indy 500«).

14 Zitiert bei Michael Busse, Die Autodämmerung, Sachzwänge für eine neue Verkehrspolitik, Frankfurt am Main 1980, S. 23.

Es waren im Wesentlichen drei Faktoren, die den erstaunlichen Siegeszug des Autos ermöglichten.

Eine *erste* und entscheidende Rolle spielten die USA und der dort erreichte Stand der Industrialisierung und des Wohlstands. Die Vereinigten Staaten waren damals – und sind es heute noch – ein dünn besiedeltes Land. In Europa ist die Einwohnerdichte drei Mal größer, in Deutschland sieben Mal größer als in den USA. Die Problematik des enormen Flächenbedarfs der Autos brauchte in Nordamerika nicht zu kümmern. Vor allem waren die USA das erste Land, in dem es bereits Anfang des 20. Jahrhunderts aufgrund der frühen Industrialisierung zur Herausbildung einer Arbeiterschaft mit höheren Einkommen – heute würde man sagen: zu einer relativ wohlhabenden Mittelschicht – gekommen war. Während »Benzinautomobile« in Europa weiter Preise hatten, die einem Mehrfachen des Jahreseinkommens eines Facharbeiters entsprachen, kosteten sie in den Vereinigten Staaten »nur« das Mehrfache eines Monatseinkommens oder sogar nur das Monatseinkommen eines Lehrers.[15] Das Automobil konnte damit bei entsprechender Massenfertigung und einer Preispolitik, wie sie von Henry Ford betrieben und hier beschrieben wurde, aus der Nische des Luxusgefährts für wenige Reiche heraus und in einen großen und wachsenden Markt rollen. Damit waren die USA strukturell prädestiniert, diese Vorreiterrolle in der weltweiten Motorisierung zu spielen.

Ein *zweiter* Aspekt, der für den Siegeszug des Autos in den USA entscheidend war, bestand in der grundlegenden Neustrukturierung der nordamerikanischen Wirtschaft. Ab den 1840er-Jahren und bis Ende des 19. Jahrhunderts waren in den USA die führende Kapitalfraktion (Vanderbilt) und der Bankensektor (J. P. Morgan) mit den Eisenbahnen, dem Kohlebergbau und der Stahlindustrie und dem

15 Robert Lacey schreibt, dass beim Start des T-Modells »das Monatsgehalt eines Lehrers nicht über 850 Dollar lag.« Ford rühmte sich um 1920, seinen Arbeitern 5 Dollar am Tag zu zahlen, was allerdings nur auf einen Teil der Arbeiter zutraf. Dies entsprach einem Monatsgehalt von rund 125 Dollar. Lacey, Ford ..., a.a.O., S. 77.

Maschinenbau (letzterer vor allem engagiert im Lokomotiven- und Waggonbau und in der Fertigung von Stahlschienen) verbunden. Das änderte sich Ende des 19. Jahrhunderts mit der Entdeckung der gewaltigen Ölvorräte, mit dem Aufstieg der jungen Ölindustrie und der Kapitalfraktion um Nelson Rockefeller (Standard Oil), die bald in enger Verbindung mit Henry Ford, mit den anderen neuen Autoherstellern (GM und Chrysler), mit dem Reifenhersteller Firestone und den neuen Banken, die mit Rockefeller verbunden waren (so die Chase Manhattan), standen.[16] Diese jungen Kapitalfraktionen entwickelten sich Anfang des 20. Jahrhunderts zu den entscheidenden Herausforderern der Eisenbahn-Kohle-Stahl-Gruppe. Gut zwei Jahrzehnte lang wogte ein erbitterter Fraktionskrieg. Ihren endgültigen Durchbruch erlangten die neuen Kapitalfraktionen mit der Weltwirtschaftskrise 1929–1933.

Drittens gibt es in einer Gesellschaft, die Entfremdung und Frustrationen bei der großen Mehrheit der Bevölkerung produziert, massenpsychologische Faktoren, die das Auto für breite Bevölkerungsschichten attraktiv erscheinen lassen. Das Auto ist nicht an sich ein Faszinosum. Doch unter den spezifischen Bedingungen, unter denen die arbeitende Bevölkerung im Kapitalismus lebt, bietet das Auto bzw. die treffend als »motorisierter *Individual*-Verkehr« (MIV) bezeichnete Transportart ideale Bedingungen für Ersatzbefriedigungen unterschiedlicher Art. Darauf wird ausführlich im nächsten Kapital beim Thema Fordismus und Faschismus eingegangen.

Die verschiedenen kritischen Elemente des Autoverkehrs wie enormer Flächenverbrauch, die hohe Zahl von Toten und Verletzten und der Lärm des Straßenverkehrs spielten in dieser Gesamtkonstellation eine untergeordnete Rolle. Und die im Vergleich zum Schienenverkehr wesentlich geringere Transportgeschwindigkeit wurde dadurch bei weitem aufgewogen, dass das Auto es scheinbar dem Individuum ermöglichte, eigenständig – *auto*nom – das Tempo zu

16 Siehe ausführlich: Winfried Wolf, Verkehr. Umwelt. Klima ..., a. a. O., S. 123ff.

bestimmen und auf Tempo zu machen. Eben: Der kleine Mann macht Tempo. Und es waren zu 98 Prozent Männer, die in dieser Zeit über die Automobile verfügten.

Diese drei Faktoren waren wesentlich für den Siegeszug des Autos. Interessant dabei ist die folgende Beobachtung: Die Eisenbahn setzte sich in *allen* größeren Industrieregionen (Westeuropa, Nordamerika und sogar in Russland) weitgehend zur gleichen Zeit durch: im Zeitraum 1825 bis 1840. Völlig anders verhielt es sich jedoch im Fall des Autoverkehrs. Dieser setzte sich extrem phasenverschoben und exakt parallel zur Etablierung der Vorherrschaft des US-amerikanischen Kapitals durch – was zugleich die Verallgemeinerung des American Way of Life war: im Zeitraum von 1910 bis 1930 in den USA, in der Periode von 1950 bis 1975 in Westeuropa, im Zeitraum von 1970 bis 1990 in Japan, in den Jahren von 1990 bis 2010 in Osteuropa und seit 2000 in China.

In Tabelle 2 wird diese wachsende Bedeutung des Autos im Zeitraum von einhundert Jahren, 1920 bis 2020, mit Zahlen konkretisiert. Deutlich wird dabei auch, wie einseitig zunächst diese Motorisierung bis 1950 stattfand – weitgehend beschränkt auf die USA. Und mit welcher Wucht daraus dann ab 1985 ein weltweiter Vorgang wurde, mit einer Verdreifachung der Pkw-Zahl im Zeitraum 1985 bis 2020 (von 360 Millionen Pkw auf 1,1 Milliarden Pkw) und einer Verdopplung der Pkw-Dichte (von 78 auf 141 Pkw je 1000 Menschen).

Tabelle 2: 100 Jahre Automotorisierung des kleinen Mannes[17]

		1920	1930	**1950**	1985	2000	2010	**2020**
USA	**Mio. Pkw**	7,5	22	40	140	200	220	260
	Pkw-Dichte*	71	178	260	600	714	735	820
Europa**	**Mio. Pkw**	1,5	9,5	10	120	180	260	350
Japan	**Mio. Pkw**	0,1	1,2	4	27	40	55	65
Afrika	**Mio. Pkw**	-	0,2	0,5	4,3	12	18	28
China	**Mio. Pkw**	-	-	-	0,1	30	61	135
	Pkw-Dichte*	-	-	-	-	25	50	100
Übrige Welt***	**Mio. Pkw**	0,9	2,1	2,5	68,6	138	161	262
Welt gesamt	**Mio. Pkw**	10	35	57	360	600	775	1100
Weltbev.	**in Mio.**	1.800	2.000	2.500	4.600	6.140	6.960	7.800
Pkw je 1000 Menschen		10	17	23	78	98	111	141
Für die jeweilige Zeit typisches Pkw-Modell****	**Name**	Tin Lizzie (Ford)		VW Käfer	VW Golf II	VW Golf IV		VW Golf VIII
	Motorleistung	20 PS		30 PS	55 PS	75 PS		90 PS
	Gewicht	550 kg		730 kg	850 kg	1050 kg		1250 kg
	max. Geschw.	67 km/h		105 km/h	155 km/h	185 km/h		202 km/h

** Pkw je 1000 Menschen//** Bis 1990 = Westeuropa///*** V. a. Übriges Amerika + Asien außer Japan u. China und bis 1990 UdSSR u. Osteuropa//**** Gewählt wurde immer der unterste Wert der möglichen PS-Zahl, des Gewichts bzw. der Höchstgeschwindigkeit.*

17 Angaben unter anderem nach Angaben der Organisation Internationale des Constructeurs d'Automobiles (OICA), siehe: OICA.org und Daniel Yergin, Der Preis – Die Jagd nach Öl, Geld und Macht, Frankfurt/M. 1991.

Dabei kam es auch zu einer Steigerung der Höchstgeschwindigkeit bei den für ihre Zeit jeweils typischen Pkw-Modellen – von 67 Stundenkilometer im Fall des Ford-Modells Tin Lizzie bis zu mehr als 200 Stundenkilometern im Fall des VW-Golf in der seit 2019 gebauten achten Generation.

Da die Durchsetzung der Autogesellschaft auch viel mit Massenpsychologie zu tun hat, spielten die Pkw-Modelle, die in den entscheidenden Phasen der sprunghaft ansteigenden Motorisierung typisch waren, eine entscheidende Rolle. Dies war in den USA in den Jahren 1910 bis 1930 das bereits erwähnte Ford-Modell T (»Tin Lizzie«). In Westeuropa waren dies in Italien der Fiat 500, in Frankreich die Modelle Citroen 2CV, Renault R4 und Simca 1000 und in Deutschland der VW Käfer und der VW Golf, teilweise noch der Opel Kadett bzw. der Opel Manta.

Grundsätzlich argumentierte natürlich auch Henry Ford, dass das Auto eine Zeitersparnis mit sich brächte. Er legte seine Philosophie allerdings vor dem Hintergrund der erkennbar zunächst ungenügenden Geschwindigkeiten »breiter« an – und betonte vor allem den Aspekt des Individuellen, der eigenen Entscheidung über das Tempo und über die Fahrweise. All jene Autonomie, über die ein Lohnabhängiger im Kapitalismus im Allgemeinen und ein Ford-Beschäftigter im Besonderen nicht verfügen, sollen sie in ihrer Freizeit und dann im Autoverkehr haben. In Henry Fords Worten:

> Wie oft hören wir das alte Wort »Zeit ist Geld« – und doch, wie wenige Geschäftsleute und Berufsmenschen handeln, als glaubten sie tatsächlich an seine Richtigkeit. Männer, die fortgesetzt über Zeitmangel jammern und sich darüber beklagen, dass die Woche so wenige Tage hat – Männer, die für jede fünf Minuten, die sie verlieren, einen Dollar zum Fenster hinauswerfen. Männer, für die fünf Minuten Aufschub mitunter den Verlust vieler Dollar bedeutet, verlassen sich trotzdem auf die zufälligen, unbequemen und mitunter mangelhaften

> Verkehrsverbindungen, die uns die Straßenbahn usw. bietet, während die Investierung einer außerordentlich bescheidenen Summe in den Ankauf eines tadellosen, leistungsfähigen hochwertigen Automobils sie jeder Sorge und Unpünktlichkeit enthebt und sie mit einem luxuriösen, stets ihres Wirkens harrenden Beförderungsmittel versieht. Stets bereit, stets sicher. Gebaut, um Ihnen Zeit und Geld zu sparen. [ ] Gebaut, um Ihren Ruf für Pünktlichkeit zu verbessern. [ ] Gebaut auch für Gesundheitszwecke, um Sie »reibungslos« über halbwegs anständige Straßen zu befördern, Ihr Gehirn durch den Genuss eines langen Aufenthalts im Freien und Ihre Lungen durch das »Mittel aller Mittel« – die richtige Art von Luft – aufzufrischen. Sie sind der Herr über Ihre Geschwindigkeit. Sie können langsam durch schattige Alleen gleiten, oder Sie können den Gashebel mit Ihrem Fuße hinunterdrücken, bis die ganze Landschaft um Sie herum verschwimmt und Sie die Augen aufreißen müssen, um die Meilensteine am Wege zu zählen.[18]

Die unterschiedlichen Autowelten, die es vor allem bis 1990 noch gab, gibt es eigentlich auch heute noch, wenn man bedenkt, dass die Zahl aller Pkw, die in ganz Afrika einer Milliarde Menschen zur Verfügung steht, identisch ist mit der Zahl der Pkw, die in Bayern, Baden-Württemberg und in Nordrein-Westfalen für gerade einmal 35 Millionen Menschen registriert sind. Prallen diese Welten aufeinander, kann der Geschwindigkeitsfetischismus interessante Gewaltphantasien zeitigen. Solche unterschiedlichen Autowelten herrschten zwischen der Bundesrepublik und der DDR im Wendejahr 1990. Konkret: Die Pkw-Dichte in der DDR war damals ziemlich exakt halb so groß wie die westdeutsche.[19] Die durchschnittliche PS-Zahl je Auto lag im Westen sogar drei Mal höher. In einem Fahrbericht über

18 Henry Ford, a. a. O. S. 37.

19 Konkret waren es 1990 in der DDR 238 Pkw je 1000 Einwohner und in der BRD 482 Pkw je 1000 Einwohner.

ein neues Range-Rover-Modell las sich das Anfang 1990 wie folgt: »Es war einer jener unschönen Momente im Leben eines Autofahrers, der Adrenalin unvermittelt und heftigst durch die Adern treibt: eine grüne Ampel, auf die ein Trabi zutuckerte, dahinter wurde der Range Rover beschleunigt, um die Ampel noch bei Grün passieren zu können. Da bremste der Trabi kurz, aber heftig – und stand. Die fast 2000 Kilogramm Kampfgewicht des Range Rovers schoben sich beängstigend schnell auf das Plastikheck des Ostgefährts. Doch das servounterstützte Zweikreis-Bremssystem mit Scheibenbremsen an allen vier Rädern brachten den Wuchtigen aus Großbritannien noch rechtzeitig zum Stehen.«[20]

Die »Philosophie« oder auch Arroganz, die in diesem Text zum Ausdruck kommt, hat im Übrigen handfeste Folgen; sie ist mit dem unnötigen Tod von Tausenden Menschen verbunden. Auf dem Gebiet der DDR gab es 1989 1330 Straßenverkehrstote. Ein Jahr später – mit der Vereinigung BRD/DDR und der damit aufgehobenen Geschwindigkeitsbegrenzung auf Autobahnen – lag diese Zahl mit 3800 fast beim Dreifachen. Selbst im Jahr 2000 lag die Zahl der in den neuen Bundesländern registrierten Straßenverkehrstoten über der entsprechenden Zahl aus dem Jahr 1989. Sie lag dabei zeitweilig gemessen an der Zahl der Autos und der zurückgelegten Kilometer doppelt so hoch wie in Westdeutschland. Das aber heißt: Es gab in Ostdeutschland in diesem Jahrzehnt einen Blutzoll von gut 10.000 Straßenverkehrstoten, der auch bei einer nachholenden Motorisierung dann hätte vermieden werden können, wenn es entsprechende Schutzmaßnahmen und gesetzliche Regelungen – unter anderem Tempolimits – gegeben hätte.

20 *Welt am Sonntag* vom 14. Januar 1990.

Kapitel 6: Fordismus und Faschismus

Frage: Mit »Fordlandia« wagen Sie sich an einen ökonomischen Stoff. Es geht um die Utopie von Henry Ford, die Werte einer amerikanischen Kleinstadt weltweit zu exportieren. Für die Kautschuk-Produktion schuf er in den 1920er Jahren eine Musterstadt am Amazonas [...] wo sie mit Klaus Kinski viel beachtete Filme wie »Aguirre – der Zorn Gottes« oder »Fitzcarraldo« gedreht haben.
Werner Herzog: Bei Ford geht es um [...] ein Sozialexperiment. Die barfüßigen Arbeiter im Urwald mussten morgens Hafergrütze essen, durften keinen Alkohol trinken oder unzüchtig tanzen. Da gab es einen Aufstand. Als erstes wurden die Stechuhren kurz und klein geschlagen.

Interview mit dem Regisseur Werner Herzog, 2019[1]

Es gibt [mit den Juden; W. W.] eine Rasse, die niemals willkommen war und sich dennoch zu einer Macht aufgeschwungen hat, auf die selbst die stolzeste und edelste Rasse niemals einen Anspruch erhoben hätte.

Henry Ford, Der internationale Jude, 1922[2]

Auf drei Ebenen gibt es Parallelen zwischen dem Fordismus, wie er unter Henry Ford mit der sanften Gewalt des Marktes praktiziert und in den Worten des Autobauers selbst theoretisiert wurde, und dem Faschismus, wie er unter Benito Mussolini und Adolf Hitler mit der offenen Gewalt einer »Bewegung« umgesetzt und in den Phrasen der

1 Werner Herzog: »Die Stechuhren kurz und klein schlagen«, Interview in *Handelsblatt* vom 1. November 2019.

2 Henry Ford, Der internationale Jude – Ein Weltproblem. Das erste amerikanische Buch über die Judenfrage, Leipzig 1922. Original in den USA: The international Jew. A World's problem, New York 1921. Die Publikation (sie erschien in vier Bänden 1920 bis 1922) erreichte in den USA eine Auflage von 500.000 Stück. Übersetzungen erschienen in 16 Sprachen – unter anderem in Deutschland, Spanien, Frankreich, Norwegen, Dänemark, Polen, Bulgarien, Italien, Griechenland und erreichten schließlich auch Japan und China. Die deutsche Auflage hatte 1927 bereits mehr als 100.000 verkaufte Exemplare überschritten.

faschistischen Führer theoretisiert wurde. Erstens in der Forderung nach einer Freiheit des Individuums per Auto und Volksmotorisierung. Dabei sollten Maschine und Land eine enge Verbindung eingehen. Zweitens in der Idee, dass der Arbeitsprozess eng zu vertakten, die menschliche Arbeit in kleinteilige Schritte zu zerlegen (und so eine Effizienzsteigerung und eine Gewinnoptimierung zu erreichen) sei. Und drittens in der Verherrlichung der Geschwindigkeit.

Volksmotorisierung und Fabrik auf der grünen Wiese. Henry Fords Automobil für die Massen, Tin Lizzie, wurde bereits vorgestellt. Es handelte sich tatsächlich um ein Instrument der Massenmobilisierung: Im Produktionszeitraum 1908 bis 1927 wurden 15 Millionen Exemplare gebaut, mehr als 90 Prozent davon in den Ford-Werken in den USA, einige Zehntausend im Ford-Werk in Großbritannien und einige Tausend bereits bei Ford-Köln. Der Verkaufspreis lag zunächst bei 850 US-Dollar und konnte mit der Fließbandfertigung auf 370 Dollar gesenkt werden. Die Ford zugeschriebene Aussage »You can have it (Tin Lizzie) in any colour as long it's black« dürfte erst später in diese PR-Sprache umgewandelt worden sein. In Ford Autobiographie findet sich die Aussage: »Jeder Kunde kann seinen Wagen beliebig anstreichen lassen, wenn der Wagen nur schwarz ist.«

Henry Fords Charakterisierung seines Autos für die Massen lautete: »Ich beabsichtige, ein Automobil für die Menge zu bauen. Es wird groß genug sein, um die Familie mitzunehmen, aber klein genug, dass ein einzelner Mann es lenken und versorgen kann.« Dabei werde der Preis »so niedrig gehalten, dass jeder, der ein anständiges Gehalt verdient, sich ein Auto leisten kann, um mit seiner Familie den Segen der Erholung in Gottes freier, reiner Luft zu genießen.«[3] Ford verband seine Hightech-Industrie mit dem Rückgriff auf das Land und mit einem Rückzug der Fabrik dorthin. Er schrieb: »Die schwere und harte Farmerarbeit von Fleisch und Blut auf Stahl und Eisen zu übertragen, ist von jeher mein größter Ehrgeiz gewesen.«

3 Henry Ford, Erfolg im Leben – Mein Leben und Werk, a. a. O., S. 51.

Ford Wunsch und Praxis waren es, moderne Fabriken aufs Land zu verlegen und den Arbeitern die Gelegenheit zu geben, als Arbeiter in der Autofabrik und zugleich als Bauern zu leben – eine Art Zwangsversöhnung von Vertaktung und Entschleunigung. Bereits 1913 ließ er eine Ventilfabrik auf dem Land errichten.[4] Anfang der 1920er-Jahre wurde eine moderne Autofabrik für »Arbeiter mit Gartenland« konzipiert – und gebaut. Ford: »Eine ziemlich großc Fabrikanlage wird jetzt in Flat Rock, etwas 25 Kilometer von Detroit entfernt, gebaut. Die Arbeiter werden neben ihrer Fabriktätigkeit noch Gartenland und Äcker bebauen, die in einem Umkreis von 25 bis 30 Kilometern gelegen sind – denn heutzutage ist der Arbeiter selbstverständlich in der Lage, im Automobil zur Fabrik zu fahren. Wir werden dort eine Verknüpfung von Landwirtschaft und Industrie ohne alle nachteiligen Begleitumstände der Überbevölkerung haben.«[5]

Bereits für den Gründer der Fiat-Werke, Giovanni Agnelli, war Ford das große Vorbild. Er besuchte vor dem Ersten Weltkrieg mehrmals die USA und die Ford-Werke. Agnelli unterstützte frühzeitig Benito Mussolini, der, an der Spitze der faschistischen Bewegung stehend, 1922 die Macht in Italien übernahm. 1923 wurde Agnelli als Kandidat der faschistischen Liste in den Senat gewählt. Das erste italienische Auto, das auf eine breitere Käuferschicht abzielte, war das Fiat-Modell 509, das im Mai 1925 vorgestellt wurde. Mit ihm wurde auch die Fließbandproduktion in der italienischen Autoindustrie eingeführt. 45.000 des Fiat 509 rollten aus den Fabrikshallen. Ein gutes Jahrzehnt später wurde auf Anforderung Mussolinis das neue Modell eines »Autos für eine breite Schicht«, der »500«, im Volksmund »Topolino« (»Mäuschen«) genannt, auf den Markt gebracht. Bis Kriegsende wurden 122.000 500er gebaut; insgesamt bis 1955 mehr als eine halbe Million. Der Topolino sollte nach der faschistischen Ideologie

4 »Wir haben die Fabrik 30 Kilometer von der Stadt entfernt auf dem Land errichtet, damit die Arbeiter zugleich Bauern sein können.« Henry Ford, Erfolg im Leben ..., a. a. O., S. 102. Die Angaben in Kilometern sind so in der deutschen Fassung enthalten.

5 Henry Ford, Erfolg im Leben, a. a. O., S. 151f.

Träger einer Volksmotorisierung werden. Das wurde Wirklichkeit – in den 1950er- und 1960er-Jahren.

Der Kraft-durch-Freude-Wagen – später in Volkswagen umbenannt –, den Adolf Hitler und sein Chefkonstrukteur Ferdinand Porsche konzipierten und bauen ließen, hatte ähnliche Charakteristika wie Henry Fords Erfolgsmodelle. Das Modell wurde erstmals 1934 auf der Automobilausstellung von Adolf Hitler vorgestellt. Ein Volksauto sei, so Hitler, für die »in ihren sonstigen Lebensmöglichkeiten beschränkten Schichten nicht nur nützlich, sondern diesen vor allem an Sonn- und Feiertagen die Quelle eines freudigen Glücks.«[6] Da die deutschen Autokonzerne nicht bereit waren, als Gemeinschaftsproduktion ein solches Volksauto herzustellen, wurde in den Jahren 1938/39 das Volkswagenwerk bei Fallersleben – auf der grünen Wiese und ergänzt um eine Arbeitersiedlung – errichtet. Zwar etablierte das Regime im August 1938 mit großem Propagandaaufwand das »Kraft-durch-Freude-Sparsystem« zum späteren Erwerb eines Volkswagens; bis Kriegsende beteiligten sich 337.000 Autobegeisterte an diesem System. Doch während des Kriegs wurden dann in dem Werk ausschließlich militärische Varianten – 52.000 Kübelwagen und 14.000 VW-Schwimmwagen gefertigt. Die eigentliche Volksmotorisierung begann dann nach dem Zweiten Weltkrieg. Als Ende 1985 die Produktion des Käfers in Deutschland eingestellt wurde, waren 20,6 Millionen vom Band gelaufen – ein Weltrekord. Ähnlich wie Agnelli besuchte Ferdinand Porsche 1936 und 1937 Henry Ford und verschaffte sich ein Bild von der größten und produktivsten Ford-Fabrik, dem River-Rouge-Werk in Dearborn. Nach seinem zweiten Besuch wechselten knapp 20 deutschstämmige Manager, Techniker und Facharbeiter aus Dearborn nach Fallersleben. Angeblich gelang es Porsche, diese »abzuwerben«. Es dürfte sich jedoch in Wirklichkeit um eine Leihgabe Fords für das neu zu errichtende

6 Rede A. Hitlers auf der Automobilausstellung 1935, wiedergegeben bei Reinhard Doleschal und Rainer Dombois (Hrsg.), Wohin läuft VW? Die Automobilproduktion in der Wirtschaftskrise, Hamburg 1982, Seite 23.

VW-Werk gehandelt haben.[7] Das Volkswagenwerk wies viele Parallelen zum River-Rouge-Werk von Henry Ford auf: Errichtet auf der grünen Wiese, an einem Kanal (dem Mittellandkanal) liegend, sollte es weitgehend autark arbeiten und eine große Fertigungstiefe besitzen. Man verfolgte in Fallersleben von vornherein die Konzeption einer atomisierten und segmentierten Belegschaft. Aus allen Teilen Deutschlands wurden Arbeiter gewonnen, meist solche mit bäuerlichem oder handwerklichem Hintergrund. Als nicht ausreichend Arbeitskräfte zu gewinnen waren, wurden in Kooperation mit dem Regime in Rom 2400 italienische Fremdarbeiter angeworben.

Fließband und vertaktete Arbeit. Henry Ford hatte ein spezifisches Bild von den Arbeitskräften, die für die neue Fließbandproduktion in Frage kamen: »Repetitive Arbeit – die ständige Wiederholung ein und derselben Tätigkeit in ein und derselben Weise – hat für bestimmte Menschen etwas Abschreckendes. Mir wäre es ein grauenvoller Gedanke. Unmöglich könnte ich tagaus und tagein das Gleiche tun; für andere, ja für die meisten Menschen ist das Denkenmüssen eine Strafe. Ihnen schwebt als Ideal eine Arbeit vor, die keinerlei Ansprüche an den Schöpferinstinkt stellt. [...] Der Durchschnittsarbeiter wünscht sich – leider – eine Arbeit, bei der er sich weder körperlich noch vor allem geistig anzustrengen braucht. Menschen mit, sagen wir, schöpferischer Begabung, denen infolgedessen jegliche Monotonie ein Greuel ist, neigen sehr leicht zu der Ansicht, dass ihre Mitmenschen ebenso ruhelos sind und spenden ihr Mitgefühl ganz unnötigerweise dem Arbeiter, der tagaus, tagein fast die gleiche Verrichtung tut.«[8]

In der Fachliteratur wird in der Regel Ford als Erfinder des Fließbands genannt; Fließbänder seien zum ersten Mal in Ford-Fabriken in der industriellen Produktion eingesetzt worden. Das trifft nicht zu. Ford selbst verweist, wenn auch en passant, auf den tatsächlichen

7 Hans Mommsen und Manfred Grieger, Das Volkswagenwerk und seine Arbeiter im Dritten Reich, Düsseldorf 1996, Seiten 168ff.

8 Henry Ford, a. a. O., S. 77.

Ursprung dieser »neuen« Produktionstechnik. Er schreibt in seiner Autobiographie: »Ungefähr am 1. April 1913 machten wir unsern ersten Versuch mit einer Montagebahn. [...] Im Prinzip ähnelte sie den Schiebebahnen, deren sich die Chicagoer Fleischpacker bei der Zerlegung der Rinder bedienten.«[9] Ford konnte kaum umhin, diesen Zusammenhang zumindest anzusprechen. Acht Jahre zuvor hatte sich der Schriftsteller Upton Sinclair wochenlang als Arbeiter auf den Schlachthöfen Chicagos verdingt und ein Jahr darauf seinen auf Tatsachen basierenden Roman »Der Dschungel« veröffentlich, der in mehreren Hunderttausend Exemplaren gedruckt wurde. Sinclair beschreibt darin einen durchrationalisierten Arbeitsprozess, der in vielerlei Hinsicht demjenigen gleicht, der ein Jahrzehnt später in Fords Fabriken zur Anwendung kommen sollte. Die Rede ist bei Sinclair von einem »Schlachten per Fließband«, von einer »Schweinefleischgewinnung mittels angewandter Mathematik«, von »Transportschienen« und »Drahtseilfahrten«, die die Schweine in dem Fleischproduktionsprozess durchliefen, von einer Fließbandpassage durch »einen wunderbaren Mechanismus mit zahlreichen Schabemessern, der sich automatisch der Größe und Form (des Schweins; W.W.) anpasste«. Seit Gründung der Fleischfabrik Anfang des 19. Jahrhunderts hatte bereits »eine Viertelmilliarde Tiere« die Fließbandschlachtung durchlaufen. Der ganze Fabrikkomplex sei

> die größte Anballung von Arbeitskraft und Kapital, die es je an einem Ort gegeben hat. Die Yards beschäftigen dreißigtausend Leute, und in der Umgebung geben sie zweihundertfünfzigtausend Menschen ihr Brot, indirekt sogar einer halben Million. Sie verschickten ihre Produkte in alle Länder der zivilisierten Welt, lieferten Lebensmittel für nicht weniger als dreißig Millionen Erdbewohner![10]

9 Henry Ford, a.a.O., S. 58
10 Upton Sinclair, Der Dschungel, Hamburg 1985, S. 51ff.

Das in Chicago erfolgreich erprobte Fließband wurde zur Grundlage des »modernen« Fabrikregimes, des Taylorismus und des Fordismus. Henry Ford berichtet, wie die Fließbandarbeit ihm als Unternehmer eine völlig neu zusammengefasste Arbeiterschaft bescherte – und damit radikal gesenkte Lohnkosten.

> Heute befolgen wir zwei große allgemeine Prinzipien bei sämtlichen Verrichtungen – einen Arbeiter, wenn irgend möglich, niemals mehr als nur einen Schritt tun zu lassen und nirgends zu dulden, dass er sich bei der Arbeit nach den Seiten oder vornüber zu bücken braucht [...] Das Nettoresultat aus der Befolgung dieser Grundregeln ist eine Verminderung der Ansprüche an die Denktätigkeit des Arbeitenden. [...] Heute verfügen wir (in der Gießerei für die Zylinder; W. W.) über fünf Prozent gründlich geschulte Kernformer und Gießer. Die übrigen 95 Prozent sind ungelernt, oder, um genauer zu sein, sie müssen einen einzigen Handgriff lernen, den auch der Dümmste sich in zwei Tagen aneignen kann.[11]

Wobei sich Ford darüber im Klaren war, dass diese Art Fabriksorganisation in einem offenen Widerspruch zu Harmonie und Menschenwürde stand. Er schrieb: »Ein Riesenunternehmen ist eigentlich zu groß, um menschlich zu sein. Es wächst derart, dass es die Persönlichkeit des Einzelnen erdrückt. [...] Es ist etwas Heiliges um ein großes Unternehmen, das Hunderte und Tausende Familien ernährt. [...] Ein Unternehmen kann schwerlich harmonisch genug sein. [...] Es kann zu viel an Harmonie geben, dass es an Stoß und Gegenstoß, aus dem das Leben sich zusammensetzt, an Wettbewerb mangelt.«[12] Diese Einschätzung teilte im Übrigen der deutsche Nationalökonom Werner Sombart, als er schrieb: »Zwei Nöte hat der Kapitalismus

11 Henry Ford, a. a. O., S. 55ff.
12 Henry Ford, Erfolg im Leben, a. a. O., S. 205–207.

der arbeitenden Bevölkerung gebracht: Die Entgeistung der Arbeit und die bedingungslose Unterwerfung des rechtlich Freien unter den Willen eines anderen: die ökonomische Sklaverei, wie man es nennen mag.« Man erwartet hier eine Verurteilung oder kritische Distanz. Doch Sombart fährt nahtlos fort wie folgt: »Entgeistet aber musste die Arbeit werden, [...] um die Anwendung der modernen Technik und der höchst entwickelten Betriebsorganisation dem Unternehmer zu ermöglichen.« Damit sei es zur »furchtbaren Gewissheit« geworden, »dass die technische Arbeit im Rahmen der Wirtschaft ihre ethisch und ästhetisch segensreiche Wirkungen eingebüßt hat, dass die Arbeit des Proletariers für ihn aufgehört hatte, das Heiligste und Kostbarste zu sein, was ein Mensch auf Erden besitzen kann.«[13] Es sind Sätze, wie man sie in vergleichbarer Form bei Karl Marx, beispielsweise in den Pariser Manuskripten, findet.[14]

Für die NSDAP wiederum waren die Strukturen der Ford'schen Fabrikorganisation das Vorbild schlechthin für das neue »Kraft-durch-Freude-Werk« bei Fallersleben – das heutige Volkswagenwerk in Wolfsburg. Die Produktionsstraßen und Fließbänder orientierten sich an dem River-Rouge-Werk in den USA. Fallersleben wurde als eine »nationalsozialistische Musterstadt« – eine »vorbildliche deutsche Arbeiterstadt« (Adolf Hitler) – für 90.000 Menschen projektiert. Bei der Eröffnungsfeier hoben die Nazis die Verbundenheit mit der Landwirtschaft geradezu theatralisch hervor: »Die 28 Landwirte, welche die in der geplanten KdF-Stadt aufgehenden Gemeinden bei dem Festakt vertraten, symbolisierten ebenso wie eine Gruppe

13 Werner Sombart, Die deutsche Volkswirtschaft im neunzehnten Jahrhundert, a. a. O., S. 452f.

14 »Worin besteht nun die Entäußerung der Arbeit? Erstens, daß die Arbeit dem Arbeiter *äußerlich* ist, d. h. nicht zu seinem Wesen gehört, dass er sich in seiner Arbeit nicht bejaht, sondern verneint, nicht wohl, sondern unglücklich fühlt, keine freie physische und geistige Energie entwickelt, sondern seine Physis abkapselt und seinen Geist ruiniert. Der Arbeiter fühlt sich daher erst außer der Arbeit bei sich und in der Arbeit außer sich. [...] Es kommt daher zum Resultat, daß der Mensch (der Arbeiter) nur mehr in seinen tierischen Funktionen Essen, Trinken und Zeugen, höchstens noch Wohnung und Schmuck etc., sich als freitätig fühlt und in seinen menschlichen Funktionen nur mehr als Tier. Das Tierische wird das Menschliche und das Menschliche das Tierische.« Karl Marx, Ökonomisch-Philosophische Manuskripte (»Pariser Manuskripte«), 1844, Karl Marx, Texte zu Methode und Praxis, II, München 1966, Seite 55. (MEW Bd. 40 [Ergänzungsband 1], S. 514/15.)

österreichischer Arbeiter und eine Delegation gerade angeworbener italienischer Bauarbeiter die angestrebte klassenlose Gesellschaft, deren Verwirklichung durch die Planung umfassender Betreuungs- und Freizeiteinrichtungen Rechnung getragen werden sollte.« Die in den 1990er-Jahren ausgebauten Formen der Präsentation des jeweiligen Autowerks für Besucher und insbesondere die Möglichkeit, dort »sein« neues Auto abzuholen – all das war 1938 im VW-Werk bereits geplant und in Teilen umgesetzt. Hans Mommsen und Manfred Grieger berichten in ihrem mehr als 1000 Seiten umfassenden Buch zur VW-Geschichte über »ein mit dem Werk zusammen errichtetes Hotel, das den Selbstabholern, denen gleichzeitig eine Führung durch Werk und KdF-Stadt versprochen wurde, eine angemessene Unterkunft verschaffte. Technokratischer Perfektionismus und blauäugige Sozialromantik gingen bei diesen Ideen eine enge Verbindung ein.«[15]

Geschwindigkeitsfetischismus. Am Anfang von Henry Fords Aufstieg und zu Beginn der Massenmotorisierung in Nordamerika standen der Tempowahn und eine Art Tollkühnheit, die auch als Todessehnsucht bezeichnet werden kann. Henry Ford startete mit Rennen und mit Rennfahrern in die Automobilgeschichte. Am 10. Oktober 1901 in Detroit war er selbst der Fahrer in einem von ihm erbauten Auto mit dem Namen Quadricycle. Sein Sieg wurde mit guter PR verkauft; doch im Grunde war das Ergebnis eher dürftig, da am Ende nur zwei Autos angetreten waren und der Favorit mit Motorschaden ausschied. 1902 tat sich Ford mit dem berühmten Radrennfahrer Tom Cooper geschäftlich zusammen und baute zwei neue Rennwagen, die mit »The Arrow« und »999« nach zwei der schnellsten Lokomotiven benannt waren. Am 25. Oktober 1902 wurde ein zweites Autorennen ausgetragen, an dem das Ford-Modell »999« teilnahm, nunmehr von einem anderen Radrennfahrer, Barney Oldfield, gesteuert. Oldfield und die »999« gewannen das Rennen, der Durchbruch war geschafft.

15 Hans Mommsen und Manfred Grieger, Das Volkswagenwerk und seine Arbeiter im Dritten Reich, Düsseldorf 1996, S. 189. Das vorausgegangene Zitat zum Festakt: ebenda, S. 188.

Ford über das Modell »999«: »Das Röhren des Zylinders konnte bereits einen Menschen halb töten.«[16] Henry Ford gehörte zu den ersten Geldgebern für das »Indianapolis-500-Rennen« und 1909 wurde der »Indianapolis Motor Speedway« als erste Rennstrecke für Autos gebaut.[17] »Wahre Demokratie – das sind Automobilrennen: Die Würdigen gewinnen. Wenn ich mein Ziel erreiche, bin ich an der Leitung des Staates beteiligt, ohne mich überhaupt mit kleiner Politik befassen zu müssen«, so Henry Fords Philosophie.[18]

Die Verherrlichung der Geschwindigkeit geriet dann auch zum elementaren Bestandteil des Faschismus. Fiat wurde früh mit Siegen bei Autorennen und Geschwindigkeitsrekorden in Verbindung gebracht. 1922 weihte man das Autodrom in Monza ein, zu dem Fiat den Rennwagen 804 entwickelte. Er gewann am 10. September 1922 mit dem Piloten Pietro Bordino den II. Gran Premio d'Italia. Beim IX. Gran Premio d'Italia, durchgeführt am 24. Mai 1931, wollte der Hersteller Alfa Romeo wegen eines kurz zuvor tödlich verunglückten Fahrers das Team zurückziehen; es musste jedoch auf Anordnung von Mussolini teilnehmen – und gewann. Fiat rühmte sich auch, dass bereits 1924 der Brite Ernest Eldridge mit einem Fiat Mefistofele (»der Teuflische«) den absoluten Geschwindigkeitsrekord für Landfahrzeuge mit 235 Stundenkilometern aufgestellt hatte. Der Geschwindigkeitsfetischismus wurde wohl in keinem anderen Land derart verankert und in den Stand einer Pseudo-Philosophie gehoben wie in Italien. In diesem Land priesen die Futuristen den Tempowahn; sie waren bereits in der Frühphase des italienischen Faschismus dessen Parteigänger. Der führende Kopf dieser Strömung, Filippo Tommaso Marinetti, arbeitete ab dem Jahr 1924 als Kulturminister im faschistischen Kabinett und blieb bis zu seinem Tod Ende 1944 Anhänger Mussolinis. Marinettis Credo: »Wir wollen den Krieg

16 Ford, a a. o., S. 33.
17 Lacey, a. a. O., S. 59f.
18 Zitiert in: Ilja Ehrenburg, Das Leben der Autos, Berlin 1930, S. 33.

verherrlichen – diese einzige Hygiene der Welt.«[19] Krieg und Maschine bildeten für Marinetti eine Einheit: »Der Krieg ist schön, weil er dank der Gasmasken ... und der kleinen Tanks die Herrschaft des Menschen über die Maschine begründet. Der Krieg ist schön, weil er die erträumte Metallisierung des menschlichen Körpers inauguriert.«[20] Vielfach zitiert werden die Sätze aus dem »Futuristischen Manifest«, die dem Geschwindigkeitswahn huldigen: »Wir erklären, dass sich die Herrlichkeit der Welt um eine neue Schönheit bereichert hat: die Schönheit der Geschwindigkeit. Ein Rennwagen, dessen Karosserie große Rohre schmücken, die Schlangen mit explosivem Atem gleichen, [...] ein aufheulendes Auto, das auf Kartätschen zu laufen scheint, ist schöner als die Nike von Samothrake.«[21]

Der Philosophie folgten konkrete Taten. Im ersten Dekret des italienischen Faschismus aus dem Jahr 1923 zum Thema Straße, das sich gegen »das Monopol der Eisenbahn« richtete, wurde jede Verkehrssteuer auf Kraftfahrzeuge abgeschafft und jede Art Geschwindigkeitsbegrenzung aufgehoben. In der Folge schnellte die Zahl der Straßenverkehrstoten nach oben. Nachdem Italien am 10. Juni 1940 seinen Kriegseintritt erklärt hatte, wurde als eine der ersten Sparmaßnahmen die Benutzung von zivilen Personenkraftwagen verboten.

Der deutsche Faschismus kopierte auch auf diesem Gebiet viele Elemente der Philosophie von Ford und Mussolini beziehungsweise den Futuristen. So argumentierte der Führer des NS-Kraftfahrerkorps, Adolf Hühnlein: »Die Massenmotorisierung revolutioniert mit ihrem raschen Tempo, mit ihrem gewaltigen technischen Umbruch alle Gebiete des öffentlichen Lebens.«[22] Das hieß in der Praxis: Alle Bereiche des öffentlichen Lebens wurden mit Tempogewalt von den

19 Zitiert bei: Lionel Richard, Deutscher Faschismus und Kultur, Berlin 1981, S. 67f.

20 Zitiert bei: Walter Benjamin, Das Kunstwerk im Zeitalter seiner technischen Reproduzierbarkeit, Frankfurt/M. 2003, S. 42.

21 Manifest zitiert bei Daniela Zanone, Das Automobil im italienischen Faschismus – Seine ästhetische und politische Bedeutung. Projektgruppe Mobilität, Wissenschaftszentrum Berlin für Sozialforschung (WZB), Berlin o.J. (2002), S. 10.

22 Zitiert bei Till Bastian, a.a.O.

Zielsetzungen der NSDAP – und damit auch des »modernen Kapitals« – überrollt. Der »Führer« persönlich soll gewusst haben, dass »die Sehnsucht nach der Maschine und besonders nach dem Motor bei vielen Millionen Volksgenossen vorhanden ist.«[23] Dabei praktizierte das NS-Regime den Spagat zwischen Tempobegeisterung und einer im Alltagsverkehr »angepassten Geschwindigkeit«. Es sei, so Adolf Hitler, »vom Standpunkt unserer nationalen Rohstoffwirtschaft sinnlos, mit einem Tempo zu fahren, das zum doppelten, ja dreifachen Reifenkonsum führt und selbstverständlich auch den Brennstoff nur ungenügend ausnutzen lässt.«[24] Gleichzeitig präsentierte sich das Regime in enger Verbundenheit mit Rennfahrern. Der eindrucksvolle Analytiker des NS-Regimes und der »Sprache des Dritten Reiches«, der Lingua Tertii Imperii (LTI), Victor Klemperer, hielt dies eindrucksvoll wie folgt fest: »Eine Zeitlang sind die Sieger in internationalen Autorennen, hinter dem Lenkrad ihres Kampfwagens oder an ihn gelehnt oder auch unter ihm begraben die meist photographierten Tageshelden. Wenn der junge Mensch sein Heldenbild nicht von den muskelbeladenen nackten oder in SA-Uniformen steckenden Kriegergestalten der Plakate und Denkmünzen dieser Tage abnimmt, dann gewiss von den Rennfahrern; gemeinsam ist beiden Heldenverkörperungen der starre Blick, in dem sich vorwärtsgerichtete harte Entschlossenheit und Eroberungswille ausdrücken.«[25] Klemperer sah in der Rennfahrer-Kluft der NS-Zeit die »zeitlich zweite Uniform, in der nazistisches Heldentum auftritt. [...] Die Vermummung des Rennfahrers sind sein Sturzhelm, seine Brillenmaske, seine dicken Handschuhe. [...] Das einprägsamste und häufigste Bild des Heldentums liefert Mitte der dreißiger Jahre der Autorennfahrer. Nach seinem Todessturz steht Bernd Rosemeyer eine Zeitlang fast gleichwertig mit Horst Wessel vor den Augen der Volksphantasie.«[26]

23 Ebenda.
24 Adolf Hitler, zitiert bei Busse, a. a. O., S. 28f.
25 Victor Klemperer, LTI, Leipzig 1975, S. 10
26 Ebenda.

Der Tod des von Klemperer erwähnten Rennfahrers Rosemeyer ist charakteristisch für den Fetisch Geschwindigkeit und seine Zelebrierung im Faschismus. Am 28. Januar 1938 veranstaltete das NS-Regime ein Autorennen auf der »Straße des Führers«, dem ersten fertiggestellten längeren Reichsautobahnabschnitt Frankfurt–Darmstadt (siehe Kapitel 8). Es ging um einen neuen Weltrekord, bei dem dann nur zwei deutsche Autofirmen beteiligt sein sollten: Daimler – mit einem Mercedes-Benz W125, eine windschlüpfrige Karosse mit nur 1,1 Tonnen Gewicht und 739 PS stark. Und Auto Union (die Vorgängerfirma von Audi) mit einem Wagen Typ R, 545 PS stark. Rosemeyer fuhr den Auto-Union-Rennwagen, mit dem er kurz zuvor auf der gleichen Strecke bereits schneller als 400 Stundenkilometer unterwegs gewesen war. Sein Konkurrent war Rudolf Caracciola im Mercedes-Wagen. Caracciola stellte auf der abgesperrten Messstrecke mit einer Durchschnittsgeschwindigkeit zweier aufeinanderfolgender Messungen und Richtungswechsel mit 432,7 km/h einen neuen Weltrekord auf öffentlichen Straßen auf. Rosemeyer startete einige Stunden später mit dem Auto-Union-Boliden; er brachte es bei einem Streckenabschnitt auf 429 Stundenkilometer. Doch dann, so ein aktueller Bericht »schlug das Schicksal erbarmungslos zu. Bei Kilometer 8,6 passierte das Fahrzeug eine Schneise am rechten Waldrand und geriet plötzlich mit den linken Rädern auf den mittleren Grünstreifen. Der Wagen stellte sich bei Kilometer 9,2 quer, überschlug sich mehrfach seitlich, Rosemeyer wurde aus dem offenen Cockpit geschleudert und war sofort tot.«[27] Dass es die Gesetze der Physik waren, die das Unglück verursachten, dass Caracciola Rosemeyer kurz zuvor vor den Windböen an dieser Stelle noch gewarnt hatte, passt weniger in das falsche Heldendrama. Klaus Gietinger beschreibt das Ende dieses Mythos in seinem Buch »99 Crashes« wie folgt: »Ein pompöses Staatsbegräbnis mit SS-Totenwache folgte. Ein Gedenkstein, wie üblich im Faschismus

27 Hans W. Meyer, Mit 432,7 Stundenkilometer über die Reichsautobahn, in: *Die Welt* vom 12. März 2018.

als erigierter Penis angelegt, und ein Kreuz halten bis heute an der Unfallstelle die Erinnerung an den Mann wach, der sich nach eigener Aussage schon 1932 der SS angeschlossen hatte.«[28]

Das NS-Regime beschloss als eine der ersten Maßnahmen, alle Geschwindigkeitsbegrenzungen in Deutschland aufzuheben. Als Ergebnis schnellte die Zahl der im Straßenverkehr Getöteten drastisch nach oben. 1913 waren 504 Menschen im Straßenverkehr getötet worden. In den 1920er-Jahren waren es durchschnittlich 2000 Straßenverkehrsopfer pro Jahr, 1938 bereits 8388.[29]

Es könnte eingewandt werden, die aufgezeigten Parallelen zwischen Fordismus und Faschismus existierten eher zufällig. Tatsächlich gab es eine breit angelegte praktische Zusammenarbeit zwischen der neuen Kapitalfraktion um Öl/Auto und dem Faschismus. Ford und General Motors stellten in ihren Autowerken in Deutschland – in Rüsselsheim, Brandenburg und Berlin im Fall GM/Opel sowie in Köln, Berlin, Derschlag und Friedrichstadt im Fall Ford – bis in die letzten Kriegstage hinein wertvolle Rüstungsgüter für das NS-Regime her.[30] Auch während des Zweiten Weltkriegs produzierten die Autowerke von Ford und GM zu fast 100 Prozent für die deutsche Kriegsmaschine. Teilweise wurden dort auch für das NS-Regime strategisch entscheidende Rüstungsgüter hergestellt.[31] Die Unterstützung der

28 Klaus Gietinger, 99 Crashes. Prominente Unfallopfer, Frankfurt/M. 2014, S. 43.

29 Nach: Bevölkerung und Wirtschaft 1872–1972, herausgegeben vom Statistischen Bundesamt, Wiesbaden 1972, S. 207.

30 Das Berliner Ford-Werk produzierte von Anfang an so gut wie ausschließlich für die NS-Rüstung; 78.000 Militär-Lkw und 14.000 Kettenfahrzeuge für die Wehrmacht. Vor dem deutschen Einmarsch in das »Sudetenland« in der Tschechoslowakei erhielt das deutsche Militär eine »Eillieferung« von 1.000 Ford-Lkw. Es gab keinen direkten Zwang für eine solche Kooperation.

31 »Von 1930 bis 1945 fertigte die Rüsselsheimer GM-Fabrik allein 50 Prozent aller Propeller getriebenen Aggregate, die für den Mittelstreckenbomber Ju-88 zum Einsatz gelangten. Nach der autoritativen Publikation von Wagner und Nowarra, wurde die Ju-88 um das Jahr 1940 herum zum wichtigsten Bomber der NS-Luftwaffe und blieb dies bis zum Kriegsende. Die Rüsselsheimer Fabrik baute auch 10 Prozent der Düsenantriebsaggregate für die Me-262, das erste einsatzfähige Kampfflugzeug mit Düsenantrieb. Erst nach Kriegsende konnten die Alliierten reine Kampfflugzeuge mit Düsenantrieb bauen. Indem es die Me-262-Düsenflugzeugmotoren herstellte, leistete das GM-Werk in Rüsselsheim einen bedeutenden Beitrag für die technologische Überlegenheit der Achsenmächte in der Luft.« Bradford C. Snell, The American Ground Transport. A Proposal for Restructuring the Automobile, Truck, Bus and Rail Industries, presented at the Subcommittee on Antitrust and Monopoly of the Committee on the Judiciary United States Senate, 1974, S. 84.

USA für Großbritannien, Frankreich und später die Sowjetunion und der Eintritt der USA in den Krieg waren in diesem Land lange Zeit innenpolitisch heftig umstritten. Es gab eine starke deutschfreundliche und formal isolationistische Bewegung, die von dem »America First Committee (AFC)« angeführt wurde. Gallionsfigur dieser Bewegung war der äußerst populäre Charles Lindbergh, der mit dem ersten Non-Stop-Alleinflug New York nach Paris im Jahr 1927 weltberühmt geworden war und der sich bis Ende 1941 als antisemitischer Anhänger des NS-Regimes präsentierte.[32] Und wer unterstützte die America-First-Kampagne? Es war der Antisemit und Autobauer Henry Ford, der Mitglied im Vorstand des AFC war und die Bewegung finanziell förderte. Es bedurfte des japanischen Angriffs auf Pearl Harbour am 7. Dezember 1941, um diesem schrecklichen Spuk, der einen weltweiten Sieg des Faschismus hätte herbeiführen können, ein Ende zu bereiten und den Kriegseintritt der USA herbeizuführen.

Der vormalige US-Präsident Donald Trump wählte mit »Make America great again« einen Slogan, der sich kaum von der »America First«-Kampagne der 1930er-Jahre unterschied. Am 21. Mai 2020 besuchte Trump die Ford-Fabrik in Ypsilanti im US-Bundesstaat Michigan. Aus einem Bericht der *Frankfurter Rundschau*: »Auch Trump sollte doch wohl bekannt sein, dass Henry Ford zu seinen Lebzeiten ein berüchtigter Antisemit war, der seinen Reichtum und Einfluss nutzte, um Verschwörungsmythen und Lügen über das jüdische Volk zu verbreiten. Trumps Lobrede auf Ford fiel deshalb besonders fragwürdig aus. ›Das Unternehmen wurde von einem Mann namens

32 In einer am 11. September 1941 gehaltenen Rede des America First Committee in Des Moines vor 8000 Zuhörern und übertragen im Rundfunk sagte Lindbergh: »Die drei Gruppen, die dieses Land in den Krieg treiben wollen, sind die Briten, die Juden und die Regierung Roosevelt. Hinter diesen Gruppen stehen […] eine Reihe von Kapitalisten, Anglophilen und Intellektuellen, die der Meinung sind, die Zukunft der Menschheit hänge von der Vorherrschaft des britischen Empires ab. […] Die größte […] Gefahr für unser Land geht vom Einfluss der Juden auf unsere Filmindustrie, unsere Presse, unseren Rundfunk und unsere Regierung aus.« Rede wiedergegeben in: Philip Roth, a. a. O., Zitate dort auf den Seiten 424 und 426. Lindbergh verband seinen Beruf und den Rassismus wie folgt: »Die Luftfahrt ist eines jener unschätzbaren Besitztümer, die der weißen Rasse angesichts einer anschwellenden See aus Gelb, Schwarz und Braun überhaupt das Leben ermöglichen.« Tagebucheintrag im September 1939, zitiert bei Roth, a. a. O., S. 403.

Henry Ford gegründet. Gute Blutlinien, gute Blutlinien‹, sagte Trump und wandte sich dann wohl direkt an William Clay Ford, den Vorstandsvorsitzenden und Urenkel von Henry Ford: ›Sie besitzen gutes Blut – falls Sie an dieses Zeug glauben.‹«[33]

33 *FR* vom 24.5.2020, https://www.fr.de/politik/donald-trump-lob-henry-ford-michigan-gutes-blut-kopfschuetteln-online-kritik-zr-13772148.html

Kapitel 7: Autostrade, Autobahnen, Interstates

Als Anfang 1928 die Schwierigkeiten beim Bau der Autobahn Turin–Mailand unüberwindbar schienen, engagierte sich Fiat immer stärker bei dem Projekt. [...] Giovanni Agnelli erinnert sich, dass »nach der positiven Entscheidung der faschistischen Regierung zum Bau der Pedemontana-Autobahn Turin–Mailand–Triest–Fiume« und der Bereitschaft des Staates, »diesen Bau zu finanzieren, ich selbst zum Promotor und Finanzier des Projekts wurde.« [...] Die Autobahn wurde dann schließlich am 28. Oktober 1932 dem Verkehr übergeben, dem Jahrestag des Marschs auf Rom, ein ritueller Tag, der für Einweihungen öffentlicher Arbeiten in der faschistischen Ära gewählt wurde. Bereits am 25. Oktober rollte Mussolinis Autokonvoi zum ersten Mal über diese Straße von Turin bis Mailand. Riesige Fasces (Rutenbündel; Zeichen der faschistischen Herrschaft; W. W.] aus Holz und Beton waren am Ausgangspunkt der Autobahn in Turin errichtet worden. [...] 1933 wurde die Straße im Durchschnitt täglich von 889 Fahrzeugen befahren, die wiederum auf dieser im Schnitt drei Fünftel der gesamten Strecke befuhren. Es handelte sich überwiegend um Verkehr mit Personenwagen.

Massimo Moraglio, Die Autobahn Turin – Milano, 2017[1]

Der »moderne« Straßenbau entledigte sich erst im 20. Jahrhundert seiner jahrtausendealten Tradition mit den Stadt-zu-Stadt-Verbindungen. Mit den Autostrade, den Autobahnen und den Interstate Highways – und vergleichbaren Autobahnen in inzwischen so gut wie allen Ländern der Welt – wurde ein Fernstraßenverkehrsnetz für den fließenden Verkehr errichtet, das sich an den Grundsätzen der Kanäle und der Eisenbahnen orientiert. Die Knotenpunkte liegen dabei weit außerhalb der Städte. Oft verlaufen sie zunächst parallel

1 Massimo Moraglio, Driving Modernity. Technology, Experts, Politics and Fascists Motorways 1922–1943, New York 2017, S. 119 und 121f. »Pedemontana-Autobahn« etwa: »Am Fuß der Berge-Autobahn«. Übersetzung W. W.

zu bestehenden Eisenbahnlinien. Im Lauf der Jahrzehnte bildete sich eine umfassende Kultur des Autobahnwesens heraus. Es gibt Autobahnanschlüsse, Autobahnauffahrten, Autobahnzubringer, Autobahnkreuze, Autobahn-Kleeblätter, Autobahnraststätten, Autobahnstationen, Autobahnmaut, Autobahnkirchen, eine Autobahnpolizei, Stadtautobahnen. Der Bau von Autobahnen und die Entwicklung einer Autobahnkultur hat ihren Ursprung in Europa und hier im Faschismus in Italien und Deutschland.

Interessanterweise kam es in den USA erst in den 1950er-Jahren zu einem umfassenden Bau vergleichbarer Straßen. Hier gab es zunächst eine Massenmotorisierung, für die erst drei bis vier Jahrzehnte später ein entsprechendes Autobahnnetz gebaut wurde. Der US-Amerikaner Stanley McClatchie berichtete 1937 einer staunenden Bevölkerung im Autoland Nummer eins, wobei er damit zugleich die Definition für autostrade, Autobahnen bzw. die erst später in die Verkehrsgeschichte eintretenden »Interstates« lieferte: »Die Reichsautobahn zieht vollständig eigenständige Wege. Sie berührt keine anderen Straßen. Sie führt durch keine Wohnorte; sie ist durchaus kreuzungsfrei.«[2]

Dass die Autobahn eine Erfindung des NS-Regimes sei, ist ein Märchen. Die Avus (ausgeschrieben »Automobil-Verkehrs- und Übungsstraße«) in Berlin war bereits eine Autobahn. Sie wurde 1909 geplant, überwiegend während des Ersten Weltkriegs gebaut und 1921 dem Verkehr übergeben. Der »Verein zur Vorbereitung und Durchführung der Autostraße Hamburg–Frankfurt–Basel« (HAFRABA e. V.) wurde 1926 gegründet. Die NSDAP hatte sich vor 1933 gegen dieses Autobahnprojekt gestellt, sich jedoch nach der Machtübernahme die Idee zu eigen gemacht, die HAFRABA übernommen und in »GEZUVOR – Gesellschaft zur Vorbereitung der Reichsautobahnen e. V.« – umbenannt.

2 McClatchie 1937, zitiert nach Erhard Schütz und Eckard Gruber, Mythos Reichsautobahn – Bau und Inszenierung der »Straßen des Führers« 1933–1941, Berlin 1996, Seite 98.

Vor allem gab es in Italien fast ein Jahrzehnt vor dem Start des NS-Reichsautobahnbaus den Bau der autostrade, ja die Errichtung eines ersten Autobahnnetzes. Mussolini sah in diesen autostrade eine »italienische Errungenschaft, der Söhne des alten Roms nicht unwürdig«. Das Vorbild seien »die Via Appia und das römische Straßenwesen«, die sich den »Weg durch die Natur« gebahnt hätten. Allerdings zeigt bereits der Satz »Alle Wege führen nach Rom«, der für das Straßennetz des Römischen Reiches galt, dass die Grundphilosophie damals eine deutlich andere war. Die Einweihungszeremonien der sieben Autobahnen, die im italienischen Faschismus ab 1923 gebaut wurden, fanden zumeist am 28. Oktober statt: An diesem Tag im Jahr 1922 hatten die faschistischen Schwarzhemden den »Marsch auf Rom« inszeniert, der kurz darauf in die faschistische Machtübernahme – abgesegnet von König Vittorio Emanuele III. – mündete.[3]

Der Bau der autostrade begann in Italien 1922. 1945 verfügte das italienische Autobahnnetz über eine gesamte Länge von knapp 600 Kilometern. Die autostrade wurden zunächst privat finanziert, die italienische Industrie und an deren Spitze Fiat engagierten sich finanziell und waren bei den Planzungen tonangebend. Das erwies sich jedoch bereits Anfang der 1930er-Jahre wegen der ausbleibenden Massenmotorisierung und den Folgen der Weltwirtschaftskrise als finanzielles Desaster. Eine staatliche Autobahnverwaltung, die es eigentlich erst nach 50 Jahren hätte geben sollen, wurde daher bereits in den 1930er-Jahren für fast alle Autobahnstrecken umgesetzt.[4] Der deutsche Faschismus zog daraus Lehren; hier wurde der Reichsautobahnbau von vornherein staatlich bzw. von der Reichsbahn (siehe dazu weiter unten) finanziert und im Rahmen großer, weitgehend militarisierter Arbeitsbeschaffungsmaßnahmen realisiert.

3 Nach: Barbara Schäfer, »Die Straße der Sehnsucht«, in: *Frankfurter Allgemeine Zeitung* vom 19.10.2006.

4 Nach Daniela Zenone, Das Automobil im italienischen Futurismus und Faschismus – Seine ästhetische und politische Bedeutung, Projektgruppe Mobilität, Wissenschaftszentrum Berlin für Sozialforschung (WZB), Berlin o. J. (2002), S. 43.

Weder unter dem Mussolini-Regime noch in der Hitler-Diktatur kam es zu einer Massenmotorisierung, die diesen Straßenbau auch nur annähernd gerechtfertigt beziehungsweise mittelfristig rentabel gemacht hätte. Die Zahl aller in Privatbesitz befindlichen Pkw lag in Italien bei Kriegseintritt bei einigen Hunderttausend, in Deutschland waren es 1938 knapp 1,3 Millionen; zwischen 1929 und 1938 hatte es immerhin eine Verdreifachung der Pkw-Flotte gegeben. Allerdings befand sich ein größerer Teil dieser Pkw 1938 im Besitz von privaten Firmen, amtlichen Stellen und Massenorganisationen des NS-Regimes. Nach dem Zweiten Weltkrieg gab es auf westdeutschem Boden gerade mal 150.000 Pkw; selbst 1948 waren es erst 280.000 Personenkraftwagen. In Großstädten wie Berlin, München, Hamburg oder Köln bewegten sich vor dem Zweiten Weltkrieg und erst recht nach diesem und bis Anfang der 1950er-Jahre jeweils nur wenige Tausend Personenwagen. Es waren Städte, in denen der Verkehr immer noch zu Fuß, per Fahrrad oder mit öffentlichen Verkehrsmitteln, vor allem mit Straßenbahnen, stattfand.[5]

Die Autobahnen erfüllten auch keine relevanten militärischen Zwecke – sieht man von der Militarisierung der Arbeit ab, zu der es im Zusammenhang mit dem Reichsautobahnbau kam. Das Militär in Italien und in Deutschland setzte bei den Mobilisierungen und den Angriffskriegen – und bei der Organisierung des Holocausts! – in Gänze auf die wesentlich effizientere und preiswertere Eisenbahn. Auch spielte der Autobahnbau keine größere Rolle beim Abbau des Arbeitslosenheeres, das 1933 in Deutschland fast sechs Millionen Erwerbslose zählte. Selbst auf dem Höhepunkt des Autobahnbaus, 1936, waren in diesem Bereich nicht mehr als 125.000 Arbeitskräfte beschäftigt. Die Gesamtleistung des Reichsautobahnbaus ist jedoch beachtlich. Als Ende 1941 – inmitten des Kriegs – der weitere Autobahnbau »vorläufig« eingestellt wurde, hatte das Netz auf dem Boden

5 Angaben für Deutschland nach: Erhard Schütz und Eckard Gruber, Mythos Reichsautobahn …, a. a. O., Seite 89. Und: Die Welt in Zahlen – Verkehr, herausgegeben von J. Scherl, G. Weigand, C. Weiß und O. Wrede,, München 1949, Seite 20.

des Deutschen Reichs (einschließlich Österreichs) eine Gesamtlänge von 3820 Kilometern erreicht; mehr als 9000 Autobahnbrücken – darunter rund 160 Großbrücken – waren erstellt worden.

Man kann den Bau der Autobahnen in Italien und in Deutschland getrost als eine Form des Pyramidenbaus bezeichnen. Wobei dies von ihren Urhebern auch so gesehen wurde. Wilfried Bade, der für Goebbels' Propagandaministerium aktiv war, beschrieb den »Auftrag des Führers« wie folgt: »Nicht Straßen sollen entstehen, sondern Kunstwerke. So wie einst Tempel entstanden und keine Hütten, Dome und keine Bethäuser, Pyramiden und keine Grabsteine. So will es der Führer.«[6] Ähnlich wie im Fall der Volksmotorisierung wurde in der faschistischen Ideologie der Autobahnbau mit der Verbindung zwischen Mensch und Natur begründet. In der aufwendig gestalteten Zeitschrift *Die Straße* standen bereits 1934 diese ideologischen Aspekte im Zentrum. Dort schrieb Fritz Todt, der Generalinspekteur der Reichsbahngesellschaft (der bis 1933 Bauleiter des Bauunternehmens Sager & Woerner in München war): »Straßen sind Kulturgüter. Jede Straße, die wir benutzen, hat ihre hundertjährige Geschichte und Bedeutung. Ein Straßenzug ist ein Kunstwerk. [...] Die Erfüllung des reinen Verkehrszwecks ist nicht der letzte Sinn des deutschen Straßenbaus. Die deutsche Straße ist vielmehr Ausdruck ihrer Landschaft und Ausdruck des deutschen Wesens.«[7] Einige Ausgaben weiter wurde in diesem Vorzeigeblatt für die Massenmotorisierung die neue Reichsautobahn Frankfurt a. M.–Mannheim–Heidelberg in einer Art und Weise vorgestellt, als handle es sich um einen etwas zu groß geratenen Waldlehrpfad: »Am Auslauf der Mainbrückenrampe wird bereits der Frankfurter Stadtwald erreicht, der durch seinen herrlichen, abwechslungsreichen Baumbestand der Fahrt auf der Autobahn ganz besondere Reize verleihen wird. [...] Die Autobahn verläuft bis kurz vor Darmstadt durch Waldungen, die nur durch

6 Wilfried Bade, Das Auto erobert die Welt, Biographie des Kraftwagens, Berlin 1938, S. 317.

7 Nach: Die Straße, herausgegeben vom Generalinspekteur für das deutsche Straßenwesen, Heft 1/34 (August 1934).

kurze Lichtungen und weite Waldwiesen durchbrochen sind und dem Auge des Fahrers abwechslungsreiche, freie Blicke gewähren.«[8]

Es trifft zu, dass der Autobahnbau im Nationalsozialismus überwiegend landschaftsbezogen und nicht nach dem später angewandten Prinzip schnurgerader Verbindungen durchgeführt wurde. Dafür gab es auch praktische Gründe: Arbeit war billig; Erdbewegungsmaschinen gab es nicht oder sie waren teuer; der Boden konnte gegen relativ wenig Geld enteignet werden. Doch diese Autobahnen waren auch von vornherein – hinsichtlich der Radien und der Steigungen beziehungsweise der Gefälle – bereits auf Geschwindigkeiten von 180 Stundenkilometern ausgelegt. Daher kann in der Regel auch heute noch die Streckenführung der Reichsautobahnen weitgehend beibehalten werden, trotz wesentlich höherer Pkw-Spitzengeschwindigkeiten.

In diesem Zusammenhang gab es in den ersten Jahren des Reichsautobahnbaus eine interessante Polemik zwischen Fritz Todt und einem gewissen Georg Halter, Professor für Landstraßenbau und Eisenbahnwesen an der Technischen Hochschule München. Halter monierte, dass Fahrgeschwindigkeiten von »über 120 km/h stets ein Privileg weniger, reicher Leute« bleiben würden. Er betonte auch den Widerspruch zwischen Todts Forderung, die Reichsautobahnen müssten dem »Landschaftsgenuss« dienen und deren Projektierung für ein späteres Tempo von 180 Stundenkilometern. Halter formulierte dabei einen interessanten Gedanken: Geschwindigkeit als Selbstzweck und Beitrag zum Lebensgenuss des Fahrenden mache Autos und Autobahnen zu dem, »was für Kinder das Karussell ist«. Das Hauptgewicht der Wirtschaftsentwicklung, so Halter, müsse zukünftig »aber nicht auf Beschleunigung, sondern auf Verbilligung« des Transports gelegt werden.[9] Halter wurde bald mundtot gemacht[10]

8 Nach: Alfred Pückel, Die Reichsautobahn Frankfurt a.M. – Mannheim – Heidelberg, in: Die Straße 9/1935, S. 306.

9 Zitiert nach. Schütz/Gruber, Mythos ..., a.a.O., S. 22.

10 Dem Mann wurde mitgeteilt, dass »die schriftliche und mündliche Verbreitung derartiger Gedanken unerwünscht und mit der Tätigkeit eines deutschen Hochschullehrers unvereinbar« seien. Zitiert ebenda.

und das Reichsautobahnnetz auf die genannten hohen Geschwindigkeiten ausgelegt. So wie bereits damals in anderer Hinsicht in die Zukunft gedacht wurde: Es gab konkrete Vorschläge für eine »Verkabelung für das zukünftige Fernsehen« entlang dieses Autobahnnetzes; die Idee einer »Ultraschnellspur für 360 km/h«, die in den Mittelstreifen zu verlegen sei, wurde geprüft.[11] Das hatte wahrlich wenig mit einer Verbindung von Mensch und Natur zu tun.

Letzten Endes demonstriert der Autobahnbau die Herrschaft des Regimes über die Natur, die Rücksichtslosigkeit gegenüber der Umwelt und die Durchsetzung einer hierarchisch strukturierten Willenskraft. Auch dies wurde wenig verhüllt formuliert. So konnte man im *Völkischen Beobachter* lesen: »Unserem nationalsozialistischen Wesen entspricht die neue Autostraße Adolf Hitlers, die Autobahn. Wir wollen unser Ziel weit vor uns sehen, wir wollen gerade und zügig dem Ziel zustreben. Durchkreuzungen überwinden wir, unnötige Bindungen sind uns fremd. Ausweichen wollen wir nicht, wir schaffen uns genügend Bahn.«[12] Es ging um die gewaltsame Durchsetzung sehr spezifischer Interessen. Der ideologische Rückgriff auf Natur, Landschaft und Landwirtschaft wurde gezielt eingesetzt, um die beschleunigt durchgesetzte Modernisierung mit Nostalgie zu kaschieren und reaktionäre, rückwärts gerichtete Bündnispartner in das Herrschaftsmodell einzubinden.

Einiges spricht dafür, dass die herrschenden Kreise in Italien und in Deutschland mit dem Autobahnbau tatsächlich längerfristige Interessen verbanden und daher die Projekte der jeweiligen faschistischen Regimes förderten. Das war in Italien sogar deutlicher der Fall als in Deutschland; hier war, wie kurz erwähnt, das finanzielle Engagement der Industrie und insbesondere dasjenige von Fiat, Lancia und Ferrari ein direkteres und größeres. Doch auch in Deutschland gab es eine direkte Einbindung der Wirtschaft und der Banken in das

11 Schütz/Gruber, Mythos …, a. a. O., S. 22.
12 Völkischer Beobachter vom 28. September 1933.

Reichsautobahnprojekt. Wenige Monate nach der Machtergreifung der NSDAP, vom 27. bis zum 29. Mai 1933, führten die neuen Machthaber eine Klausurtagung zum Thema der zukünftigen Wirtschaftsentwicklung durch. Adolf Hitler nahm an diesem Treffen teil wie auch die Spitzen von Banken und Industrie – anwesend waren unter anderem Robert Bosch, Carl Friedrich von Siemens, Hugo Stinnes, Fritz Thyssen, Reichsbankpräsident Hjalmar Schacht, der oben mehrfach erwähnte Fritz Todt und der Reichsbahnchef Julius Dorpmüller (auf die Reichsbahn wird unten noch eingegangen). Ein großes Thema auf dieser Konferenz war der Reichsautobahnbau. Dem Vorhaben wurde zwar einige Skepsis entgegengebracht – interessanterweise vor allem aus den Kreisen hoher Militärs, seitens des Reichsfinanzministeriums und des Verkehrsministeriums. Die Vertreter der Wirtschaft jedoch unterstützten die Pläne deutlich. Heinrich Brüning, Reichskanzler in den Jahren 1930 bis 1932, äußerte in seinen Erinnerungen erbittert: »Während sie [die Vertreter der deutschen Industrie und Banken; W. W.] den für Juni 1932 vorgesehenen Bau von Autostraßen – wozu alle Pläne damals bis ins einzelnste fertiggestellt waren – mit Hilfe ihres Einflusses beim Reichspräsidenten [Hindenburg; W. W.] sabotierten, stellten sie sich, als die nationalsozialistische Regierung die von uns erarbeiteten Pläne aus der Schublade zog, plötzlich als begeisterte Anhänger der Autobahnen hin.«[13]

Unbestreitbar ist: Der Autobahnbau in Italien und vor allem in Deutschland erwies sich als eine gewaltige, auf viele Jahrzehnte angelegte, Vorleistung für eine zukünftige Massenmotorisierung. Es handelte sich objektiv um eine langfristig wirkende staatliche Subventionierung der Autokonzerne, der Ölfirmen, der Petrochemie und der Reifenhersteller. Unmittelbare Profiteure waren vor allem die Baufirmen und eine große Zahl von Architekten und Ingenieurbüros, von denen ein großer Teil nach dem Zweiten Weltkrieg am Weiterbau des westdeutschen Autobahnnetzes beteiligt war.

13 Heinrich Brüning, Memoiren 1918–1934, Stuttgart 1970. S, 485.

Objektiv richtete sich der Bau von Autobahnen gegen die vorherrschende motorisierte Verkehrsform, die Eisenbahnen. Entsprechend kritisierten die Vertreter der Autolobby diese Art des Transports. Interessanterweise bemühte Ford in seiner umfangreichen Biographie die gängige Argumentation von der Unfreiheit des Eisenbahnverkehrs nur kursorisch. Der überwiegende Teil seiner Kritik an den Eisenbahnen konzentrierte sich vor allem auf den spekulativen Kapitaleinsatz in dieser Branche und auf das Missmanagement der Eisenbahnbosse, eine Kritik, die zweifellos von der großen Mehrheit der Bevölkerung in den USA geteilt worden sein dürfte.[14]

Anders das NS-Regime. Hier spielte die ideologische Kritik am Eisenbahnverkehr als solchem und das Loblied auf die Freiheit des Auto-Fahrenden eine große Rolle. Der bereits zitierte Wilfried Bade formulierte dazu wie folgt: »Mit der Eisenbahn, so sagte der Führer, habe die individuelle Freiheit des Verkehrs aufgehört. Das Mittel dieser vollständig neuartigen Überwindung von Entfernungen habe sich in kurzer Zeit zum Herrn erhoben, der allmächtig die Zeiten der Lebensvorgänge, soweit sie mit dem Verkehr zusammenhingen, fahrplanmäßig bestimme und regele. Schon frühzeitig habe man versucht, sich aus dem Zwang des Fahrplans und von der festgelegten Schiene freizumachen. [...] Jahrzehnte über Jahrzehnte hätten vergehen müssen, ehe die richtige Idee, dem Menschen ein dem eigenen Befehl gehorchendes Verkehrsmittel zur Verfügung zu stellen, verwirklicht werden konnte. [...] Daimler und Benz riefen bahnbrechend den neuen Konkurrenten der unterdes schon übersicher gewordenen Eisenbahn ins Leben. [...] Im Kraftwagen [...] habe der Mensch Verkehrsinstrumente erhalten, die wieder dienende Mittel zum Zweck

14 »Nichts in unserem Land bietet ein schlimmeres Beispiel für die Art, wie sich ein Unternehmen von dem Prinzip der Dienstleistung entfernen kann, als die Eisenbahnen. [...] Die Eisenbahnen haben fast alle versagt [...] Viel zu viele Eisenbahnen werden nicht von den Büros des praktischen Eisenbahners, sondern von den Bankinstituten aus geleitet – die ganzen Geschäftsmethoden [...] alles ist finanztechnisch, nicht verkehrstechnisch organisiert. Der Zusammenbruch ist gekommen, da man das Hauptaugenmerk statt auf die Dienste, die die Eisenbahnen dem Volk leisten, auf ihren Wert für den Effektenmarkt (= Börse; W. W.) gerichtet hat.« (a. a. O., S. 177 und 181).

wurden. Nicht der Fahrplan vergewaltige seine Entschlüsse, sondern sein Wille bediene sich des ihm ununterbrochen gehorchenden Verkehrsinstrumentes.«[15]

Das Ziel, den privaten Autoverkehr und vor allem die Autokonzerne zu fördern und damit zugleich den Eisenbahnverkehr und die Reichsbahn aus ihrer führenden Position zu verdrängen, wurde nochmals verstärkt. Indem nämlich ausgerechnet die Reichsbahn (die durch die im Ersten Weltkrieg durchgeführten Sonderleistungen und durch die Bezahlung eines größeren Teils der aus dem Versailler Vertrag resultierenden Reparationen bereits erheblich geschwächt war) das Reichsautobahnnetz in eigener Regie bauen musste und dafür Finanzen und Ressourcen bereitzustellen hatte. 1933 wurde die Reichsautobahngesellschaft als Tochter der Reichsbahn gegründet. Julius Dorpmüller, seit 1926 Reichsbahn-Generaldirektor, diente sich dem NS-Regime an und förderte die Reichsautobahn-Pläne. Bald setzte die Reichsbahn auch »Schnellautobusse« ein, die teilweise in Konkurrenz zu den Reichsbahnstrecken betrieben wurden. Die Reichsbahn erwarb auch Anteile an der Deutschen Lufthansa und unterstützte den erstmals deutlich anwachsenden Flugverkehr, unter anderem durch die Einrichtung von »Reichsbahn-Flugstrecken«. Als Dankeschön wurde Dorpmüller 1937 zum Reichsverkehrsminister ernannt. Er blieb in Personalunion Chef der Reichsbahn.[16] Der Mann überschlug sich vor Begeisterung für das Auto und den Führer[17] und organisierte die gewaltigen Transportleistungen der Eisenbahn bei Hitlers Angriffskriegen. Die Reichsbahn, deren oberster Verantwortlicher Dorpmüller war, war unverzichtbar im Holocaust – bei den

15 Wilfried Bade, Das Auto erobert die Welt. Biographie des Kraftwagens, Berlin 1938, S. 317f.

16 Vergleiche ausführlich »Die Reichsbahn im Dienst des NS-Staats«, in. Winfried Wolf, Verkehr. Umwelt. Klima, a.a.O., S. 136ff.

17 1937 äußerte er mit Ausblick auf einen neuen Abschnitt der Autobahn: »2000 Kilometer neue Reichsautobahn! Diesen idealen Wegen des Kraftverkehrs muss ein beschleunigtes Tempo der Motorisierung entsprechen [...] Verkehr bedeutet Bewegung! Temposteigerung in der Höhe der Leistungsfähigkeit unserer Verkehrsmittel ist daher die Losung des kommenden Jahres. Die deutschen Verkehrsmittel wollen als Diener von Volk und Wirtschaft stets einsatzbereite Organe des Führers sein, dem die deutsche Entwicklung jenes beispiellose Tempo [...] verdankt.« Zitiert bei Schütz/Gruber, a.a.O., S. 140.

nach Fahrplan durchgeführten und nach Tarif abgerechneten Transporten von Millionen Jüdinnen und Juden in die Vernichtungslager. Nach dem Zweiten Weltkrieg wurde Dorpmüller von der US-Militärverwaltung als »neutraler Fachmann und Eisenbahner« eingestuft und mit dem Wiederaufbau des Eisenbahnwesens in der US-Zone beauftragt. Er starb im Juli 1945. Die Deutsche Bundesbahn ehrte den Mann in Publikationen, mit der Benennung von Gebäuden und Räumlichkeiten und der Grabpflege bis zum Jahr 1991.

Der harte Konkurrenzkampf von Auto und Eisenbahn dauerte in den meisten modernen Gesellschaften ein halbes Jahrhundert lang, bis das Auto sich als vorherrschende Verkehrsform endgültig durchgesetzt hatte. Das gilt auch für die VR China, in der die KP-Führung die Motorisierung und den Autobahnbau seit Anfang des 21. Jahrhunderts deutlich stärker vorantreibt als den Eisenbahnverkehr und das Schienennetz. Die ideologischen und massenpsychologischen Gründe dafür dürften keine anderen als diejenigen sein, die auch in der DDR bei der Propagierung der individuellen Motorisierung und der strukturellen Benachteiligung der Eisenbahn vorherrschten. Diese massenpsychologischen Aspekte – die Gleichsetzung des Autos mit »individueller Freiheit« und des Eisenbahnverkehrs mit »Zeitdiktat« – spielen auch in fortschrittlichen Kreisen eine erstaunlich große Rolle. So konnte man in der *taz* lesen: »Der Zug der Bahn war und ist heute noch der Zug der Subordination, der obrigkeitsstaatlichen Begegnung. Die Eisenbahn hat immer nur die Unterwerfung, die Anpassung gefordert, offen und gemeinschaftlich: Fahrplan, Bahnhofsuhr, Schlangen am Schalter, Klassentrennung waren Elemente der Mechanik der Disziplinierung, der Erziehung zum Untertan, und darin erfüllte diese Technologie vor allem im letzten Jahrhundert ihre historische Aufgabe.«[18]

Ausgerechnet in den USA kam es im Zuge der Massenmotorisierung nicht zu einem großangelegten Bau von Überlandstraßen und zu

18 Hundertfünfzigjahre Eisenbahn – Für die Bahn ist der Zug längst abgefahren, in: *die tageszeitung* (*taz*) vom 18.1.1985.

einem Autobahnnetz. Dabei gab es dort Anfang des 20. Jahrhunderts, anders als in Europa, keine engen und zu sprengenden Traditionen. Eine Rücksichtnahme auf Kutschenverkehr, auf Fußgänger oder auf ein bestehendes Straßennetz war überflüssig. Damit schienen ideale Bedingungen für einen Straßenbau gegeben, der der neuen Philosophie des fließenden Verkehrs folgte und nicht primär Städte und Orte vernetzte. Erstaunlicherweise kam es dazu nicht – vielleicht, weil es kein entsprechendes Verkehrsbedürfnis gab, weil der flächendeckende und befriedigende Fernverkehr mit Eisenbahnen (und dies über riesige Distanzen hinweg, einschließlich der transkontinentalen Routen) in befriedigender Weise und zu einem relativ niedrigen Preisniveau realisiert war. Auf alle Fälle fehlte ein Zwangsregime, das sich wie in Italien und wie in Deutschland einen solchen Autobahnbau zum Ziel gesetzt hätte. Um es nochmals ins Gedächtnis zu rufen: Das Eisenbahnnetz in den USA hatte in den ersten beiden Jahrzehnten des 20. Jahrhunderts mit mehr als 500.000 Kilometern seine größte Ausbreitung gefunden; ein Drittel aller Eisenbahnstrecken auf der Welt konzentrierte sich auf die Vereinigten Staaten. »America may have built the railroads, but the railroads built America«, so formulierte es Brian Hollingsworth in einem berühmten Buch zur Geschichte der Eisenbahnen.[19] Dieses Netz war dichter als das gesamteuropäische, obgleich die Bevölkerungsdichte in den USA eine deutlich geringere war. Auch wenn dieses Netz weiterhin fast ausschließlich privat betrieben wurde, so hatte es doch bis Anfang des 20. Jahrhunderts eine Vereinheitlichung der wichtigsten Standards gegeben. Ende des Ersten Weltkriegs entfielen noch 98 Prozent des Personen- und 75 Prozent des Güterverkehrs auf die Schiene. Selbst 1930 – auf dem Höhepunkt der Weltwirtschaftskrise, in der insbesondere US-amerikanische Eisenbahngesellschaften zu Dutzenden Pleite gingen – entfielen noch 77 Prozent des gesamten Personenverkehrs auf die Eisenbahnen. Täglich verkehrten damals mehr als 20.000 Reisezüge

19 Brian Hollingsworth, Railways of the World, New York 1979, S. 138.

auf den Fernstrecken. Der entscheidende Konkurrent der Eisenbahn war im Übrigen nicht das Auto, sondern es waren die Überlandbusse, die damals auf einen Marktanteil von gut 15 Prozent kamen.[20]

Es soll hier wohlgemerkt um Autobahnen gehen – also um Straßen, auf denen nur Kraftfahrzeuge ab einer bestimmten Geschwindigkeit verkehren dürfen, die getrennte Richtungsfahrbahnen haben und die in der Regel nicht durch Orte und Städte führen. Die in den USA als Highway und als United States Highway bezeichneten Straßen-Kategorien zählen nicht zu den Autobahnen.[21] In den USA bilden erst die Interstate Highways – auch verkürzt als Interstates bezeichnet – das Gegenstück zu den Autobahnen in Deutschland (oder den autostrade in Italien, den motorways in Großbritannien und den autoroutes in Frankreich). Einen ersten Beschluss zur Schaffung eines solchen Interstate-Highway-Netzes gab es Ende 1944, also kurz vor dem Ende des Zweiten Weltkriegs, in Form des Federal-Aid Highway Act, in den Kongress eingebracht von der Regierung Franklin D. Roosevelt. Vorgesehen war danach unter anderem der Bau eines 40.000 Meilen (64.000 km) umfassenden Autobahnnetzes. Tatsächlich in Angriff genommen wurde das Vorhaben dann erst unter US-Präsident Dwight D. Eisenhower, der am 29. Juni 1956 die Gesetzgebung zur Finanzierung des Interstate Highway Systems (IHS) unterzeichnete. Das Projekt wurde im Übrigen vor allem militärisch begründet. Es gelte im Fall eines Atomkriegs mit der Sowjetunion ein Autobahnsystem zu schaffen, mit dem binnen kurzer Zeit »mehr als 70 Millionen Menschen aus den US-Städten evakuiert werden« könnten.[22] Eisenhower wiederum hielt in seinen Memoiren fest, wie beeindruckt er als

20 Ralf Roman Rossberg, Die Geschichte der Eisenbahn, Künzelsau 1977, S. 155; Winfried Wolf, Verkehr. Umwelt. Klima, a.a.O., S. 52ff.

21 In den USA entstanden die ersten transkontinentalen Autostraßen nach 1913; sie wurden als National Auto Trail bezeichnet und oft nach Präsidenten der USA benannt. Als United States Highway werden die US-Hauptverkehrsstraßen bezeichnet, die den deutschen Bundesstraßen entsprechen. Teilweise wird hierfür auch die Bezeichnung US Route verwendet. Viele U.S. Highways führen als Ortsdurchfahrten durch Groß- und Kleinstädte. Der ehemalige US Highway 66 – »route sixtysix« – ist der wohl bekannteste Highway der USA.

22 Lee Lacy, Dwigt D. Eisenhower and the birth of the Interstate Highway System, 20. Februar 2018, https://www.army.mil/article/198095/dwight_d_eisenhower_and_the_birth_of_the_interstate_highway_system

Weltkriegsgeneral beim Einmarsch in Nazi-Deutschland von »dem Superlativ-System der deutschen Autobahnen« gewesen sei.[23] Inzwischen weist das US-amerikanische Autobahn-Netz eine Gesamtlänge von rund 75.000 Kilometern auf. Es gibt in diesem Netz rund 600.000 Brücken, von denen allerdings ca. 180.000 als »in einem höchst unzureichenden Zustand befindlich, wenn nicht gar als baufällig« bezeichnet werden. Damit ist das Autobahnnetz in den USA weniger dicht und weniger umfassend als dasjenige der EU.[24]

Noch bevor die Interstate Highways in den USA gebaut waren, ahnte der amerikanische Schriftsteller John Steinbeck, dass es dann mit der Naturverbundenheit, für die Henry Ford im Zusammenhang mit Autofahrten geschwärmt hatte, vorbei sein würde. Er schrieb: »Wenn wir einmal diese Durchgangsstraßen über das ganze Land hinweg, die wir wollen und die wir benötigen, haben werden, dann wird es möglich sein, von New York bis Kalifornien durchzufahren, ohne auch nur irgendetwas gesehen zu haben.«[25]

Milan Kundera hat in dem Roman »Die Unsterblichkeit« einen beeindruckenden Vergleich zwischen Wegen und Straßen – man darf wohl sagen: zwischen Wegen und Autobahnen – formuliert. In direktem Gegensatz zur faschistischen Ideologie geht der in Frankreich lebende tschechische Romancier darin davon aus, dass die Entwicklung vom Weg zur Straße oder eben zur Autobahn den Menschen von der Natur entfernt; dass er damit zunehmend jede Bodenhaftung verliert. Kundera schreibt:

23 Zitiert ebenda.

24 Das Autobahnnetz der EU hatte 2017 eine gesamte Länge von 77.396 Kilometern. 2020 waren es (Großbritannien hier eingeschlossen) mehr als 80.000 Kilometer. Interessant ist, dass der Ausbau des Autobahnnetzes in der EU exakt gleich schnell voranschreitet wie die Automotorisierung, womit man immer auf's Neue die Straßen für den wachsenden Autoverkehr schafft: 1980 hatte dieses Netz einen Umfang von 32.000 Kilometern; die Steigerung bis 2020 liegt damit beim 2,5-fachen. Die Zahl der Pkw in der EU betrug 1980 110 Millionen; 2019 waren es 272 Millionen (was erneut einer Steigerung um das 2,5fache entspricht). Nach: Bernhard Knierim, Carl Waßmuth, Winfried Wolf, Verkehrswende EU. Entwicklung und Bilanz des Personen- und Güterverkehrs und die politischen Gegenmaßnahmen mit dem Ziel eines nachhaltigen Verkehrssektors, Oktober 2020, S. 23 (Studie verfasst im Auftrag der Fraktion GUE/NGL im Europaparlament).

25 John Steinbeck, Travels with Charley – In Search of America, New York 1961, S. 123.

Der Weg: ein Streifen Erde, den man zu Fuß geht. Die Straße unterscheidet sich vom Weg nicht nur dadurch, dass man sie mit dem Auto befährt, sondern auch dadurch, dass sie nur eine Linie ist, die zwei Punkte miteinander verbindet. Die Straße an sich hat keinen Sinn; einen Sinn bekommt sie nur durch die beiden Punkte, die miteinander verbunden werden. Der Weg ist ein Lob des Raumes. Jedes Teilstück hat einen Sinn für sich und lädt zum Verweilen ein. Die Straße ist die triumphale Entwertung des Raums, der dank ihr heute nur noch Hindernis für die Fortbewegung, nur noch Zeitverlust ist. Noch bevor die Wege aus der Landschaft verschwanden, waren sie aus der menschlichen Seele verschwunden: der Mensch verspürt keine Sehnsucht mehr zu gehen, die eigenen Beine zu bewegen und sich daran zu erfreuen. Nicht einmal sein Leben sieht er mehr als Weg, sondern als Straße: als Linie, die von einem Punkt zum anderen führt, vom Dienstgrad des Hauptmanns zum Dienstgrad des Generals, von der Funktion der Ehefrau zur Funktion der Witwe. Die Zeit zum Leben ist für ihn zum bloßen Hindernis geworden, das es durch immer größere Geschwindigkeiten zu überwinden gilt.[26]

26 Milan Kundera, Die Unsterblichkeit, Frankfurt/M. 2014, S. 293.

Kapitel 8: PS-Wahn – SUV-Boom – Macho-Tempo

I met her on the strip three years ago
In a Camaro with this dude from L.A
I blew that Camaro off my back and drove that little girl away
But now there's wrinkles around my baby's eyes
And she cries herself to sleep at night
When I come home the house is dark
She sighs »Baby did you make it all right«
[...]
For all the shut-down strangers and hot rod angels
Rumbling through this promised land
Tonight my baby and me we're gonna ride to the sea
And wash these sins off our hands
Tonight tonight the highway's bright
Out of our way mister you best keep
Cause summer's here and the time is right
We're goin' racin' in the street.

Bruce Springsteen, Racing in the Street, 1978[1]

Auf der Internationalen Automobilausstellung (IAA) im September 2019 sahen sich die Autokonzerne zum ersten Mal seit Jahrzehnten mit einem breiten öffentlichen Protest konfrontiert, organisiert vor allem von der Kampagne »Sand im Getriebe«, die wiederum in erster Linie von Attac getragen wurde. Der Protest richtete sich

1 Bruce Springsteen auf der LP »Darkness on the Edge of Town«; eigene Übersetzung: »Ich traf sie beim Rennen vor drei Jahren/ In einem Camaro mit 'nem Typ aus L. A./ Der Camaro blieb zurück, das Mädchen nahm ich mit/ Die Augen meines Babys sind jetzt voller Trauer/ Nachts weint sie sich in den Schlaf/ Zurück zu Hause, im Dunkeln/ Ihr Seufzer: »Baby, war echt alles ok?« [...]/ Im Gedenken an all die Fremden und die Tuning-Engel/ In den Tod gefahren/ Jetzt durch‹s Gelobte Land rumpelnd/ Werden mein Baby und ich heute Nacht ans Meer düsen/ Und die Hände in Unschuld waschen/ Heute Nacht, ja heute Nacht, da glänzt der Asphalt/ Hey Mister! Geh mal besser aus'm Weg!/ Jetzt ist Sommer! Unsere Zeit!/ Wir werden über die Straßen rasen.«

gegen schwere SUV-Modelle, gegen immer mehr PS und gegen einen Tempowahn, der die Autogesellschaft im Allgemeinen und die IAA im Besonderen bestimmt. Im Rahmen eines Streitgesprächs u. a. mit Vertretern der Autobranche argumentierte die Umweltaktivistin Luise Neuman-Cosel: »Wir sitzen in einem Auto und rasen mit Tempo 250 auf den Abgrund zu.«[2] Nun behaupten die Vertreter der Autokonzerne: »Wir haben verstanden«. Tatsächlich praktizieren sie ein »Weiter so«: Sie produzieren immer mehr schwere und immer schwerere Autos, Personenwagen mit immer mehr PS, 2-Tonnen schwere SUV mit Diesel-, Benzin- oder auch mal mit ergänzenden Elektro-Motoren – jeweils mit dem Luftwiderstand eines Billy-Regals. Im IAA-Sommer 2019 bewarb der Daimler-Konzern ein neues Mercedes-Modell mit den Worten: »Wenn dieser Sommer noch nicht heiß genug war, dann heizt der Mercedes AMG GLA 45 4MATIC noch mehr ein.« Das mit diesen Worten beworbene Modell hat eine Spitzengeschwindigkeit von 315 km/h. Die ergänzenden Daten lauten: 639 PS, in 3,2 Sekunden auf Tempo 100, 17 Liter Verbrauch auf 100 km, 257 Gramm CO_2 je km und ein Einstiegspreis von 168.910 Euro.[3]

Alles spricht dafür: Die Autoindustrie wird ihren Kurs fortsetzen. Immer mehr PS, immer teurere Karossen. Und über all das noch mehr grüne Farbe gekippt – Greenwashing eben. Das wird sich bei den kommenden Automessen – sei es die Internationale Automobilausstellung im September 2021 in München, der Genfer Autosalon oder die Autoshow Detroit, jeweils 2022 – zeigen. Und das ist nicht verrückt. Es ist logisch. Weil es hochprofitabel ist.

Tempolimits

Die massenhafte Motorisierung und die ersten Anzeichen von Ölkrisen, Energieverknappung und Treibstoffverteuerung führten in den

2 Zitiert in: *Frankfurter Allgemeine Zeitung* vom 7. September 2019.
3 Zitat nach: *Süddeutsche Zeitung* vom 3. August 2029. Angaben nach: AMG-Daimler, September 2019 und *Frankfurter Allgemeine Zeitung* vom 2. Juli 2019.

1970er- und 1980er-Jahren in fast allen Ländern mit hohem Motorisierungsgrad, die Bundesrepublik Deutschland ausgenommen, zur Einführung von allgemeinen Begrenzungen der Höchstgeschwindigkeit. Diese liegen in einer Spannweite zwischen 88 km/h in den USA, 120 Stundenkilometern in der Schweiz und 130 km/h in den meisten übrigen Ländern (z. B. in Italien, Frankreich und Österreich). Diese Tempolimits reduzierten nachweisbar und erheblich die Brutalität und den Blutzoll, die mit dem Straßenverkehr verbunden sind.[4]

In Deutschland gab es in den 1980er-Jahren eine heftige Debatte um ein Tempolimit. Obgleich diese Forderung von einer Mehrheit in der Bevölkerung unterstützt wurde – und weiter unterstützt wird – setzte sich die Autoindustrie durch. Bei mehr als der Hälfte der deutschen Autobahnstrecken bleibt es bei Tempofreiheit. Was jährlich einigen Hundert Menschen zusätzlich den Tod bringt.

Seit den 1990er-Jahren gab es bei diesem Thema ein Rollback. Dieser erfolgte nicht zufällig parallel mit der Durchsetzung des Neoliberalismus und dem scheinbaren Siegeszug des Westens mit dem Slogan des damaligen US-Präsidenten George Bush senior »We create a new world order«, vorgetragen begleitend zum Irak-Krieg 1990/91. Es entwickelte sich ein wachsender Druck, die beschlossenen Tempolimits wieder anzuheben, teilweise auch sie in Gänze aufzuheben. Vor allem werden die Limits in der Praxis flächendeckend unterlaufen, was in einigen Ländern kaum geahndet wird. In den meisten mittel- und osteuropäischen Ländern gab es nach der Wende solche Anhebungen der Tempolimits; ähnliches erfolgte in einzelnen US-Bundesstaten, so in Texas.[5] Es sind im Übrigen meist rechte und rechtsextreme Parteien und Strömungen, die für die Aufhebung von Tempolimits mobilisieren.

4 Fiat warb in den 1980er-Jahren für sein damals neues Modell Panda mit der pfiffigen Feststellung, dieser Pkw habe eine »eingebaute Richtgeschwindigkeit von 130 km/h«. Ein solcher PR-Gag dürfte heute geschäftsschädigend sein.

5 Im US-Bundesstaat Texas wurde 1996 das Tempolimit auf Highways von 65 auf 70 Meilen pro Stunde (oder von 104 auf 120 km/h) angehoben, worauf die Zahl der Unfalltoten von 3172 auf 3715 (oder um 17 Prozent) anstieg. Zuvor war die Zahl seit 1980 kontinuierlich zurückgegangen. Nach: Deutscher Bundestag, Drucksache 14/1082 vom 27.5.1999. Dennoch kam es in diesem Bundesstaat 2012 zu einer weiteren Erhöhung des Tempolimits, nunmehr auf 85 m/h, umgerechnet rund 137 km/h.

Dies unterstreicht erneut den Zusammenhang von Geschwindigkeitsfetischismus und autoritären Grundhaltungen. In Österreich tat sich 2005 das rechtsextreme Bündnis Zukunft Österreich (BZÖ), das aus der FPÖ hervorgegangen war und dessen Vertreter Hubert Gorbach 2005 in Wien den Verkehrsminister stellte, mit der Forderung hervor, versuchsweise auf einer zwölf Kilometer langen Strecke auf der Tauernautobahn die Anhebung der Höchstgeschwindigkeit auf 160 km/h einzuführen. Die Versuchsstrecke wurde dann auch eingerichtet. Sie geriet zum Anziehungspunkt für Raser (»4,5 Minuten Fahrspaß«). Das Zwischenspiel BZÖ wurde unter anderem dadurch beendet, dass ihr Führer, Jörg Haider, seinen VW Phaeton mit hoher Geschwindigkeit gegen einen Baum fuhr und dabei den Tod fand. Worauf die Quellpartei FPÖ einen neuen Aufschwung nahm und 2017 ihrerseits im Bündnis mit der ÖVP für eineinhalb Jahre Regierungspartei wurde. Im Sommer 2018 führte der damalige FPÖ-Verkehrsminister Norbert Hofer (seit Mitte 2019 der neue FPÖ-Parteichef) auf der Autobahn A1 zwei neue »Versuchsstrecken« ein, auf denen das Tempolimit auf 140 (anstelle 130) km/h angehoben wurde.

Rasen

Deutschland ist das Raserland par excellence. Das Angebot, über eine Autobahn zu fahren, auf der es über weite Strecken keinerlei Geschwindigkeitsbegrenzung gibt, ist einmalig auf der Welt. Dies gilt in gewissen Kreisen dann als eine Art Ritterschlag. In *Auto Bild* heißt es dazu: »›Tested on German Autobahn‹ ist weltweit ein Siegel für überlegene Technik.«[6] Es gibt in Deutschland ganze Autobahnabschnitte, die weit über die Landesgrenzen hinaus dafür bekannt sind, dass man dort unbeschränkt rasen kann – und dass es dabei noch »herausfordernde« Kurven gibt (die sich allerdings allzu oft als zu herausfordernd erweisen). Die A95 ist so eine Strecke, sie führt

6 Matthias Moetsch, Unheilige Allianz, in: *Auto Bild* vom 17. Oktober 2019.

von München nach Eschenlohe. Am Anfang ein Tunnel, am Ende die Berge. Lkw-Verkehr gibt es kaum. Schließlich ist die A 95, wie es seitens der Autobahndirektion Südbayern offiziell heißt, »die einzige Autobahn in Deutschland, die auf absehbare Zeit nicht mit dem übrigen Autobahnnetz verbunden ist.« Wobei zu fragen ist, was in der Geschichte der Autobahnen »auf absehbare Zeit« heißt. Der Sponti-Slogan der 1970er-Jahre »Nieder mit den Alpen – freier Blick aufs Mittelmeer« dürfte für die Autolobby Programm sein. Doch noch ist es nicht so weit. Und so ist die A95 eine ideale Strecke für die Autofahrer mit der nach oben offenen Raserskala. Auf ihr verkehren jede Menge flache, sündhaft teure Flitzer der Marken Audi, Maserati, Lamborghini, BMW oder schlichte Porsche. Mehr als die Hälfte der Einsätze der Freiwilligen Feuerwehr in Münsing führen mittlerweile auf die A95 – hin zu Unfallstellen mit Schwerverletzten oder Toten. »Die [Leute von der Feuerwehr; W. W.] haben keine Lust mehr – die sind nur noch frustriert«, so die Gemeinderätin und Biobäuerin Christine Mair zur *Süddeutschen Zeitung*.[7] Die Polizei in Südbayern hat dazu die Zahlen für das Jahrzehnt 2009 bis 2019 zusammengestellt. Danach gab es in diesem Zeitraum auf dem kurzen Abschnitt 1678 Unfälle mit »überhöhter Geschwindigkeit«, 13 Menschen starben, 468 wurden verletzt, 100 von ihnen schwer. Es gibt Autovermieter, die sich darauf spezialisiert haben, extrem schnelle und Flunder-flache Flitzer an junge Männer für ein paar hundert Euro am Tag zu vermieten – von denen immer mal wieder einer unter der Leitplanke den Tod findet. Interessant dabei ist: Der Autovermieter, über den in dem Artikel der *SZ* berichtet wird (und andere Autovermieter dürften vergleichbar verfahren), hat über die verliehenen, superteuren Flitzer immer die elektronische Kontrolle; heimlich, versteht sich: »Auf einem Bildschirm sind die Autos kleine GPS-Punkte, die durch die Gegend blinken. Einer ist gerade in Feldgeding unterwegs, zu schnell übrigens, auch das sieht man auf dem

7 Elisa Schwarz, Rechts fährt der Neid, in: *Süddeutsche Zeitung* vom 25. Januar 2020.

Bildschirm, weil eine Warnmeldung aufploppt. ›Gravierende Geschwindigkeitsüberschreitung‹ steht da.«[8] Die Kontrolle dient dabei nicht der Gesundheit oder dem Leben der meist jugendlichen Raser; es geht um den Schutz des Eigentums, des »heilix Blechle«.

Road rage – Tempo und Gewalt auf den Straßen

Die Gewalt im Autoverkehr, mal als »Asphalt-Aggression«, mal als »road rage« bezeichnet, ist Teil des Alltags der Autogesellschaft. Es handelt sich um ein Massenphänomen. In Berlin wurde ein Mercedes-Fahrer verurteilt, der mit einem Tischbein auf den Lenker eines »gegnerischen« Pkw eingeprügelt hatte. Die Erklärung des Tischbeinschwingers vor Gericht: Er habe dringend einkaufen und zu lange auf einen freien Parkplatz warten müssen. Zwischen Ebbs und Kufstein in Österreich bremste ein Autofahrer zunächst einen hinter sich fahrenden Pkw, der wiederholt mit Lichthupe zum schnelleren Fahren gedrängelt hatte, aus – worauf der Drängler den »Pädagogen« mit einer Pistole bedrohte. In den USA endeten harmlose Streiche böse: In Florida bespritzte ein Jugendlicher vorbeifahrende Autos mit Wasser aus seiner Wasserpistole; ein Pkw-Fahrer zog eine richtige Waffe und erschoss den Jungen. Der US-Autoclub AAA gab eine allgemeine Warnung heraus: »Jeden Tag sind Tausende geistig und emotional gestörte Fahrer auf den Straßen unterwegs. Provozieren Sie niemanden! Sie spielen Russisches Roulette, wenn sie einem anderen Fahrer den Mittelfinger zeigen.« Der Berliner Verkehrsrichter Peter Fahlenkamp: »Es wird getreten, gehauen, gespuckt oder gleich der Baseballschläger eingesetzt. Selbst mit Kreuzschlüssel und Klappspaten wird aufeinander losgegangen.«[9] Die deutsche Polizei setzt Teams in zivilen Pkw ein, die Extrem-Raser auf den Autobahnen filmen und diese dann

8 Ebenda.

9 Beispiele Florida/USA und AAA-Zitat nach: »Auf dem Highway fährt die Gewalt mit«, in: *Süddeutsche Zeitung* vom 2.7.1997. Beispiel Ebbs/Kufstein nach: *Kronen Zeitung* vom 24. Oktober 2007. Zitat Fahlenkamp nach: »Das mobile Chaos«, in: *Der Spiegel* 29/1998.

mit aufgesetztem Blaulicht zu stellen versuchen. Das gelingt nicht immer. Aus einem Bericht aus dem Jahr 2004: »Doch das Auto (!) flüchtet so lange, dass selbst der von (den zwei Beamten) Kunz und Hahn herbeigerufene Polizeiwagen den Fahrer nur zum Anhalten bringen kann, indem er ihn rammt.«[10]

Da mutet es eher harmlos an, wenn Fahrer andere Autos gezielt ausbremsen, wobei das dabei anzutreffende, überwiegende Bildungsniveau der Aggressiv-Pädagogischen dann doch erstaunt. So wird in einer Studie des deutschen Versicherungsverbandes GDV festgestellt, vor allem männliche Autofahrer würden »durch beharrliches Fahren auf der linken Spur der Autobahn oder dichtes Auffahren (versuchen), andere zu beherrschen oder Dominanz auszuüben«. Dabei legten sich »überraschenderweise gerade die gut verdienenden Akademiker im Auto weniger Zurückhaltung auf als Menschen mit Hauptschulabschluss oder mit kleinem Einkommen«. Siegfried Brockmann, Unfallforscher und Leiter der entsprechenden GDV-Studie: »Ich denke, dies sind Menschen, die es gewohnt sind, sich durchzusetzen und die Straße als ein Revier sehen, in dem sie sich durchzusetzen haben.«[11] Wobei es die Raser-Gemeinde ist, die immer wieder – so in den Fahrberichten über superschnelle Pkw – geradezu dazu auffordert, die langsameren Autos durch verantwortungsloses Drängeln auf die bestehenden PS-Kräfteverhältnisse hinzuweisen. Da bedauert in der *Welt am Sonntag* ein Autor, dass es »früher einen Pulk von 200 km/h-plus-Fahrern« gegeben habe, »die auf dem Weg von A nach B keine Zeit verloren haben«, während »heute im zähfließenden Verkehr auch der langsamste Oberlehrer auf der Überholspur keinerlei Aufmunterung von hinten erfährt, auf die freie rechte Spur zu wechseln«. Schließlich sei »in der freien kapitalistischen Wildbahn diese Art von programmatischer Entschleunigung ein Dekadenzprinzip«.[12]

10 Petra Mies, »Ohne Rücksicht auf Verluste«, in: *Frankfurter Rundschau* vom 5.2.2004.

11 Timo Koch, Aggressive Stimmung auf den Straßen, *Berliner Zeitung* vom 11. August 2016.

12 Ulf Poschardt, Im Zweifel für den Zügigen, in: *Welt am Sonntag* vom 12. März 2017.

Seit die neue Hochrüstung der Pkw mit den schweren und PS-starken SUV-Modellen begann, werden solche Autos in wachsender Zahl innerhalb von Städten als Aggressionsinstrument eingesetzt. Dabei fällt die Zuordnung entsprechender Akte als bewusste Handlungen nicht immer leicht; vieles spricht jedoch dafür, dass es sich um solche handelt. Etwa als Anfang September 2019 in Berlin Mitte ein 42-jähriger Porsche-Macan-Fahrer »plötzlich aus dem stehenden Verkehr auf die Gegenfahrbahn (ausscherte), dann in einem durch beschleunigte« – und in eine Fußgängergruppe raste und vier Menschen tötete. Die Formulierungen der Polizei lesen sich wie oft in solchen Fällen verharmlosend. Danach »kam der Fahrer mit seinem Fahrzeug aus bislang unbekannter Ursache nach links von der Fahrbahn ab und geriet auf den Gehweg.«[13] Vergleichbare Einsätze von hochmotorisierten Pkw, meist SUVs, gibt es in jedem Jahr in größerer Zahl.[14] Es kommt auch regelmäßig zu Amokfahrten mit schweren SUVs: So raste in Graz am 20. Juni 2015 ein 26-Jähriger mit einem SUV – Modell SsangYong Rexton – und hoher Geschwindigkeit durch die Innenstadt, über den Gehsteig und durch die Fußgängerzone. Er tötete dabei drei Personen und verletzte 36 Passanten.[15] Eine ähnliche Tat ereignete sich am 1. Dezember 2020 in der Trierer Innenstadt: Ein 51-Jähriger raste mit Tempo 100 über Gehwege und die Fußgängerzone; er tötete dabei auf einer Strecke von knapp 1000 Metern gezielt fünf Personen und verletzte 24, darunter sechs schwer. Erneut finden sich in den Polizeiberichten und in der in Trier dominierenden Tageszeitung keine Informationen über die Tatwaffe: es

13 Beide Zitate nach: Marcus Hellwig, Nils Mertens und Hartmut Wagner, Vier Tote nach Horror-Unfall mit SUV, in: *Bild am Sonntag* vom 8. September 2019.

14 So am 15. November 2019 in München auf der Fürstenrieder Straße, als ein 35-Jähriger seinen schweren BMW in eine Gruppe Jugendlicher auf dem Gehweg lenkt und einen 14-Jährigen tötet und eine 16-Jährige schwer verletzt. Nach: *Abendzeitung* vom 4. September 2020. In vielen Artikeln zu solchen Vorkommnissen wird – wie ich meine: bewusst – verschwiegen, welche Pkw-Modelle zum Einsatz kamen. So in dem ausführlichen Artikel in der *Frankfurter Allgemeinen Zeitung* vom 10. November 2019 zu dem hier berichteten Vorfall.

15 Nach: Amokopfer in Reha-Klinik verstorben, in: *Kleine Zeitung* vom 8. Oktober 2016.

handelt sich um einen 1,9 Tonnen schweren SUV der Marke Land Rover Freelander 2.[16]

Aus der individuellen Gewalt und dem individuellen Rasen hat sich in den letzten zwei Jahrzehnten ein besonders bösartiger, gewalttätiger Macho-Sport entwickelt: die Organisierung von *illegalen Autorennen*. Dafür gibt es gelegentlich feierliche Anlässe, so als Ende 2020 eine ganze Hochzeitsgesellschaft mit sieben hochwertigen Limousinen sich ein laut Polizei »rücksichtloses Autorennen« lieferte; es galt »die Braut von Berlin nach Hamburg zu überführen«.[17] Die Luxuswagen wurden beschlagnahmt, die Führerscheine eingezogen und die Hochzeitsgesellschaft in Hennigsdorf in eine S-Bahn gesetzt. Die Tatsache, dass es sich um Tschetschenen handelte, könnte das überzeugende Vorgehen der Polizei erleichtert haben. Denn ein solches konsequentes Agieren der Ordnungshüter ist eher selten. In jedem Jahr kommt es auf deutschen Straßen zu mehr als eintausend illegalen Autorennen, überwiegend ohne ein polizeiliches Eingreifen. In Hamburg beispielsweise wurden zwischen April 2015 und Juni 2016 22 offiziell illegale Autorennen registriert. Allein in Nordrhein-Westfalen wurden im Jahr 2015 230 Fälle von illegalen Autorennen zur Anzeige gebracht. Hinzu kommt immer eine hohe Dunkelziffer. Es handelt sich um einen kriminellen Sport, der in jedem Jahr eine größere Zahl von Todesopfern fordert. Es gibt unterschiedliche Kategorien für diese Rennen (»Viertelmeile«, »Speedrun« und »Stechen«[18]). Es gibt

16 Siehe z. B. *Trierischer Volksfreund* vom 2. Dezember 2020. https://www.volksfreund.de/region/trier-trierer-land/haftbefehl-gegen-mutmasslichen-amokfahrer-von-trier-erlassen_aid-54957365 Oder ein Dutzend gesammelte Berichte im *Münchner Merkur:* https://www.merkur.de/welt/trier-amokfahrt-aktuell-video-fussgaengerzone-auto-tote-innenstadt-suv-news-rheinland-pfalz-zr-90117627.html. Typisch und problematisch ist in diesem Zusammenhang auch, dass die Behörden das spontane Gedenken der Bevölkerung an die Menschen, die als Resultat von Rasen und Autorennen den Tod fanden, oft schnell beseitigen. So auch im Fall Trier, wo dies bereits nach sechs Wochen erfolgte. Siehe: Gedenkorte der Trierer Amokfahrt aufgelöst, Bericht im *swr* vom 14. Januar 2021; https://www.swr.de/swraktuell/rheinland-pfalz/trier/amokfahrt-trier-gedenkorte-aufgeloest-100.html

17 Polizei stoppt Hochzeitsraser auf der Autobahn, in: *Bild* (Berlin) vom 17. November 2020.

18 »Viertelmeile: Zwei Fahrer versuchen, eine gerade Strecke über gut vierhundert Meter als Erste zurückzulegen. Speedrun: Es gibt Start und Ziel, zum Beispiel vom Kölner Hautbahnhof zum Flughafen und zurück. Wer zuerst ankommt, hat gewonnen. Stechen: Bei einem Signal beschleunigen beide Fahrer. Wer auf den ersten Metern besser loskommt, hat gewonnen.« Nach: *Stern* vom 24. November 2016.

eine Art Kodex: Man kann wie vor 150 Jahren einen Freund, einen Feind, einen Bekannten oder einen Unbekannten zu einem Duell herausfordern. Anstelle der Pistole kommen PS zum Einsatz. Es gibt in Deutschland eine Szene von Tausenden jungen Männern mit extrem PS-starken und lauten Autos, die sich regelmäßig treffen, um ihre Boliden zu vergleichen – und sich danach auch mal zu einem Rennen zu verabreden. Aus einem Bericht: »Eine Tankstelle in Hamburg. [...] Das Gelände steht voll mit Autos [...] Aufgemotzte Golfs, aufgemotzte Hondas, aufgemotzte Subarus. Dazwischen junge Männer, ein paar Frauen, die rumhängen. [...] Wie jeden Freitag trifft sich hier die Cruiser-Szene Hamburgs. Heute sind es 300 Autos, 500 Menschen, so ungefähr. Die Tankstelle ist so voll mit Cruisern, dass die Autofahrer nicht mehr zum Tanken kommen. [...] In der Cruiser-Szene geht es darum, wer der geilere Typ ist. Und der geilere Typ zu sein, bedeutet, das geilere Auto zu haben.«[19]

Oktober 2020: Die drei Fahrer von zwei Lamborghini und einem Porsche liefern sich auf der A66 nahe Frankfurt/M. ein Rennen; ein Lamborghini prallt auf einen Škoda; die am Rennen unbeteiligte Škoda-Fahrerin wird getötet. Der Porsche-Fahrer rast noch bis Aachen weiter.[20] Oktober 2019: Auf der Sievekings-Allee in Hamburg liefern sich mitten in der Nacht ein Audi und ein BMW ein Rennen; in dem einen Auto ein 22-jähriger, in dem anderen ein 19-jähriger Mann am Steuer. Die Wagen prallen gegeneinander; sechs Personen werden verletzt, zwei davon lebensgefährlich.[21]

Oktober 2016: In Berlin-Reinickendorf liefern sich ein 24-Jähriger und ein 19-Jähriger in zwei BMWs ein Rennen. Der 24-Jährige rammt an der Ecke Simmelstraße den Wagen einer 19-jährigen unbeteiligten Fahrerin. Zwei Frauen in diesem Pkw werden verletzt; der 24-jährige Raser wird schwer verletzt.[22]

19 Ruben Rehage, Illegal? Scheißegal – Autorennen, in: Stern vom 24. November 2016.

20 Katharina Iskandar, außer Kontrolle, in: *Frankfurter Allgemeine Zeitung* vom 13. Oktober 2020.

21 Raser-Wahnsinn in Horn – Sechs Verletzte bei illegalem Rennen, in: *Bild* (Hamburg) vom 14. Oktober 2019.

22 24jähriger bei Autorennen schwer verletzt, in. *Tagesspiegel* vom 5. Oktober 2016.

In jeder Tageszeitung gibt es in jedem Jahr mehr als ein Dutzend vergleichbare Berichte über illegale Rennen; meist über solche aus der jeweiligen Region. Die Polizei erklärt oft, man sei hilflos; die Beteiligung an einem Rennen sei ja nur eine Ordnungswidrigkeit. Fußgängern rät die Polizei ohnehin: »Man sollte stets defensiv unterwegs sein, selbst wenn die Fußgängerampel grün zeigt.«[23]

Wir begegnen dem Thema Autorennen noch im Rahmen der juristischen Auseinandersetzung mit diesem Massenphänomen – und in Form der legalisierten Rennen, der Formel 1 und der Formel E in Kapitel 10.

Autogesellschaft und Patriarchat

Je höher der Automotorisierungsgrad in einer Gesellschaft, desto höher liegt auch der Grad, in dem Frauen an der Pkw-Mobilität teilhaben. Das ist auch kaum anders vorstellbar, da Frauen für die Organisation eines erheblichen Teils der familiären Mobilität – die Kinder zum Kindergarten und zur Schule bringen, Einkäufe und Verwaltungsgänge erledigen – verantwortlich sind und da immer mehr Ziele der Alltagsmobilität nur oder fast nur per Pkw erreichbar sind. Dennoch wird die Gleichberechtigung zwischen dem männlichen und dem weiblichen Geschlecht in Sachen Pkw-Mobilität regelmäßig überschätzt beziehungsweise wird die Fortsetzung der patriarchalen Strukturen in der Autogesellschaft unterschätzt. Generell verfügen laut offizieller deutscher Statistik 81 Prozent der Männer über einen Pkw; bei den Frauen liegt dieser Anteil bei 78,3 Prozent. Im Alltag dürfte die Geschlechter-Differenz deutlich größer sein.[24]

Bei den beschriebenen aggressiven Akten im Straßenverkehr waren in 85 Prozent der Fälle Männer die Verantwortlichen. Die an den illegalen Autorennen Beteiligten sind zu 99 Prozent Männer. Generell

23 *Stuttgarter Zeitung* vom 12. November 2020.

24 Angaben nach: Verkehr in Zahlen 2020/21, herausgegeben vom Bundesministerium für Verkehr und digitale Infrastruktur, S. 234f (Verfügung über einen Pkw allgemein) bzw. S. 120 (Führerscheinbesitz).

gilt, so auch die Erkenntnis der Versicherungswirtschaft, dass der Anteil von Frauen an selbst verschuldeten Straßenverkehrsunfällen in dem Maß sinkt, wie solche Unfälle mit schweren Verletzungen oder gar Todesopfern verbunden sind. Das gilt auch dann, wenn die geringeren Fahrleistungen der Frauen berücksichtigt werden und wenn die Zahl der schweren selbstverschuldeten Autounfälle als Anteil an den gesamten Fahrleistungen des männlichen bzw. des weiblichen Geschlechts gemessen wird. Besonders hoch liegt der Anteil von Männern dort, wo Autofahrende Fußgänger oder Fahrradfahrer schwer verletzen oder töten. Es handelt sich dabei um ein internationales Phänomen: Die *New York Times* zitiert hierzu eine umfangreiche Untersuchung: »Die Ergebnisse der Studie legen nahe, dass Fußgänger schnell aus dem Straßenraum verschwinden sollten, wenn sich ein männlicher Autofahrer nähert. Männliche Pkw-Fahrer sind in Unfälle, bei denen Fußgänger getötet werden, drei Mal mehr verwickelt als Frauen, und zwar je gefahrener Meile«, die unterschiedlichen Fahrleistungen von Männern und Frauen also bereits berücksichtigend. Weiter die US-Tageszeitung: »Und in Unfälle, bei denen Fahrradfahrende getötet werden, sind männliche Autofahrer sogar zehn Mal mehr verwickelt als Frauen am Steuer.« Die offiziellen Zahlen der US-amerikanischen Highway Traffic Safety Administration, Teil des Bundesverkehrsministeriums in Washington, besagen, dass Männer je gefahrene 100 Millionen Meilen 3,11 Mal in Unfälle mit Todesopfern verwickelt sind, bei Frauen, so die *New York Times*, »liegt dieser Anteil nur etwas höher als bei der Hälfte, bei 1,81.«[25]

Das korrespondiert ziemlich direkt mit der Pkw-Wahl: Der Anteil von Frauen als Fahrzeughalterinnen liegt bei kleinen Pkw mit wenigen PS – so die entsprechenden Modelle der Hersteller Peugeot, Hyundai, Renault und Fiat – am höchsten, während in diesen Pkw-Modell-Klassen die Männer als Halter eine relativ geringe Rolle spielen. Bei Pkw mit hoher PS-Zahl und hohen Spitzengeschwindigkeiten, also

25 Matthew L. Wald, »Walking? Beware the Male Driver!«, in: *New York Times* vom 9.4.1999.

z. B. Porsche, Jaguar, Audi, Daimler und BMW, sind Frauen als Halterinnen am wenigsten vertreten und Männer dominierend.[26]

Wobei natürlich die Gefahr droht, dass die allgemeine Aggression im Autoverkehr und der Fetisch Geschwindigkeit auch das weibliche Geschlecht erfassen. Frage an den Schauspieler Christian Bale, Hauptdarsteller in dem Film »Le Mans 66«: »Warum sollen sich Frauen diesen Film [über Autorennfahrer; W. W.] ansehen?« Antwort Bale: »Ich weiß, worauf Sie hinauswollen. Frauen spielten damals im Rennsport leider keine Rolle. Aber das ändert sich gerade. Es gibt immer mehr Rennfahrerinnen. Und in unserer Familie ist meine Frau mit Abstand die beste Fahrerin. Sie hat einen Bleifuß, das können Sie mir glauben.«[27]

Massenpsychologie

Die Erklärungen für die wachsende Aggression auf den Straßen und die allgegenwärtige Gefährdung der menschlichen Gesundheit sind vielfältig. Vielfach wird die Psychologie bemüht und auf die traditionell-archaische Rolle des Mannes als Jäger, auch, so der US-Automobilisten-Club AAA, als »Verteidiger eines Reviers« hingewiesen, wobei es rund um das »Revier Parkplatz« oft zu gewalttätigen, auch tödlichen Szenen kommt. Das ist weit hergeholte Vulgärpsychologie. In der weiter oben angeführten *Stern*-Reportage über die Cruiser-Szene formuliert es ein Raser wie folgt: »Das Adrenalin. Wenn die Stadt um dich herum zum Tunnel wird, über 500 PS unterm Arsch, auf der Nebenspur dein Gegner, Mann gegen Mann, alles verschwimmt und dröhnt. Dann spürst du erst mal gar nichts, du bist so fokussiert, denkst nur an vorne, bis zur nächsten Ampel, wenn du den Schweiß

26 So lag 2017 beim Peugeot 207 Cabrio, beim Opel Adam und beim Mini Cooper der Anteil von Frauen als Halterinnen bei 70 % (PSA) bzw. 68 %. Bei den Modellen BMW 530d, A6 Allroad Quattro und VW Passat Allrad liegt der Anteil der Männer als Halter bei 85 % und höher. Nach: *Handelsblatt* vom 4. Mai 2018.

27 »Man wusste nie, ob die Bremsen funktionieren«, Interview mit Christian Bale über rasende Männer, *Frankfurter Allgemeine Zeitung* vom 23. November 2019.

auf den Handflächen fühlst, gewonnen, verloren, scheißegal. Vor allem das Adrenalin, der Rausch ist es, Mann, das ist so geil.«[28]

Auch wenn das Handeln kriminell ist, so geht es im Grunde doch – analytisch und soziologisch gesprochen – um Entfremdung. Die Menschen begegnen sich nicht als Menschen, sondern als Maschinen; ja sie identifizieren sich selbst so gut wie ausschließlich über diese Maschinen. Das sieht der bereits zitierte Siegfried Brockmann, Leiter der Unfallforschung der Versicherer, ähnlich. Brockmann erkennt zwei Gruppen der an den illegalen Autorennen Beteiligten: Für die einen seien die Rennen ein Sport. Für die gebe es sogar einen Kodex: keine Drogen, kein Alkohol, Rennen nur auf abgelegenen Strecken: »Da passiert selten etwas. Und wenn, dann fahren die sich im schlimmsten Fall selber tot.« Und dann gebe es »die anderen, die Profilierer, Männer, die Rennen fahren, um anzugeben«. Für diese Leute sei »ihr Auto nicht nur alles – diese Leute sind ihr Auto. Wenn die sich mit anderen vergleichen, vergleichen sie ihr Auto.«[29]

Nicht vergessen werden darf, dass Autowahn und Raserei keine individuelle und isolierte Angelegenheit sind. Diese Phänomene wirken weit hinein in die gesamte Gesellschaft und prägen Teile unserer Kultur. In den Worten von Helmut Holzapfel, Professor für Verkehrsplanung an der Universität Kassel: »Aggressivität pflanzt sich fort. Es geht um ein Gruppenverhalten, und wer dabei ist, wird nach einiger Zeit selbst aggressiv.«[30] Das gilt natürlich in besonderem Maß in einem Land, in dem auf größeren Strecken des Autobahnnetzes völlige Tempofreiheit existiert. Die hier gefahrenen Spitzengeschwindigkeiten und der hierdurch begünstigte aggressive Fahrstil beeinflussen das Klima im gesamten Straßenverkehr.

28 *Stern* vom 24. November 2016.
29 *Stern* vom 24. November 2016.
30 In: *Frankfurter Rundschau* vom 5.2.2004.

Der Großversuch Tempo 100 in Westdeutschland 1985

In den Jahren 1983 bis 1985 gab es in Westdeutschland eine breite gesellschaftliche Debatte über die Einführung von Tempo 100 auf Autobahnen. *Spiegel* und *Stern*, die Grünen, SPD und Teile von CDU/CSU traten dafür ein. Begründet wurde dies mit unterschiedlichen, vorliegenden Studien u. a. der TU Berlin, des Umweltbundesamtes und der Bundesanstalt für Straßenwesen, in denen dokumentiert wurde: ein solches Tempolimit reduziert die Schadstoffemissionen und die Zahl von Unfällen deutlich. Der ADAC distanzierte sich 1985 auf dem Evangelischen Kirchentag von der – zuvor von ihm selbst propagierten – Losung »Freie Fahr für freie Bürger«.

Darauf flüchtete sich die Bundesregierung – damals gestellt von CDU/CSU und FDP mit Helmut Kohl (CDU) als Kanzler und Werner Dollinger (CSU) als Verkehrsminister – in die Behauptung, man benötige zur Beurteilung dieser Forderung genaue Daten »gemessen im Realbetrieb«. Es wurde ein »Großversuch Tempo 100« beschlossen. Teilstrecken des Autobahnnetzes wurden als »Teststrecken« für den »Großversuch« ausgewiesen. Der TÜV wurde als Prüfinstanz eingesetzt. Der »Großversuch« begann im Februar 1985; er endete vorzeitig bereits im November desselben Jahres. Am 21. November 1985 tat *Bild* kund: »Millionen Bundesbürger können aufatmen«. Laut TÜV gäbe es bei Tempo 100 »nur ein sehr geringes Einsparungspotential« bei den Schadstoffemissionen. In Wirklichkeit waren die Rahmenbedingungen des »Großversuchs« bewusst falsch gesetzt worden. Darüber hinaus besagten die endgültigen Ergebnisse, die erst Monate später publik wurden, etwas völlig anderes. Die Manipulationen bestanden u. a. im Folgenden: Erstens wurde öffentlich erklärt, ein Nichteinhalten des Tempolimits werde nicht bestraft. Am Ende stellte sich heraus, dass sich nur 30 Prozent (!) der Autofahrenden an Tempo 100 hielten. Zweitens wurden die Schadstoffemissionen bei Geschwindigkeiten von mehr als 150 km/h erst gar nicht gemessen. In der dann erst Anfang 1986 bekannt gewordenen TÜV-Studie hieß es dann im Gegensatz zu den Verlautbarungen von November 1985, es gäbe »eine eindeutige Abhängigkeit von Geschwindigkeit und Emissionen«. (*Süddeutsche Zeitung* vom 16. Januar 1986).

Das Ziel war erreicht: Die scheinbar wissenschaftlichen Ergebnisse und das mediale Trommelfeuer gegen ein Tempolimit, das nach dem »Großversuchs« einsetzte, würgten jede weitere Diskussion ab. Der damit neu zementierte Zustand der »Tempofreiheit« hielt dann im Großen und Ganzen 35 Jahre lang an.

Kapitel 9: Die Produzenten des Autowahns

> Gut – ein bisschen Pech haben die Veranstalter der Formel E nun schon gehabt. Das hätten sie ja schlecht vorhersehen können: dass sich der US-Senat ausgerechnet am Tag vor dem Auftakt der fünften Saison darauf festlegt, dass Mohammed bin Salman, der Kronprinz von Saudi-Arabien, »verantwortlich« für den Mord an dem Journalisten Jamal Khashoggi ist. Die vom CIA zusammengetragenen Beweise erachtet die Kammer als ausreichend, um bin Salman des Mordes zu bezichtigen. Für alle Rennfahrer, Sponsoren und Hersteller ist es insofern eine unglückliche Situation, wenn an diesem Samstag also der mutmaßliche Auftraggeber eines Mordes als Gastgeber aus seiner Loge winken wird, wenn die Serie für Rennwagen mit Elektromotoren zum ersten und wohl nicht letzten Mal in Ad Diriyah, einem Vorort von Riad, rollen wird. [...] Die Formel E fährt da, wo gut gezahlt wird. Da folgt sie ihrem historischen und moralischen Vorbild, der Formel 1.
>
> *Philipp Schneider, Mordsidee, 2018*[1]

In der Regel wird die Verantwortung für Raserei und Autorennen mit Todesfolgen bei denen gesehen, die die Taten begehen. Das ist nicht ganz falsch. Natürlich sind diese meist jungen Männer verantwortlich für ihr Tun. Natürlich sind viele dieser Taten, bei denen Menschen zu Tode kamen, Mord-Akte, die als solche zu ahnden sind. Doch es ist völlig unzureichend, ja, es lenkt von den eigentlich Verantwortlichen ab, wenn ausschließlich die individuelle Schuld der unmittelbaren Täter im Zentrum gesehen wird. Die wesentliche Verantwortung für diese vielen tödlichen, vielen Tausenden Schmerz und Leid zufügenden Verhältnisse und für die zunehmende Aggression im Straßenverkehr ist bei der Politik, bei

1 Philipp Schneider, Mordsidee – Die Formel E feiert ihren Saisonstart ausgerechnet im Öl- und Folterstaat Saudi-Arabien, in: *Süddeutsche Zeitung* vom 15. Dezember 2018.

der Justiz, bei den Autoherstellern, bei Prominenten und bei der Autolobby zu suchen.

Betrachten wir im Folgenden die Justiz und die jüngeren juristischen Auseinandersetzungen auf diesem Gebiet. Im Kontrast zu den Debatten um Raser-Urteile, die seit Anfang des neuen Jahrhunderts geführt werden, gab es in Deutschland jahrzehntelang meist kaum beachtete und einige spektakuläre Prozesse, in denen aggressive Raser mit unverantwortlich milden Urteilen davonkamen, ja oft nachgerade reingewaschen wurden. Das bestätigt in der Öffentlichkeit den Eindruck, dass in der Autogesellschaft der Einsatz des Pkw als Waffe als Kavaliersdelikt akzeptiert wird.

Einige Beispiele: Der Kasseler Landgerichtspräsident W.E. war im Sommer 2000 mit 2,37 Promille am Steuer erwischt worden. Er hatte versucht, die Polizisten, die ihn kontrollierten, zu bestechen. Der Mann erhielt eine Strafe auf Bewährung und durfte Richter im Amt bleiben. (*Frankfurter Rundschau* vom 24.1.2004).

Im Dezember 2003 hatte ein 22-jähriger Autofahrer mit 2,06 Promille Alkohol sein voll besetztes Auto in Kassel gegen einen Baum gefahren, wodurch drei Insassen getötet wurden. Er hatte zuvor die Türen des Pkw verriegelt, sodass niemand mehr aussteigen konnte. Der Mann wurde zu zwei Jahren auf Bewährung verurteilt (*Frankfurter Rundschau* vom 13.5.2005).

Am 14. Juli 2003 wurde eine 21-jährige Mutter, Fahrerin eines Kia-Pkw-Modells, zusammen mit ihrer zweijährigen Tochter auf der Autobahn bei Karlsruhe getötet. Der Testfahrer Rolf F. war mit seinem Mercedes-Dienstwagen, Modell CL 600 Biturbo Coupé mit 476 PS, so dicht auf den Kleinwagen aufgefahren, dass die Fahrerin erschreckt das Steuer verriss und gegen einen Baum prallte. Der Todesfahrer war auf dem Weg zu einer Teststrecke des Autokonzerns in Papenburg. Er wurde zu einem Jahr Haft auf Bewährung verurteilt. (U.a. *Spiegel* 36/2004).

Im April 2006 raste A.A. in Hannover in einer Tempo-30-Zone mit 64 km/h und tötete dabei ein 9-jähriges Mädchen. Er hatte zuvor mehrere Fahrdelikte begangen und zur Zeit des Unfalls keinen Führerschein. Der Mann wurde in der ersten Instanz zu zwei Jahren Haft ohne Bewährung verurteilt. Er ging in Berufung. Die Strafe wurde zur Bewährung ausgesetzt. (Nach: *Bild*, Bundesausgabe, vom 30. 3. 2007).

Der Prozess gegen den Mercedes-Testfahrer, der, wie beschrieben, 2003 die Verantwortung für den Tod einer Mutter und ihrer zweijährigen Tochter trug, verdeutlicht dabei, dass es sich nicht allein um ein individuelles Fehlverhalten handelte. Der Daimler-Autokonzern testet seine Pkw mit Höchstgeschwindigkeiten in, wie ein Konzernsprecher mitteilte, »kundennaher Erprobung«, also nicht ausschließlich auf abgeschirmten Teststrecken, sondern im allgemeinen, zivilen Straßenverkehr. Besonders beliebt bei mehreren deutschen Autokonzernen waren dabei lange Zeit Fahrten nach Skandinavien und dann dort solche im winterlichen Schweden, bei denen, so ein Zeitungsbericht, »Tausende Testfahrer« regelmäßig die Straßen unsicher machten und auch für tödliche Unfälle verantwortlich zeichneten. Im Februar 2005 wurde beim schwedischen Städtchen Ytterhogdal die 44-jährige Asa S. von einem Testpiloten mit einem 300 PS starken S-Klasse-Mercedes-Modell getötet. Nach dem Eintreffen der Polizei war die im Unglückswagen installierte Messausrüstung ausgebaut und beiseitegeschafft. In der schwedischen Tageszeitung *Aftonbladet* schrieb Robert Collin, der als Schwedens erfahrenster Motorjournalist gilt und der einst den berüchtigten »Elchtest« der Mercedes-A-Klasse bezeugte: »Ich weiß, dass jeder Kilometer von Stuttgart nach Arjeplog (in Schweden; W. W.) ein Test ist. [...] Die Fahrer fahren fast immer zu schnell und rücksichtslos.« Die Piloten von Mercedes seien »öfter als andere in Unfälle verwickelt«.[2]

Erst in jüngerer Zeit gab es in Deutschland erste harte Urteile gegen Raser. Nach einer Häufung von Raser-Unfällen (vor allem bei den in Kapitel 8 behandelten illegalen Straßenrennen) hob der Gesetzgeber im Herbst 2017 die Strafen an. Seither gelten illegale Rennen

2 Nach: Hannes Gamillscheg, Sie fahren wie verrückt, in: *Frankfurter Rundschau* vom 25.2.2005.

nicht mehr wie bislang als Ordnungswidrigkeit, sondern als Straftat. Veranstalter und Fahrer müssen mit Geldstrafen oder mit bis zu zwei Jahren Haft rechnen. Kommen Menschen ums Leben oder werden sie schwer verletzt, drohen bis zu zehn Jahre Gefängnis. Das spektakulärste Urteil in diesem Zusammenhang wurde 2020 vom Bundesgerichtshof gefällt. Es ging – ein weiteres Mal – um ein Autorennen, das sich zwei damals 26 und 24 Jahre alte Männer im Februar 2016 in Berlin auf dem Kurfürstendamm und der Tauentzienstraße mit Tempo 170 lieferten. Sie ignorierten zehn rote Ampeln. Kurz vor dem Kaufhaus KaDeWe raste einer der beiden Männer ungebremst in einen Pkw, dessen 69-jähriger Fahrer bei Grün in den Kreuzungsbereich gefahren war. Der Mann starb noch an der Unglückstelle. In den ersten Instanzen waren beide Männer wegen Mordes verurteilt worden. Das Urteil erregte Aufsehen; es stieß ebenso auf Kritik wie auf Zustimmung. Der Bundesgerichtshof bestätigte das Urteil in dem Fall des Rasers, der mit seinem Auto den 69-Jährigen getötet hatte. Im Fall des zweiten Beteiligten wurde das Urteil aufgehoben – kein »Mord in Mittäterschaft«; der Fall dieses Rasers wird ein weiteres Mal ein Berliner Gericht beschäftigen. Das BGH-Urteil sendet sicher ein richtiges Signal. Allerdings dürfte das noch keine Trendwende weg von den zu milden Urteilen in Raserprozessen sein. Zum einen, weil die Urteilsbegründung erneut das Türchen weit offen lässt, Autorennen mit Todesfolgen doch nicht als Mord einzustufen. Die Richterin betonte, das Urteil bedeute »nicht, dass tödlich ausgehende Rennen nun allgemein als Mord zu bewerten« seien. Es gehe immer »um die im Einzelnen zu klärende Frage nach dem Vorsatz«.[3] Zweitens gab es auch in jüngerer Zeit erneut ausgesprochen milde Urteile im Fall von Autoraserei mit Todesfolgen. Ein spektakuläres Urteil wurde im November 2019 in Stuttgart gesprochen. Es ging um einen zur Tatzeit 20-jährigen Stuttgarter Mann, der am 6. März 2019 kurz vor Mitternacht mit einem gemieteten Jaguar F-Type, 550 PS, mit Tempo 163 im

3 Wiebke Ramm, So wurde Raserei zum Mord, in: *Der Spiegel* vom 18. Juni 2020.

Nordbahnhofsviertel durch die Innenstadt raste, die Kontrolle über das Auto verlor, gegen einen stehenden Kleinwagen prallte und dabei zwei in dem Auto sitzende Menschen in den Tod riss. Während des Prozesses wurde deutlich, dass der junge Mann regelmäßig Autorennen fuhr und im Internet Videos von seinen Raserei-Touren postete. Das Gericht vermied jedoch ein Urteil wegen zweifachen Mordes, verwies in der Urteilsbegründung – basierend auf einem Gutachten – auf mildernde Umstände (bei dem Täter läge eine »ausgeprägte Reifeverzögerung« vor) und verurteilte ihn nur zu einer Freiheitsstrafe von fünf Jahren, bei nur vier Jahren Führerscheinentzug.[4]

In den Jahren 2018 bis 2020 gab es eine Reihe von weiteren milden Urteilen in vergleichbaren Prozessen, die auf die Szene als Ermunterung für ihre Raserei-Praxis wirken dürften.[5] Auch erging ein Aufsehen erregendes neues Urteil im Fall eines Rasers, bei dem es aufgrund eines hohen Alkoholgehalts im Blut des Fahrers zu einem De-facto-Freispruch kam. Im April 2017 befand sich eine 20-jährige Frau früh um 3 Uhr mit ihrem Freund zu Fuß von einem Weinfest in Untereisenheim bei Würzburg auf dem Heimweg. Dabei wurde sie am Straßenrand von einem VW Golf von hinten überrollt und getötet – am Steuer der damals 18-jährige Niclas H. mit über 2,89 Promille im Blut. Im Oktober 2019 wurde der Todesfahrer im Verfahren vor dem Amtsgericht Würzburg nur zu einer Geldstrafe von 5000 Euro und einem (!) Jahr Führerscheinentzug verurteilt. In der Urteilsbegründung heißt es unter Verweis auf § 323a des Strafgesetzbuchs,

4 Gisela Friedrichsen, Sinnloser Tod durch hirnlose Raserei, in: *Die Welt* vom 16. November 2019.

5 Das Landgericht Deggendorf (Bayern) verurteilte im November 2019 zwei Männer zu jeweils einer fünfjährigen Haftstrafe. Die beiden hatten im Juli 2018 eine Verfolgungsfahrt zwischen Motorrad und Sportwagen durchgeführt; der 28-jährige Autofahrer prallte mit seinem Audi IT RS gegen einen Opel. Dessen Fahrer war sofort tot; sein kleiner Sohn wurde schwer verletzt und ist seitdem schwer behindert. (*Münchner Merkur* vom 23. November 2019). Im August 2020 raste ein 25-jähriger Mann mit seinem McLaren Pkw, 570 PS, mit 286 Kilometern in der Stunde in der Nähe von Essen über die Autobahn und prallte gegen eine Leitplanke. Die Beifahrerin wurde getötet. Das Gericht verhängte lediglich eine Strafe auf Bewährung; der Führerschein wurde nur für zwei Jahre eingezogen. (*Süddeutsche Zeitung* vom 4. August 2020). In Köln gab es im April 2015 ein illegales Autorennen, bei dem eine unbeteiligte Fahrradfahrerin getötet wurde. Das Gericht kam zum Schluss, es handle sich nur um fahrlässige Tötung; die Strafe wurde sogar zur Bewährung ausgesetzt. Nach: *Stern* vom 26. März 2019.

dass »derjenige, der sich vorsätzlich oder fahrlässig in einen Rausch versetzt, dann wegen Vollrausches verurteilt werden kann, wenn er im Rauschzustand eine rechtswidrige Tat begangen hat. Er kann wegen dieser Tat aber nicht bestraft werden.« Daher könne »eine Verurteilung wegen der fahrlässigen Tötung nicht in Betracht« kommen. Der Mann kam frei; es gab bundesweit heftige Proteste. Kurz darauf meldete sich eine Zeugin mit der Aussage, der Todesfahrer sei von einem Beifahrer »scherzhaft« aufgefordert worden, das Mädchen »umzufahren«; er sei bewusst auf die junge Frau zugesteuert. Das Verfahren wurde im Herbst 2020 neu aufgerollt.[6]

PS-Hochrüstung, SUV-Boom und Geschwindigkeitswahn

Eine andere Form von Verantwortung für den Fetisch Geschwindigkeit ist bei den Herstellern zu suchen. Der Tempowahn wird gezielt durch Technik provoziert. Die Autokonzerne bauen immer stärkere und schwerere Pkw-Modelle. Diese vermitteln den Fahrern ein Gefühl von Sicherheit, das nicht mit den Gesetzen der Physik in Übereinstimmung zu bringen ist. Sie bieten erst die technischen Möglichkeiten für ein besonders aggressives Fahren und sie betreiben dabei eine gezielte Aufrüstungsstrategie. Die Versicherungstarife sind einigermaßen ehrlich. Sie steigen fast parallel mit den PS-Klassen und Top-Geschwindigkeiten, wobei es dort Zuschläge gibt, wo Modellbezeichnungen wie GTI zu einer besonders »sportlichen«, sprich aggressiven Fahrweise herausfordern.

Dabei ist die Hochrüstung, die in den letzten knapp zwei Jahrzehnten stattfand, atemberaubend. 1993 gab es in Deutschland bei einem Bestand von knapp 39 Millionen Pkw rund neun Millionen Pkw (oder 23 Prozent), die Spitzengeschwindigkeiten von 181 und mehr Stundenkilometern ermöglichten. Darunter befanden sich

6 Opferfahrer rechnet mit Justiz ab, in *Bild* (Berlin-Brandenburg) vom 25. Oktober 2019; Clara Lipkowski, Wurde Teresa Stahl gezielt überfahren?, in: *Süddeutsche Zeitung* vom 24. September 2020.

2,5 Millionen Pkw mit Top-Speed 200 km/h und mehr. Die letztgenannte leistungsstärkste Gruppe hatte einen Anteil von 6,4 Prozent am gesamten Pkw-Bestand. 2020 hatten wir einen Gesamtbestand von 47,1 Millionen Pkw,[7] darunter gab es bereits 15,1 Millionen Pkw mit Top-Geschwindigkeiten von 200 km/h und mehr. Der entsprechende Anteil liegt nunmehr bei 32 Prozent. Eine nähere Aufspaltung dieser Top-Speed-Pkw (also beispielsweise in Pkw, die 230 km/h und schneller fahren können) erfolgt nicht. Bei den Neuzulassungen verfügt inzwischen *die Mehrheit* der Pkw über Spitzengeschwindigkeiten von mehr als 200 Stundenkilometern. Die durchschnittliche Spitzengeschwindigkeit aller neu zugelassenen Pkw lag bereits 2018 bei exakt 200,2 Stundenkilometern. Ein Fünftel der neuen Pkw hatte damals bereits Top-Speed 250 km/h und mehr.[8]

Die Struktur der Pkw-Typen bringt den aggressiven Trend nochmals deutlicher zum Ausdruck. Das Gewicht der durchschnittlichen Pkw hat sich in den vergangenen 22 Jahren um mehr als 50 Prozent und rund 1,5 Tonnen erhöht. 1998 gab es in Deutschland 700.000 Geländewagen; 2020 waren es 6,4 Millionen. Hinzu kommen 1,9 Millionen sogenannte Utilities, womit Pick-ups und vergleichbare Autos gemeint sein dürften. Der Anteil der SUVs an den Neuzulassungen von Pkws in Deutschland lag 2005 bei 6 Prozent, 2018 sind es 31,3 Prozent. Bezieht man die Utilities mit ein, dann liegt dieser Anteil bei 36,2 Prozent.[9]

Die Beteuerungen der Autohersteller, wonach wir vor dem Zeitalter der Elektro-Pkw stünden, sind fragwürdig – hier einmal

7 Die Statistik ist hier massiv verfälschend. Ab dem Jahr 2008 werden die »vorübergehend abgemeldeten Fahrzeuge« nicht mehr erfasst. Entsprechend gab es zwischen 2007 (46,6 Millionen Pkw) und 2008 (41,2 Millionen Pkw) einen heftigen, künstlichen Rückgang der Zahl der registrierten Pkw. Bei korrekter Registrierung müsste man entweder dabei bleiben, die Zahl der aktiven und der vorübergehend abgemeldeten Pkw aufzuführen oder die entsprechenden Zahlen ohne die vorübergehend abgemeldeten Pkw auch für die Jahre vor 2008 nennen. Tatsächlich liegt also der Anstieg der Pkw-Zahl im hier angegebenen Zeitraum 1993 bis 2020 um rund fünf Millionen Einheiten höher als hier angegeben.

8 Verkehr in Zahlen, herausgegeben vom Bundesverkehrsministerium, Ausgaben 2006/2007, S. 136 f, und 2020/21, S. 137, und: Handelsblatt vom 6. September 2019.

9 Verkehr in Zahlen, a. a. O., Ausgabe 2020/21, Seite 145.

abgesehen davon, dass Elektroautos selbst keine überzeugende Alternative zu den konventionellen Pkw darstellen.[10] Bereits im Vorfeld der Internationalen Automobil-Ausstellung 2019 verkündete der VW-Vorstand Ralf Brandstätter, man werde »bis 2025 allein bei der Marke Volkswagen das SUV-Angebot weltweit von derzeit elf auf dreißig Modelle ausweiten.« Diese Ankündigung wird seither umgesetzt. Damit wird 2025 jedes zweite Fahrzeug von VW ein SUV sein. Bei den VW-Töchtern Audi und Porsche wird dieser Anteil noch höher liegen.[11] Dieser Trend gilt im Großen und Ganzen für alle deutschen und für die meisten Hersteller aus anderen Ländern.

Es kommt dabei zu verstörenden Bildern. Im August 2019 präsentierte der Chef der Peugeot-Tochter Opel, Michael Lohscheller, in Eisenach das neue Opel-Modell Grandland, ein wuchtiger SUV. Er wurde bei der Präsentation flankiert vom IG-Metall-Vorstand Rudolf Luz, dem Ostbeauftragten der Bundesregierung Christian Hirte (CDU), der Oberbürgermeisterin von Eisenach, Katja Wolf (Linke) und dem thüringischen Ministerpräsidenten Bodo Ramelow (Linke). Der CO_2-Ausstoß des Modells liegt um rund 50 Prozent über dem Grenzwert, der ab Januar 2020 für die Pkw-Flotten der Autohersteller gilt.[12]

Grundsätzlich sind bei dem klobigen SUV-Wagentyp die Verletzungsgefahren vor allem für nichtmotorisierte Verkehrsteilnehmer besonders hoch. Manchmal sind solche Pkw noch mit einem Gestänge am Kühler ausgerüstet (»Kuhfänger«), das im Fall von Unfällen

10 Darauf wird ausführlich eingegangen in: Winfried Wolf, Mit dem Elektroauto in die Sackgasse. Warum E-Mobilität den Klimawandel beschleunigt, Wien, 2. erw. Auflage 2020. Hier nur der banale Hinweis: Das Optimum, was mit einem E-Pkw im Vergleich mit einem Benziner oder Diesel-Pkw bei den CO_2-Emissionen eingespart werden kann, liegt nach Aussagen der E-Auto-Propagandisten bei 30–40 %. Das 3-Liter-Auto, dessen Technik es seit 20 Jahren gibt, würde den Spritverbrauch und damit auch die CO_2-Emissionen nicht um 30 %, sondern um 60 % reduzieren. Das soll kein Plädoyer für Verbrenner-Pkw allgemein sein. Es dokumentiert »nur«, dass das behauptete Ziel der Elektro-Pkw-Mobilität, man wolle damit die CO_2-Emissionen reduzieren, jeder materiellen Grundlage entbehrt. In der Realität wächst die Flotte der Pkw mit Verbrenner-Motoren (und dabei insbesondere die Benzin- und Diesel-SUVs) und zusätzlich gibt es die E-Pkw, die dann ebenfalls zwei und mehr Tonnen schwer sind und in der Regel über den Lebenszyklus hinweg gerechnet nicht weniger CO_2 emittieren als ein Mittelklasse-Pkw.

11 *Handelsblatt* vom 6. September 2019.

12 Bericht in: *Handelsblatt* vom 6. September 2019.

insbesondere Fußgängern, Radfahrenden und Kindern besonders schwere Verletzungen zufügen kann. Das Risiko, bei einem Autounfall mit einem SUV schwer verletzt oder getötet zu werden, ist 50 Prozent höher als beim Zusammenstoß mit einem konventionellen Pkw. In einem Bericht aus dem *Handelsblatt* heißt es dazu: »Hauptursache dabei: der höhere Kühlergrill, der angefahrene Fußgänger nicht an den Beinen, sondern am empfindlicheren Oberkörper trifft. Besonders gefährdet sind Kinder, für die sich der Kühlergrill oft genau auf Kopfhöhe befindet.«[13]

So gut wie alle großen Hersteller rüsteten in jüngerer Zeit ihre SUV-Paletten auf. VW und Daimler bauen riesige Diesel-SUVs mit sechs Zylindern. Das VW-Modell Amarok fährt bis zu 205 km/h schnell; in einem Motorbericht wird es als »rasender Lastwagen« beschrieben, der »in sieben-komma-irgendwas von Null auf hundert« komme.[14] Der Wolfsburger Konzern baut in den USA den riesigen Pick-up-Truck Atlas. Er wird in anderen Ländern, so in Russland und China, unter dem Namen Terramont vertrieben (und in China auch dort gebaut). Das Fahrzeug ist bis zu 2,2 Tonnen schwer und hat Motorleistungen von bis zu 300 PS. Es handle sich »um den größten Volkswagen-SUV aller Zeiten, der nur in den USA erhältlich ist«, aber dann natürlich doch auch die Straßen in Europa unsicher macht: »Bei uns bekommen Sie den VW Atlas direkt in Deutschland als Import aus den USA, fertig umgerüstet und mit deutschen Papieren«, so die Ankündigung eines Importeurs.[15] Wobei es sich, wie erwähnt, um einen internationalen Trend handelt, dem so gut wie alle Fahrzeughersteller folgen. 2019 präsentierte Ford das Modell Ranger Raptor – das Auto wird also wörtlich als »Raubtier« ausgewiesen. Der Fahrbericht in der gewöhnlich als seriös-bürgerlich charakterisierten *Frankfurter Allgemeinen Zeitung* bemängelt, dass

13 *Handelsblatt* vom 6. September 2019.

14 *Frankfurter Allgemeine Sonntagszeitung* vom 15. Juli 2018.

15 Importfirma Joemann; https://www.joemannmotors.eu/vw-atlas-groesster-volkswagen-suv-aller-zeiten/?gclid=EAIaIQobChMIqv-mrZrr7gIVqIFQBh3GsACDEAAYASAAEgJoofD_BwE

»die Leistung auf 213 PS beschränkt« und das 2-Tonnen-Auto »nur 170 km/h schnell« sei.[16]

Einleitend in diesem Buch wurde über ein AMG-Modell von Daimler – demnächst also wieder Mercedes-Benz[17] – berichtet, das während der IAA 2019 Schlagzeilen machte. Der Stuttgarter Autokonzern entschuldigte sich damals zunächst für die besonders aggressive Bewerbung. Dies war aber nur Show und diente dazu, die Wogen zu glätten. Inzwischen wird exakt der Ausbau dieser besonders PS-starken, teuren und aggressiven Marke betrieben – mit dem Argument, man verdiene mit Raser-Autos am besten. Das liest sich wie folgt: »Weil Mercedes mit kompakten und relativ günstigen Autos nicht genug Geld verdient. [...] werden die Marken-Welten von Maybach, G, EQ und AMG massiv aufgerüstet.«[18] Der Konzern baut – ähnlich im Übrigen wie andere Hersteller, so Porsche – spezielle »Erlebniswelten« für den Geschwindigkeitsrausch. Dabei zielen die Stuttgarter Unternehmer in besonderem Maß auf die Schicht der jungen chinesischen Millionäre. So hat Daimler an der Formel-1-Rennstrecke in Zhejiang speziell für die Mercedes Submarke AMG eine »Erlebniswelt« gebaut – ähnlich einer Einrichtung, die Porsche am Schanghaier Formel-1-Kurs errichtete. Hier sollen »die potentiellen AMG-Kunden tief eintauchen in die Welt der Super-Luxus-Rennschlitten, oder, wie man es bei Mercedes formuliert: Sie können Teil von ›World's Fastest Family‹ werden.« In dem Bericht heißt es dann weiter: »Diese Lust an superschnellen Autos erscheint anachronistisch in Zeiten, da Daimler-Vorstandschef Ola Källenius kaum eine Gelegenheit auslässt, sein Klimaziel zu erwähnen.«[19]

Wobei das Klimaziel laut Ferrari auch bei Tempo 340 erreicht werden kann. Der italienische Hersteller präsentierte 2020 mit dem

16 Lukas Weber, Raubtier mit Beißhemmung, in: *Frankfurter Allgemeine Zeitung* vom 2. Juli 2019.

17 Im Februar 2021 wurde bekanntgegeben, dass die Lkw-Sparte des Daimler-Konzerns abgespalten wird. In diesem Zusammenhang wird der Autohersteller zukünftig wieder als Mercedes-Benz firmieren.

18 Georg Kacher, Luxus emotionalisieren. In: *Süddeutsche Zeitung* vom 7. November 2020.

19 Hendrik Ankenbrandt und Susanne Preuß, Wie man aus Pferdestärken Gold macht, in: *Frankfurter Allgemeine Zeitung* vom 13. Oktober 2020.

SF90 Stradale ein Hybrid-Fahrzeug – es firmiert in der Statistik des Kraftfahrzeugbundesamtes als umweltfreundliches »Elektro-Auto« – mit einem »Aggregat«, das 1000 PS stark ist, in »2,2 Sekunden aus dem Stand auf 100 km/h und in 6,7 Sekunden auf 200 km/h katapultiert«, und bei dem man sich laut *FAZ*-Fahrbericht »den Besuch beim Gesichtschirurgen ersparen (kann). Für Sekunden bügelt die Wucht des Antritts Falten glatt.« Der Einstiegspreis liegt bei 417.890 Euro. Erfreulicherweise kann man sich für 48.790 Euro zusätzlich auch für »die leichtere Variante Asset Fiorano mit feststehendem Kohlefaser-Heckspoiler« entscheiden.[20]

Elemente einer Kriegführung

Es handelt sich wahrlich um eine Hochrüstung, die Elemente einer Kriegführung gegen Natur, Umwelt und Menschen enthält. Und so ist es dann nicht verwunderlich, wenn einer der Vorreiter der SUV-Welle das besonders berüchtigte Modell Hummer ist. Es handelt sich beim Hummer H1 um ein 3,1 Tonnen schweres Fahrzeug, das ausschließlich als teilweise gepanzertes Fahrzeug bei der US-Armee eingesetzt wurde. Seine großen Auftritte hatte der H1 im Golfkrieg 1991, da es das Lieblingsfahrzeug von General Norman Schwarzkopf war. Einem breiten Publikum wurde der H1 mit dem aggressiven Film »Terminator III« vertraut gemacht. Da der Kaufpreis eines H1 mit 160.000 Euro einer größeren Verbreitung abträglich war, gab es später und bis 2010 eine um fünf Prozent geschrumpfte Variante als H2 und später auch einen H3. Der Hummer wurde von dem Unternehmen AM General gebaut und von General Motors vertrieben. Der Anteil der Frauen unter den Hummer-Käufern soll bei exakt null Prozent gelegen haben.[21]

Die Geländewagen-Modelle sind Teil einer asymmetrischen Kriegführung im Pkw-Alltag: Es geht darum, sich panzerartig zu schützen

20 Jürgen Zöllter, 1000 PS aus einem V8 und drei E-Werken, in: *Frankfurter Allgemeine Zeitung* vom 30. Juni 2020.

21 Zum Hummer: Martin Gropp, »Mammut im Tagebau«, in: *Handelsblatt* vom 6.12.2003.

und dadurch andere zu gefährden. In den Worten von Hans Mahr, Informationsdirekter des TV-Senders *RTL*, nach einer Probefahrt mit dem VW-Modell Touareg: »Als Familienwagen kann ich mir den gut vorstellen. Die meisten Menschen, die starke, große Autos kaufen, tun das, um darin ihre Familie zu beschützen.«[22]

Die Reichen machen es vor

Wir leben in einer Gesellschaft mit krassen sozialen Gegensätzen. Es kommt seit Jahrzehnten zu einer immer größeren Konzentration von Reichtum bei gleichzeitiger Zunahme von relativer und absoluter Armut. Die Reichen und Mächtigen verstehen sich als Eliten. Im Corona-Jahr präsentierten sich zwei der Reichsten auf diesem Planeten, Melinda und Bill Gates, auch als Weltenretter. Zwar erwartet heute kaum noch jemand, dass die Reichen und Mächtigen moralische Vorbilder sein würden. Was allerdings doch übel aufstößt, ist ein allzu offenes Zur-Schau-Tragen von Reichtum und Protz. Das findet auf kaum einem anderen Feld so offenkundig statt wie beim Pkw-Besitz. Hier gibt es eine Konkretisierung der Wiederkehr von feudalen Strukturen, wie Thomas Piketty in seinem Buch »Kapital und Ideologie« beschreibt.[23]

Nach der IAA 2019 brachte das Großbürgerblatt *Frankfurter Allgemeine Zeitung* auf einer Dreiviertelseite einen schwelgerischen Fahrbericht über den neuen Rolls Royce Cullman. Betont wird, dass in Wohngegenden das vorgeschriebene »Limit von 30 km/h mit diesem Koloss unheimlich schwer einzuhalten ist«, dass »ein völlig überflüssiges Nachtsichtsystem« und »sündhaft teure Picknicksitze« im Gesamtpreis (425.544 Euro) enthalten sind. Insgesamt, so der Autor Boris Schmidt, handelt es sich bei dem Modell um ein »Fest für die Sinne«. Ergänzende Daten: Leergewicht 2,7 Tonnen,

22 Zitiert bei Petra Schäfer, »Indiana Jones im Bauch des Konsumtempels«, in: *Handelsblatt* vom 30.5.2003.

23 Thomas Piketty, Kapital und Ideologie, München 2020.

571 PS, Höchstgeschwindigkeit 250 km/h, Verbrauch »im Durchschnitt 16,7 Liter Super« bei 341 Gramm CO_2.[24] Der Bericht verschweigt im Übrigen schamhaft, wer diesen Neuwagen auf die Straßen bringt: BMW ist die Rolls-Royce-Muttergesellschaft. Wobei man es bei dieser Marke auch deutlich preiswerter haben kann. 2020 wurde das Rolls Royce-Modell Ghost vorgestellt – bis zu 5,72 Meter lang; Einstiegspreis 290.000; die Langversion 326.000, ausgestattet mit demselben V12-Zylinder-571-PS-Motor. Der Fahrbericht konstatiert: »Die Eleganz reicht bis in den hinterleuchteten Grill und die nun wie ein Solitär in der Haube steckende Spirit of Ecstasy, allein die Rücklichter wirken etwas fad.«[25] Wenn General Motors in dieser Klasse mithalten will, sind natürlich einige Preisnachlässe angesagt. Für nur 69.600 Euro kann man seit 2021 den Cadillac CT5-V Blackwing erwerben. Er hat eine Motorleistung von 677 PS und ist der stärkste Cadillac aller Zeiten; er bringt es trotz der mehr als zwei Tonnen Leergewicht auf eine Höchstgeschwindigkeit von rund 320 km/h.[26]

Und nein – wir wollen hier nicht alle die neuen Luxusmodelle vorstellen und schweigen uns zu weiteren interessanten Modellen in der Preis- und PS-Klasse 100.000 Euro plus und 300 Pferdestärken plus der Marken Maserati (ehemals Teil des Fiat-Konzerns, dann bei Fiat-Chrysler unter der Haube und seit 2021 bei PSA Peugeot unterm Dach), Bentley und Bugatti (beide vulgo VW), Ferrari (ebenfalls Fiat/FCA/PSA) und Lincoln (Ford) aus. Doch ein neuer Aspekt auf diesem Gebiet Luxus und Autowahn sei erwähnt: die Kulturform Wohnen mit dem Auto. Nachdem es vor allem in den USA für Hunderttausende äußerst arme Menschen ein Leben im Auto (und ohne Wohnung) gibt, gibt es für die Reichen ein Leben mit dem Auto. Das beginnt damit, dass auf dem 2020er Caravan Salon in Düsseldorf Luxus-Wohnmobile vorgestellt wurden, so ein 26 Tonnen schwerer, 12 Meter langer, knapp 1,4 Millionen Euro teurer Luxuswohnwagen:

24 *Frankfurter Allgemeine Zeitung* vom 1. Oktober 2019.

25 Holger Appel, Gespenstische Stille, in: *Frankfurter Allgemeine Zeitung* vom 27. Oktober 2020.

26 Tim Neumann, Corvette V8 im CT5-V Blackwing, in: *Auto Zeitung* vom 2. Februar 2021.

»Die Küche und das Schlafzimmer können im stehenden Zustand noch ausgefahren und damit verbreitert werden, und in der eingebauten Garage unterhalb des Bettes kann der Sportwagen parken. Gedacht ist das Reisemobil freilich nur für zwei Personen – die auf der Schlafcouch auch mal zwei Gäste unterbringen können.« Vorgestellt wurde dort auch ein Vario Mobil mit Garage auf vier Rädern, in das ein Sportwagen komplett passt und dieser also gut getarnt immer mittransportiert werden kann.[27]

Besonders bemerkenswert sind die neuen Wohnmodelle, die als »Branded Residences« – etwa »Wohnen in einer Marke« – bezeichnet werden. Dies gab es in den vergangenen Jahren für Luxus-Marken wie Fendi und Versace; es handelt sich um exklusive Wohntürme, bei denen das Mini-Ein-Zimmerappartement bei 850.000 Euro beginnt und wo die Reichen sinnigerweise absolut unter sich wohnen (wobei die meisten Appartements die meiste Zeit leer stehen). 2020 gab es weltweit 400 solcher »Markenresidenzen« mit rund 55.000 Wohnungen, wobei das Appartement im Durchschnitt zwei Millionen US-Dollar gekostet haben soll. Auf diesem Gebiet engagiert sich seit einigen Jahren die VW-Tochter Porsche – genauer gesagt die Porsche Lizenz- und Handelsgesellschaft mbH & Co KG, kurz auch als Porsche Design bezeichnet. Sie baut Porsche-Hochhäuser, als Porsche Design Tower bezeichnet. Einer davon steht in Miami, 200 Meter hoch, mit 60 Etagen und 132 Luxuswohnungen direkt am Strand. Das Besondere dabei: Die schicke Mietskaserne hat drei Aufzüge, mit denen sich die Reichen jeweils mitsamt ihren Autos, bevorzugt natürlich Porsche-Pkw, bis ins Wohnzimmer hochtransportieren lassen können. Auf Wunsch wird für etwas mehr als 100.000 Euro eine gläserne Garage in Sichtweite zur Einbauküche Porsche P 3740 mitgeliefert. Man könne so seinen Bekannten zurufen: »Besuch mich im Porsche«. Jan Becker, der Chef von Porsche Design argumentiert: »Wir können

27 Rollende Residenz, Auf dem Caravan Salon finden auch Millionäre passende Luxuskarossen, in: *Frankfurter Allgemeine Zeitung* vom 10. September 2020.

Porsche mit Immobilien in andere Bereiche transportieren […] und unsere Design-Philosophie einem größeren Publikum zugänglich machen.« In Frankfurt am Main entsteht derzeit der zweite Porsche Design Tower, 80 Meter hoch mit 254 Luxus-Wohnungen. Und auch in Stuttgart soll demnächst ein solcher Wohnturm für die Superreichen stehen – schließlich wuchs die Zahl der »Ultrawohlhabenden« gerade auch im Corona-Jahr 2020 deutlich weiter an.[28]

Promis und Rasen und der Fall Abraham

Prominente machen es vor. Die Sportlerin Franziska von Almsick raste mit gestopptem Tempo 116 km/h durch Berlin. Der Schauspieler Mel Gibson wurde in Malibu, USA, mit zu hohen Promillewerten und überhöhter Geschwindigkeit festgenommen und klärte die Verkehrspolizei darüber auf, dass »die Juden für alle Kriege in der Welt verantwortlich« seien. Der Schauspieler Jack Nicholson, der sich von einem Mercedes-Fahrer geschnitten fühlte, stieg an der nächsten roten Ampel aus, nahm den Golfschläger von der Rückbank seines Wagens und traktierte das »gegnerische« Auto.[29] Ein österreichischer Bundeskanzler raste mit Tempo 200 über die Westautobahn (»Ich war zu spät dran zur Eröffnung der Welser Messe«) – mit aufgesetztem Blaulicht, so die Gendarmerie, wäre die Sache nicht zu beanstanden gewesen.[30]

In der bundesdeutschen Politik gibt es eine Reihe Prominenter, die in selbstverschuldete, schwere Autounfälle verwickelt waren und zumeist vor Gericht mehr als glimpflich davon kamen. Das trifft zu auf den CSU-Ministerpräsidenten Hanns Seidel, den CSU-Politiker und Verteidigungsminister Franz Josef Strauß und auf den

28 Stefan Mayr, Autohaus, in: *Süddeutsche Zeitung* vom 11. April 2020 (zu Miami und Stuttgart), Matthias Streit, Im Porsche wohnen, in: *Handelsblatt* vom 1. November 2019 (zu Frankfurt/M.).

29 Nach: *Frankfurter Rundschau* vom 4.2.1999 (Almsick); *Frankfurter Allgemeine Zeitung* vom 31.7.2006 (Gibson); *Süddeutsche Zeitung* vom 2.7.1997 (Nicholson).

30 SP-Kanzler Gusenbauer soll Raserstrafe zahlen, in: *News* vom 18. Juli 2007.

Bundesinnenminister Hermann Höcherl, ebenfalls CSU.[31] Der aufschlussreichste Fall ist der des CSU-Politikers Otto Wiesheu. Dieser war 1983 am Steuer eines Mercedes 380 SE mit mindestens 1,75 Promille Alkohol unterwegs. Er fuhr mit überhöhter Geschwindigkeit auf den Fiat 500 eines polnischen Rentners und Auschwitz-Überlebenden auf. Der Pole wurde getötet; sein Beifahrer schwer verletzt. Wiesheu erhielt nur eine Bewährungsstrafe. Er wurde in seinem späteren Berufsleben sinnigerweise bayerischer Verkehrsminister und Ende 2005 noch Vorstandsmitglied der Deutschen Bahn AG.[32]

2016 bezeichnete der Daimler-China-Chef im Streit um einen Parkplatz in Peking alle Chinesen als »Bastarde« – worauf in der *Shanghai Daily* zu lesen war: »Glücklicherweise mussten die Pekinger nur ein Jahr mit diesem kranken, weißen Tier zusammenleben.« Der Stuttgarter Autokonzern musste seinen Top-Mann an anderer Stelle im Konzern-Reich unterbringen.[33] Für den deutschen Grünen-Fraktionschef Anton Hofreiter besteht ein wesentlicher Vorteil von Elektroautos in der rasanten Startbeschleunigung: »Ein Elektroauto zu fahren macht deutlich mehr Spaß als Benziner oder Dieselfahrzeuge – weil Sie zum Beispiel blitzschnell an der Ampel starten können, da lassen Sie jeden Maserati stehen.« Wobei Herr Hofreiter darauf verwiesen werden kann, dass Maserati seine Flotte inzwischen fast komplett auf Elektro-Raser umrüsten will.[34]

Der aus Armenien stammende und in Berlin lebende Berufsboxer Arthur Abraham fiel viele Jahre lang als Raser auf. Als er 2011 erneut 150 km/h schneller als erlaubt (mit 230 km/h bei einem Tempolimit von 80 km/h) auf der Berliner Stadtautobahn von Polizisten gestoppt wurde, konstatierte der Berliner *Tagesspiegel* mit kaum verhohlener Bewunderung: »Abraham hält den Berliner Rekord in Sachen Geschwindigkeitsüberschreitungen«. Er musste lediglich 1360 Euro

31 Siehe Klaus Gietinger, Totalschaden. Das Autohaasserbuch, Fraunkfurt/M. 2010, S. 18f.

32 Klaus Gietinger, a. a. O., S. 19.

33 Frank Sieren, Schlechte Manieren, in: *Handelsblatt* vom 27. November 2016.

34 Anton Hofreiter, VW ist immer am langsamsten, Interview in: *Handelsblatt* vom 3. November 2016.

Strafe bezahlen und erhielt vier Punkte in Flensburg und ein dreimonatiges Fahrverbot. Die Polizisten, die den Raser gestellt hatten, fuhren Abraham persönlich zu seiner nächsten Veranstaltung am Potsdamer Platz, auf dass die Pünktlichkeit gewahrt bleibe.[35] Das Sündenregister des Mannes ist umfangreich; 2018 wurde auch dokumentiert, dass er sich in Mafia-Kreisen bewegt.[36] Das hinderte die Medien nicht daran, Abraham zu hofieren und als eine Art Berliner Kultfigur und Teil der High Society zu präsentieren. Die *Berliner Zeitung* stellte ihn noch Ende 2017 mit einem ganzseitigen Interview vor, in dem er unter anderem ausführte: »In Deutschland kann man schnell fahren. Richtig schnell. Das gibt es nur in Deutschland – unbegrenzte Geschwindigkeit. Deshalb kann man schnelle Autos haben und die Geschwindigkeit genießen. [...] Das ist Adrenalin. Wenn man über 300 fährt, geht es schon richtig zur Sache. Das macht mir Spaß.« Frage der *Berliner Zeitung*: »Ab wann ist ein Auto schnell?« Antwort Abraham: »Ab 260 km/h. Da sind dann die Straßen viel enger als normal.« Mit keinem Wort geht der Interviewer in dieser angesehenen Tageszeitung darauf ein, dass die Geschwindigkeiten, von denen hier die Rede ist, eine Gefährdung für Leib und Leben von Menschen darstellt.[37]

Übungsplätze für Auto-Gewalt

In Deutschland werden Hallenbäder und Freibäder geschlossen, verwahrlosen Kinderspielplätze; werden Parks und Wälder privatisiert. Doch gleichzeitig boomt eine neue Gattung von Freizeitparks: die »Offroad-Geländeparks«. 2019 gab es in Deutschland offiziell 19 solcher Anlagen. Aus einem Bericht über das Übungsgelände in Aspenstedt, Sachsen-Anhalt: »So wie die Republik nach dem Krieg für die Straßenautos planiert wurde, wird sie nun für die Geländewagen

35 *Tagesspiegel* vom 29. September 2011.
36 Siehe: Der Boxer und die Mafia-Familie, in: *Berliner Kurier* vom 7. November 2018.
37 *Berliner Zeitung* vom 17. Dezember 2017.

wieder aufgerissen. [...] Auf ehemaligen Truppenübungsplätzen, LPG-Brachen und zugeschütteten Mülldeponien kann jeder für den Gegenwert eines Rummelplatzbesuchs, das tun, was andernorts verboten ist. [...] Mit dem Mietbagger und der Hilfe der örtlichen Bauernschaft graben sie Schlammlöcher, schieben Mergel und Ton zu Miniaturgebirgen auf, um sie danach mit ihren Unterböden wieder zu schleifen.«[38] Die Beschreibungen dieser oft riesigen Gelände lesen sich meist so, als gehe es nicht um die Zerstörung, sondern um die Aufwertung der Natur: »Überwiegend Sand und Waldboden – sehr schönes abwechslungsreiches Gelände« (Offroad-Gelände Wurzelsepp Peckfitz, 39649 Gardeleben). »Auf rund 40 Hektar Fläche gibt es zahllose Hügel aus losem Lava-Sand oder festen Böden, Steigungen und Gefälle von bis zu 50 Grad, naturgewachsene Hindernisse, Felsen, Schluchten, Wasserläufe und Matschlöcher. Super Gelände in schöner Landschaft!« (Offroad-Area Vulkaneifel, 54574 Gerolstein-Birresborn). »Ehemaliges NVA-Gelände, 54 Hektar, sehr weitläufig, überwiegend Sand und Waldboden. Macht immer wieder Spaß, dort zu fahren.« (MSZ Jänschwalde, 03197 Jänschwalde). »Tagebaugelände, 70 Hektar, Waldbereich mit vielen Hindernissen, Ton- und Sandgrube, Basaltbruch, Wasserlöcher, steile Auf- und Abfahrten. Abwechslungsreiches Gelände, das aber Fahrfehler nicht gut verzeiht.« (Offroadpark Böser Wolf, 34593 Knüllwald). »Zehn Hektar großes naturbelassenes Gelände. Alles was nicht Natur ist, könnte man mal wegräumen! Verschränkungspassagen, anspruchsvolle Schlamm- und Wasserdurchfahrten, sowie Sand- und Geröllhänge.« (4mal4 Altrock Offroad, 57410 Bining). »Auf 15 ha gibt es verschiedene Herausforderungen wie eine große Sandkiste, trassierte Strecken im Mischwald, lange Steigungsstrecke; >30 %, Verschränkungs- und Böschungsstrecken uvm.« (OffroadCamp Karenz, 119294 Karenz).[39]

38 Christian Baulig, »Very Matsch fun«, in: *Financial Times Deutschland* vom 7.2.2003.
39 Bergetools, Offroadgelände, Offroad-Parks, nach: https://www.bergetools.com/offroadparks/

Die Dauerwerbung

Bekannt ist, dass die Werbung der Autokonzerne bei vielen Medien die wichtigste Werbeeinnahme darstellt. Bei den kritischen finanziellen Verhältnissen, die im Bereich der Print-Produkte heute existieren, sind diese Werbeeinnahmen besonders wichtig, oft sogar überlebenswichtig. Wer Magazine wie *Spiegel*, *Stern*, *Focus*, *Profil* durchblättert, der stellt schnell fest: Die Werbung der Autokonzerne nimmt meist ein Drittel und mehr der gesamten Werbung in einer solchen Zeitschrift ein. Bei Tageszeitungen ist das vielleicht weniger ersichtlich. Da wäre interessant zu wissen, wie viel Geld für Fahrberichte und Sonderseiten und Beilagen von den Autokonzernen an die Blätter fließt. Gelegentlich finden sich am Ende der Fahrberichte Hinweise darauf, dass der entsprechende Artikel von einem Autokonzern finanziell unterstützt wurde. Über den Umfang dieser Querfinanzierungen liegen meines Wissens keine genaueren Untersuchungen vor.

Sicher ist: Diese Fahrberichte und »Motor-Seiten«, die feste Bestandteile der großen Zeitungen sind, sind reine PR-Shows für die Autoindustrie – und zugleich eine manifeste Dauer-Propaganda für PS-starke Pkw im Allgemeinen und für den Fetisch Geschwindigkeit im Besonderen. Sie wirken glaubwürdiger, weil sie als Teil des redaktionellen Bestands dieser Blätter präsentiert werden. Hier werken geübte Journalisten – so gut wie ausschließlich Männer, wobei 95 Prozent von ihnen Geschwindigkeitsfetischisten und mindestens zwei Drittel von ihnen Zyniker sind, was das Thema Umwelt und Klima betrifft. Dabei ist hier nicht die Rede von reinen Autoblättern wie *auto motor und sport*, *ADAC Motorwelt*, *Auto Zeitung*, *Auto Bild* usw., deren Monatsauflage bei vielen Millionen Exemplaren liegt. Die Rede ist von den sogenannten seriösen großen Zeitungen. Ich reiche einige Kostproben. »Sternstunde der Vergesslichkeit – Ford entfesselt im Focus ST recht kompromisslose 280 PS«: In diesem *FAZ*-Fahrbericht über eine »rund 10 Liter verfeuernde Maschine«, die 250 km/h schnell rast, heißt es: »Doch schon von etwa 160 an trifft der im Rhythmus der Fahrbahnoberfläche zitternde Finger die Stationstasten am Radio nicht mehr. Das Gebiss sei in Ordnung, hat der Zahnarzt noch gesagt, beruhigend. Falls der Daumen die ›Sport‹-Taste am Lenkrad erwischt, wird alles noch eine Spur härter, was eigentlich unvorstellbar klingt. Leute, wenn schon, denn schon, nehmt Race-Rot oder, heißer, Tropical Orange. 39.890 Euro kostet der Testwagen, einschließlich Lizenz zum Vergessen von Alltag und GTI.« Ein Fahrbericht der *Welt* mit der Überschrift »Rock am Ring« weiß von einem »ungeniert kreischenden Saugmotor des Porsche 911 GT3 RS« zu berichten. Hier habe »der Heckspoiler seine Berechtigung. Er sorgt dafür, dass der Porsche [...] auch bei sehr hohem Tempo am Boden bleibt.« Der Pkw ist 700 PS stark und hat eine Höchstgeschwindigkeit von 340 km/h. Vom letzten 911 GT3 RS seien, so der Bericht, »6000 Exemplare verkauft worden. Und obwohl auch sie einen extrem auffälligen Heckspoiler tragen, sieht man sie kaum. Das spricht dafür, dass ihre Besitzer (die laut Porsche im Schnitt drei weitere Wagen für den Alltag haben) sie bestimmungsgemäß einsetzen – auf abgesperrten Rundstrecken.«

Oder nehmen wir die »Technik und Motor«-Seite, die sich regelmäßig in der *Frankfurter Allgemeinen Zeitung* findet, und hier nur drei Beispiele aus dem Jahr 2018. In einer dieser Ausgaben wird ein »VW Tuareg 3.0 V6 TDI vorgestellt, der »mit fast allem angefüttert, was die Ausstattungslisten in der Wolfsburger Zentrale hergaben, auf 107.971 Euro preiswert« kam. Der Autor kommentiert: »Da wird es gefährlich für Omas Sparstrumpf«. Der Wagen hat ein Gewicht von 2,1 Tonnen, 286 PS, eine Höchstgeschwindigkeit von 240 km/h, wobei »das dicke Ding Kurven fetzen« könne. Der krass ungünstige Luftwiderstand wird wie folgt umschrieben: »Mächtiger ragte nie zuvor ein Personen-Bug dieser Marke vor uns auf. Wir glauben deshalb, das Front- und Bugdesign sei nicht nur für ein Flagg-, sondern gleich für ein Schlacht-, zumindest für ein Dickschiff« geeignet. In einem zweiten Fahrbericht zum BMW M5 (139.260 Euro preiswert, 600 PS stark, 1,93 Tonnen schwer) heißt es: »Wir wollten nur einmal ein ganz klein wenig Timo Glock sein und haben den Race-Start ausprobiert.

Linker Fuß auf die Bremse, rechter Fuß aufs Gas, Motor hochjubeln und dann Bremse loslassen. Der Schlag ins Kreuz, der dann kommt, ist gewaltig. Dem Sohn auf dem Beifahrersitz fällt beinahe die Stoppuhr aus der Hand. 3,8 Sekunden für den Standardsprint von 0 auf 100 stoppt er. BMW behauptet, es seien 3,4 Sekunden und wir glauben es gern. Auch an den 11,1 Sekunden für den Spurt von 0 auf 200 zweifeln wir nicht.« Der dritte hier nach dem Zufallsprinzip ausgewählte Fahrbericht auf dieser *FAZ*-»Technik und Motor«-Seite gilt dem Jaguar P300 AWD – erstaunlicherweise ein mächtiger SUV von einem Hersteller eher flacher Sportwagen. (Hier wird besser nicht erwähnt, dass die Muttergesellschaft der indische Tata-Motors-Konzern ist). Der Wagen hat einen Preis von 77.839 Euro, 300 PS und eine Höchstgeschwindigkeit von 243 km/h. Hier »lässt der von Unruhe vor dem Sprung zeugende Leerlauf das Lenkrad zittern, und wird die Wildkatze losgelassen, haben die Vorderräder spürbar Mühe, Contenance zu bewahren. […] Trinkgelage: Schluck, der Maximalverbrauch von 16,8 Litern ist kein Druckfehler. Schon klar, was jetzt kommt: SUV gehören halt verboten. Von wegen, Freunde der Bevormundung!«[40]

In dieser Tonlage lesen sich so gut wie alle Fahrberichte. Beispielsweise ein solcher in der *Welt am Sonntag* über einen Lexus LC 500, das ist die Luxusmarke von Toyota. 477 PS stark, 270 Stundenkilometer schnell, in 4,7 Sekunden von 0 auf 100. Kommentar des Fahrberichterstatters: »Als Transportvehikel möchte man diesen Wagen ohnehin nicht missbrauchen, er ist für andere Zwecke bestimmt. Zum Rasen beispielsweise. […] In Zeiten, in denen alles sinnvoll, praktisch und notwendig sein muss, wirkt ein wenig Unvernunft wie Medizin gegen die drohende Verödung des Lebens.«[41] Im selben Blatt berichtet ein anderer Autor, er müsse im Nissan GT-R (100.000 Euro, 570 PS, 315 km/h Spitzengeschwindigkeit) »nur einmal kurz aufs Gas

40 Wolfgang Peters, Schwergewicht auf leichtem Fuß, Fahrbericht Tuareg, *FAZ* vom 11. September 2018; Boris Schmidt, Der kleine Timo im Spieleparadies, Fahrbericht zum BMW M5, *FAZ* vom 7. August 2018; Holger Appel, Katzengourmet mit leichten Nebenwirkungen, Fahrbericht Jaguar, in *FAZ* vom 8. Mai 2018.

41 Lorraine Haist, Der rote Panther, in: *Welt am Sonntag* vom 1. Juli 2018.

drücken, und schon fliegen Magdeburg, Wolfsburg und Hannover an uns vorbei. [...] Eigentlich schade, dass es die ganze Zeit nur geradeaus geht. [...] Der Wagen schreit geradezu danach, mit hohem Tempo durch enge Kurven gejagt zu werden.«[42] Über die PS-Hochrüstung der US-Konzerne heißt es in der *Süddeutschen*: »Seit die Trump-Administration die CO_2-Zügel schleifen lässt, darf wieder geklotzt werden. Die neuen Pick-ups können gar nicht groß genug und bedrohlich genug sein, die SUVs machen – wie der 707 PS starke Jeep Trackhawk – ungeniert auf dicke Hose, die bollernden Achtzylinder feiern im Dodge Demon, Corvette ZR-1 und Shelby Mustang ihr lautstarkes Comeback.« Die Überschrift lautet: »Klimawandel? Uns doch egal.«[43]

Legale Autorennen – Formel 1 und Formel E

Und dann sind da noch die legalen Autorennen. Sie sind seit mehr als 110 Jahren die Vorbilder für die illegalen Rennen. Und eine ideale Projektionsfläche für all die Alltagsaggressionen, die wir im Autoverkehr erleben.

Natürlich geht es bei diesen Autorennen nach festen Regeln – die es jedoch auch bei den illegalen Rennen gibt – und angeblich zivilisiert zu. Oder besser gesagt: Der Kult um den Tempowahn wurde smart. Die Autorennen – und hier vor allem die Formel 1 – als Symbol der Autogesellschaft, als Ausdruck von faschistoid verstandener Männlichkeit, von Geschwindigkeitswahn und Menschenverachtung – sie sind weiter präsent und werden gratis auf Kanälen mit großer Reichweite übertragen und vor Hunderttausenden Zuschauern gefahren.

Im Zeitraum 1950 bis 2015 verunglückten 76 Fahrer bei diesen legalen Autorennen tödlich. Dabei sind die mehr als 150 Toten nicht mit eingerechnet, die es unter den Zuschauern und den Streckenposten

42 Heiko Zwirner, Rendevouz mit Godzilla, in *Welt am Sonntag* vom 9. April 2016.
43 Georg Kacher, Klimawandel? Uns doch egal!, in: *Süddeutsche Zeitung* vom 13. Mai 2017.

gab. Unter diesen waren 25 Formel-1-Fahrer, die bei Rennen in dieser »Königsklasse« den Tod fanden. Die übrigen fanden bei anderen offiziellen Autorennen (wie Indy 500, Sportwagen-Rennen, Bergrennen, 1000 km Nürburgring, Mille Miglia oder 24 Stunden Le Mans) den Tod.[44]

Diese Toten sind keine Unglücksfälle, keine Kollateralschäden. Die Todesgefahr ist bewusst einkalkulierter und zentraler Bestandteil des Spektakels. Als sich am 10. September 1961 der Ferrari von Wolfgang Graf Berghe von Trips überschlug, riss er sich und 15 Zuschauer in den Tod. Der US-Schauspieler Patrick Dempsey bekundete 2015, er wolle eine Film-Serie »über die mörderische Ära der Formel 1« drehen. Natürlich geht es dabei um das Mann gegen Mann, Maschine gegen Maschine und den Tod beim Kampf auf der Rennpiste. Dempsey: »Wir fangen mit der Serie 1955 an, etwa zu jener Zeit, als [Wolfgang Graf Berghe von; W. W.] Trips in der Weltspitze auftauchte. Damals ereignete sich beim Weltspitzenrennen in Le Mans die größte Katastrophe des Rennsports.« Ein Wagen flog nach einer Kollision auf die Haupttribüne und tötete 80 Menschen – ein Ereignis, das für Dempsey, der bis 2015 selbst Rennen und fuhr und bis heute einen eigenen Rennstall besitzt, »den Grundkonflikt um Leben und Tod schürte«.[45]

Viele Formel-1-Rennfahrer, die in den Rennen den Tod fanden – Jochen Rindt, Ronnie Peterson, Roland Ratzenberger, Jim Clark, Ayrton Senna – werden bis heute wie Helden geehrt.

Besondere tragische verlief die Karriere des Robert Kubica. Als im Juni 2007 der polnische Formel-1-Pilot Kubica mit Tempo 280 beim Großen Preis von Kanada während eines Überholvorgangs von der Strecke abkam, einen Frontflügel verlor, mit Tempo 230 km/h gegen eine Betonmauer prallte, überlebte und erklärte, bereits vier Wochen später beim nächsten Rennen in Indianapolis, USA, mitzufahren,

44 Liste der tödlich verunglückten Fahrer nach: https://motorsport.fandom.com/de/wiki/Liste_der_t%C3%B6dlich_verungl%C3%BCckten_Fahrer

45 Patrick Dempsey, Um Leben und Tod, Interview in. Der Spiegel 40/2015.

wurde er in Polen als Nationalheld gefeiert. Der Münchner Sportpsychologe Jan Mayer erteilte den Ratschlag, Kubica müsse nun »die Angst akzeptieren«, dürfe dieser aber nicht gehorchen, denn: »Bei Angst wird früher gebremst, doch dann braucht man keinen Leistungssport mehr zu machen.«[46] Als ob ein Leistungssportler beim 100-Meter-Lauf oder bei einer 400-Meter-Staffel sein Leben aufs Spiel setzen würde. Der Formel-1-Pilot Lewis Hamilton äußerte noch 2019: »Alle Formel-1-Piloten setzen ihr Leben aufs Spiel.« Die Menschen sollten dies »angemessen würdigen«.

Dabei nahm die Geschichte des Fahrers Robert Kubica noch einen ganz anderen Lauf – und eine Entwicklung, die den Formel-1-Wahn gut charakterisiert. Der Mann hatte 2011 bei der Rallye in Andorra einen weiteren schweren Crash, bei dem sich eine Leitplanke in das Cockpit und in einen Arm und ein Bein bohrte. Der Mann wurde mehrfach operiert. Doch sein rechter Arm war fortan kaum noch zu gebrauchen. 2018 startete er ein Comeback; der Rennstall Williams setzte ihn als Formel-1-Pilot ein – »trotz seines dürren rechten Arms, kaum zu gebrauchen bei Alltagsdingen. Aber bei Tempo 300 in einer Linkskurve«, so ein Rennsport-Berichterstatter.«[47] Kubica verlor die meisten Rennen, Williams trennte sich von ihm. Was dann in der Formel-1-Fangemeinde und auch unter den meisten Fahrern allgemeine Erleichterung auslöste. »Es ist nicht gut für den Sport, wenn da jemand mit einer Behinderung mitfahren kann. Jedenfalls nicht in der Formel 1.« So der ehemalige Weltmeister des Jahres 1997 Jacques Villeneuve. Er habe damit das gesagt, was andere in den Formel-1-Rennställen dachten, schrieb der Formel-1-Berichterstatter der *Frankfurter Allgemeinen Zeitung*: Kubica habe damit »an der Selbsteinschätzung der Königsklasse (gekratzt) und »mit seiner Rückkehr aus der Rehabilitation für Schwerverletzte ihren Nimbus gefährdet,

46 Juha Päätalo, »Dem Traum davonrasen«, in: *Financial Times Deutschland* vom 14. 6. 2007; andere Angaben nach. René Hofmann, »Überlebenszelle für Havarierte«, in: *Süddeutsche Zeitung* vom 6. 7. 2007.

47 Anno Hecker, Mit einem Arm und einem Lächeln, in: *Frankfurter Allgemeine Zeitung* vom 29. November 2019.

das immer wieder kolportierte Alleinstellungsmerkmal in Frage« gestellt: »schnellste und härteste Rennserie auf diesem Planeten zu sein.« Die »Formel 1 als Hort der Inklusion« – das will nun echt niemand in diesem Business.[48]

Tot ja, aber keine Krüppel! Im September 2019 verlor der Nachwuchs-Pilot Anthoine Hubert in Monza sein Leben – der Formel-2-Pilot Juan Correa raste mit seinem Rennwagen mit Tempo 250 in den Wagen von Hubert. Hamilton kommentierte dies wie folgt: »Hubert ist für mich ein Held, weil er das Risiko auf sich genommen hat, für seinen Traum zu leben.«[49]

Die Verherrlichung des Tempowahns ist im Bereich von Mystik und Religion zu verorten. Der bereits zitierte Schauspieler Patrick Dempsey, der für Ferrari und Porsche Rennen fuhr und einen eigenen Rennstall gründete: »Le Mans hat mein Leben völlig verändert. Ich habe eine neue kreative Ader bei mir entdeckt.«[50] Aber was soll daran »kreativ« sein, mit Tempo 200 im Kreis zu fahren und sein Leben und das anderer Mitmenschen aufs Spiel zu setzen? Zumal derselbe Mann drei Jahre zuvor selbst sagte: »Heute ist es schwierig, bei diesen Rennen seine Persönlichkeit zu wahren, bei dem vielen Geld, um das es da geht. [...] Die Fahrer werden stark von den Sponsoren beeinflusst. Individualität wird früh erstickt. Früher konnten sie zu Legenden werden. Jetzt nicht mehr.«[51] Es sei denn, sie rasen sich in den Tod.

In einem 2019 verfassten Bericht über das Formel-1-Heiligtum Monza heißt es: »Die Motoren werden mit einem langgezogenen Heulen in den roten Bereich getrieben. Auf keiner anderen Piste des Formel-1-Kalenders beschleunigen die Boliden so lange. [...] 75 Prozent der 5,7 Kilometer langen Strecke unter Volllast, sagen die Ingenieure. Drei Geraden, unterbrochen von Bremsschikanen, verleihen Monza

48 Ebenda.
49 Anno Hecker, Spiel mit dem Tod, in: *Frankfurter Allgemeine Zeitung* vom 7. September 2019.
50 Patrick Dempsey, Le Mans hat mein Leben völlig verändert, Interview in *Tagesspiegel* vom 16. Juni 2018.
51 Patrick Dempsey in: *Der Spiegel* 40/2015.

die Portion Extra-Speed. Die digitale Geschwindigkeitsanzeige im Ferrari-Cockpit von Charles Leclerc klettert am Freitag auf 350. Am Sonntag, wenn es Windschatten gibt im Rennen, sind 360 möglich. Den Rekord hält Kimi Räikkönen mit 370,1. ›Monza hat etwas Ikonisches‹, sagt Renault-Pilot Nico Hülkenberg. Der Veranstalter lässt Journalisten ein schwarzes Büchlein überreichen, auf dem in blutroten Lettern die Markenbotschaft geschrieben steht: ›The Temple of Speed‹.«[52]

Typisch für die Beschleunigung des Tempowahns ist, wie die Autorennen und der Formel-1-Zirkus die Ausweitung der Autogesellschaft über den gesamten Planeten hinweg begleiten. Mit ihnen wird gezielt die Ersetzung eher entschleunigter Verkehrsformen durch den Autowahn begleitet, ja ideologisch und religiös verbrämt vorbereitet. Von den USA über Westeuropa nach Osteuropa – und immer mehr ausgreifend auf den globalen Süden und die Schwellenländer. 2004 konnte der Formel-1-Zirkus den »Großen Preis von Bahrain« und die »Formula 1 of China« feiern. In Bahrain wurden als Konzession an die herrschende Kultur die Sieger unter alkoholfreiem Champagner geduscht. In den Außenbezirken der Millionenstadt Schanghai, inmitten bitterer bäuerlicher Armut, wurde der neue »Schanghai International Circuit« aus dem Boden gestampft – mit Platz für 200.000 Zuschauer. »Die Jugend sucht neue Begeisterung und liebt die Freude an der Geschwindigkeit«, wusste Shi Tianshu zu berichten, der damalige Präsident der chinesischen Automobilsportvereinigung (FASC), zugleich Abteilungsleiter im Pekinger Sportministerium.[53]

Der Mann, der jahrzehntelang die Formel 1 dirigiert hatte, Bernie Ecclestone, brachte den Zusammenhang von Tempowahn und Demokratieverachtung auf den Punkt. Sein Credo: »Ich glaube an die Diktatur. Nicht nur in der Formel 1, sondern überall. Nur so können Sie wirklich die Sachen schnell erledigen.«[54]

52 Anno Hecker, a. a. O.

53 Georg Blume, »Großer Preis für China«, in: *Die Zeit* vom 1.4.2004; andere Angaben nach: Elmar Brümmer, »Formel 1 fährt fort: Im Osten was Neues«, in: Financial Times Deutschland vom 4.4.2004.

54 Zitiert bei: Juha Päätalo, »Der kleine Diktator«, in: *Financial Times Deutschland* vom 8. März 2004.

Kapitel 10: Der Flugverkehr – das bislang letzte Kapitel in der Tempowahn-Geschichte

> Mit über 180.000 Meilen im Jahr ist Hardy ein echter Überflieger. Bei Delta Airlines hat er es zum »Diamond Medallion Status« gebracht. Bei United Airlines zu Gold. Das bringt Hardy beneidenswerte Vorteile. Er erzählt vom Blizzard an der US-Ostküste. Solche Schneestürme legen ganze Flughäfen lahm, die Passagiere sitzen fest. Vor der Naturgewalt sind alle gleich, außer jemand hat Gold-Status wie Hardy. Wenn alles schiefgeht fliegen die Airlines zuerst ihre besten Kunden aus. »Da werden die wildesten Sachen gebucht, um einen zurück nach Europa zu bringen«, erzählt Hardy. Die fünf schwersten Schneestürme gab es in den letzten elf Jahren. Sollte der Klimawandel daran schuld sein, dann würden Status-Passagiere wie Hardy am ehesten verschont.
>
> *Anja Krieger und Gerhard Richter, Vielfliegerei, 2015*[1]

Waren das Wettrennen, Rekordfahrten oder nur ein kulturvolles Reisen mit gewissen Ambitionen? Seit Mitte des 19. Jahrhunderts gab es den Ozeandampfer als modernes Massentransportmittel zwischen Europa und Amerika. 1850 dauerte die Querung zehn Tage, Ende des 19. Jahrhunderts waren es weniger als sechs Tage. Und 1937 nur noch drei Tage, 23 Stunden und 2 Minuten. Bis in die 1960er-Jahre hinein wurde das »Blaue Band« demjenigen Ozeanschiff zugesprochen, das die Atlantikquerung in der kürzesten Zeit realisieren konnte; es war schlechthin das Symbol für hohe Geschwindigkeit bei weiten, den Globus umspannenden Entfernungen.

Dabei spielte bei diesen Ozeanquerungen im 19. Jahrhundert und bis zum Ersten Weltkrieg Tourismus eine eher bescheidene Rolle. Die Schiffsfahrten dienten damals vor allem denjenigen Menschen,

1 Anja Krieger und Gerhard Richter, Vielfliegerei – Jede Flugmeile hat ihren Preis, in: taz vom 1. März 2015

die aus Europa in die Neue Welt auswanderten. Es waren Anfang des 20. Jahrhunderts jährlich mehr als eine Million – ein Vielfaches der gegenwärtigen Flüchtlingsströme, zumal dann, wenn die gegenüber heute deutlich geringeren Bevölkerungszahlen in Betracht gezogen werden. Im Jahr 1913 wurden allein in den Vereinigten Staaten und Kanada 1,3 Millionen Einwanderer registriert; hinzu kam eine weitere halbe Million Menschen, die nach Brasilien und Argentinien auswanderten. Der gesamte Passagierverkehr – der Tourismus eingeschlossen – zählte 1913 2,5 Millionen Menschen, die westwärts oder ostwärts den Atlantik überquerten.

1907, als Henry Ford sein erstes Autorennen fuhr, erhielt das britische Schiff Mauretania das Blaue Band mit einer Fahrtzeit von 4 Tagen, 19 Stunden und 52 Minuten zugesprochen. In der Zeit, als es in den USA zur Massenmotorisierung kam, wurden die Ozeanriesen als schnelle, moderne und seit den 1920er-Jahren als ausgesprochen luxuriöse Verkehrsmittel bejubelt. Das Flugzeug galt im Vergleich als nicht wesentlich schneller; vor allem war die Querung deutlich teurer und nicht in jeder Hinsicht komfortabel. Als am 28. Juni 1939 der Flieger Dixie Clipper der Airline Pan American in Long Island im Norden New Yorks mit 22 Fluggästen zum ersten Transatlantikflug nach Marseille abhob, mussten zeitraubende Zwischenlandungen auf den Azoren und in Lissabon eingelegt werden. Es gab eine wichtige Einschränkung für den Start und Landevorgang: Der Dixie Clipper – auch als Boeing 314 bezeichnet – war ein viermotoriges Flugboot, das nur auf dem Wasser starten und landen konnte. An Bord des Flugschiffes fehlte jede Hektik; slow food wurde gereicht, coolness herrschte vor, was von einem Fluggast wie folgt beschrieben wurde: »Zur Essenszeit waren alle in guter Stimmung, es gab interessante Unterhaltungen. [...] Flugkapitän (R.O.D.) Sullivan kam [zu den Mahlzeiten; W.W.] zum Besuch der Fluggäste aus dem Kontrollraum herunter und rauchte genussvoll eine Zigarette. Er war ein staatlicher, großer Mann, der mit seiner kühlen freundlichen Umgangsweise ein umfassendes Vertrauen ausstrahlte. Alles schien derartig routiniert, […] dass die Tatsache beinahe aus unserem Bewusstsein verschwand, dass dies der erste Passagierflug nach Europa war.«[2]

Auch nach dem Zweiten Weltkrieg war die Schiffspassage auf dieser klassischen transkontinentalen Strecke noch eineinhalb Jahrzehnte lang vorherrschend, obgleich sich inzwischen der zivile Flugverkehr auf Langstrecken schnell entwickelte. 1947 überquerten eine halbe Million Menschen den Atlantik per Schiff; rund halb so viele nutzten bereits das Flugzeug.[3] Am 26. Oktober 1958 startete die Airline PanAm mit einer Boeing 707 den täglichen Jet-Verkehr im Direktflug zwischen den USA und Europa, in diesem Fall auf der Verbindung New York – Paris (Le Bourget). Die Flugzeit hatte sich mehr als halbiert, im konkreten Fall auf acht Stunden und 41 Minuten.[4] Bis Mitte der 1960er-Jahre erhöhte sich zwar ein letztes Mal die Zahl der Schiffspassagiere auf 750.000 im Jahr. Nun hatte jedoch der Flugverkehr förmlich abgehoben: Inzwischen querten 5,7 Millionen Menschen den Atlantik per Flugzeug.

Heute gibt es keine den Atlantik querenden Linienschiffe für den Personenverkehr mehr. 2017 startete der Billigflieger Ryanair mit Transatlantik-Linienflügen und erklärte, Tickets könnten bereits ab 14 Euro erworben werden.[5] Dies stellte sich zwar weitgehend als ein Werbegag heraus; richtig ist jedoch: Mit den Billigfliegern wurde der Flugverkehr zu einem Massenereignis – in einem eng begrenzten Teil der Welt. 2019 wurden auf der Transatlantikroute mehr als 50 Millionen Fluggäste registriert.

2 Betty Trippe, The Very First Flight Over the Atlantic. Mrs. Trippe gehörte zu den 22 zahlenden Fluggästen dieses Flugs. Dokumentiert bei Panam.org: https://www.panam.org/explorations/681-1st-transatlantic-passenger-flight

3 Am 4. Oktober 1958 überquerten zwei Strahlverkehrsflugzeuge von dem in Großbritannien gebauten Typ Comet 4, eine nach Osten und eine nach Westen, als erste Passagierjets den Atlantik im Nonstopflug. Allgemeine Angaben zum frühen Flugverkehr nach: Hermann Schreiber, Verkehr – Wissenschaftler planen die Zukunft, Darmstadt 1972, S. 174ff. Angaben zum Schiffsverkehr auf der Transatlantik-Route nach: Autorenkollektiv, Einbaum – Dampflok – Düsenklipper, Leipzig 1968, S. 292ff.

4 Hannes Breustedt und Christian Ebner, Mit der Dixie Clipper über den Atlantik, in: *Die Welt* vom 28. Juni 2019.

5 Till Bartels, Spottbilig in die USA. Ryanair startet Allianz für Langstrecke, in: *Stern* vom 8. Februar 2017.

Bei keiner anderen Verkehrsart spielen Raum und Zeit eine so geringe Rolle wie beim Flugverkehr. Im Gegensatz zum Fußgänger-, Fahrrad-, Auto- und Eisenbahnverkehr gibt es beim Luftverkehr nach dem Start und bis zur Landung keine Bodenhaftung, keinen physischen Kontakt zur Landschaft, zu Städten und den Menschen »dort unten«. Die Entfernung zur Erdoberfläche und die Geschwindigkeit des Flugzeuges sind so groß, dass es – einmal abgesehen von den Blicken auf Lego-Häuschen nach dem Start, beim Anflug und bei wolkenfreier Sicht auch zwischendurch – während des Fluges auch so gut wie keine Wahrnehmung einer Materie außer derjenigen des Fluggeräts und von den Menschen in der Kabine selbst gibt. Die Bewegung vollzieht sich im Bewusstsein der Transportierten derart losgelöst vom realen Umgebungsraum, dass bei Langstreckenflügen die Kabine bevorzugt zu einem Kinosaal umfunktioniert und Filme zu einem beliebigen Thema angeboten werden. So vergeht dann »die Zeit wie im Fluge«: War mit der Brückenverbindung »Scanlink« zwischen Dänemark und Schweden ein kleines Land wie Dänemark, »in zwei Stunden zu machen«, so ist inzwischen im Flugverkehr ganz Europa »in zwei Stunden zu machen«. Im Nachtsprung, auch im Schlaf, ist die Transatlantikroute zu bewältigen. Wenn wegen der Hub&Spoke-Struktur[6] umgestiegen werden muss, dann sehen alle Drehkreuz-Airports in der ganzen Welt weitgehend gleich aus. Die abgehobene, raum- und zeitlose Art des Reisens begünstigt, dass die Umwelt- und Klimaproblematik des Flugverkehrs kaum ein Thema ist.

Jahrzehntelang, bis Ende der 1960er-Jahre, waren die Flugpreise so hoch, dass Fliegen eine luxuriöse Mobilitätsform für eine kleine, gutverdienende Schicht in der Bevölkerung war. Ein weiteres Vierteljahrhundert lang, bis Mitte der 1990er-Jahre, blieben in Europa die Preise für Linienflüge weiter so hoch, dass Fliegen bei den Alltagsverkehren weiterhin keine größere Rolle spielte. Allerdings war inzwischen in

6 Hub&Spoke-Struktur: Die Verbindung zwischen zwei Endknoten A und B wird nicht direkt, sondern über einen Zentralknoten Z geführt.

Westeuropa der Urlaubs-Charterflug zum Bestandteil des Warenkorbs von Millionen Durchschnittsverdienenden geworden. Mit dem Aufkommen der so genannten Billigflieger Mitte der 1990er-Jahre in Großbritannien und seit Ende dieses Jahrzehnts in ganz Europa wurde das Fliegen in einem großen Teil Europas eine Angelegenheit für breite Schichten der Bevölkerung. Die Zahl der Flugverkehrsreisenden – das Verkehrsaufkommen – lag 1975 in Deutschland (BRD und DDR) bei 30 Millionen Personen, wobei damals noch zwei Drittel davon auf den Geschäftsreiseverkehr und damit auf Vielflieger entfielen, sodass in diesen Jahren nur wenige Millionen Deutsche oder nur eine deutliche Minderheit in einem Flugzeug saßen. 2019 wurden auf den deutschen Flughäfen 251.155.000 Fluggäste gezählt – das entspricht einer Steigerung um das Achtfache im Zeitraum von 45 Jahren. Dabei erhöhte sich die Zahl der deutschen Fluggäste allein im letzten Jahrzehnt um mehr als 70 Millionen und es verdoppelte sich um das Aufkommen von 1975. Inzwischen dominieren die Urlaubs-, Freizeit- und Städtereisen den Flugverkehr und es ist eine Mehrheit der Deutschen, die zumindest einmal im Jahr einen Flug absolviert. Eine vergleichbare Entwicklung gab es in ganz Westeuropa.

Zwar geht der größte Teil der Flüge weiterhin ins Ausland. Doch die transkontinentalen Flüge sind die deutliche Minderheit; mehr als zwei Drittel der Flüge finden innerhalb Europas statt, dort, wo es eigentlich gute Schienenverbindungen geben könnte – und meist nicht mehr gibt (siehe dazu Kapitel 12). Und in einem relativ großen Land wie Deutschland – und erst recht in Großbritannien und Frankreich – sind auch Inlandsflüge zu einer Massenerscheinung geworden. 1980 wurden in Deutschland 8,7 Millionen Inlandsflüge (mit vier Milliarden Personenkilometern) zurückgelegt; 2019 waren es mit 23,1 Millionen Flügen knapp drei Mal so viele (die Personenkilometer haben sich auf 10,1 Milliarden oder um das Zweieinhalbfache gesteigert).[7] Hinsichtlich der Verkehrsleistung (der zurückgelegten

7 Angaben nach Verkehr in Zahlen, a. a. O., Ausgabe 2006/2007, S. 216f.

Kilometer) liegt damit der Inlandsflugverkehr mit einem Anteil von 6,1 Prozent an allen inländischen (motorisierten) Verkehrsleistungen bedrohlich nahe am Schienenverkehr, der einen Anteil von 8,6 Prozent hat. Vor 20 Jahren lag der Anteil des Flugverkehrs nur bei der Hälfte des Schienenfernverkehrs.[8] Soviel zum Thema Nachhaltigkeit der Verkehrsentwicklung und »Verlagerung von Luftverkehr auf die Schiene«.

Untersucht man die unterschiedlichen Verkehrsarten nach den Mobilitätszwecken über einen Zeitraum von 30 Jahren, dann hat sich deren Struktur vor allem hinsichtlich der Nutzung des Flugverkehrs deutlich verändert. 1976 spielte selbst bei den Verkehrsleistungen – bei den im Jahr zurückgelegten Kilometern – das zu Fuß gehen und das Radfahren noch eine deutlich größere Rolle als das Fliegen. Seit mehr als einem Jahrzehnt ist der Flugverkehr nach dem Auto und kurz hinter dem Eisenbahnverkehr zur drittwichtigsten Verkehrsart aufgerückt.

Weltweit explosionsartiges Wachstum

Die Entwicklung in Deutschland findet ihre Entsprechung in allen industrialisierten (OECD-) Staaten, wobei, ähnlich der Automotorisierung, der Flugboom in Nordamerika rund drei Jahrzehnte früher als in Europa begann. Dort setzte er – zusammen mit den Fernbussen – den Eisenbahnen am meisten zu. Das ist insofern eine interessante Erfahrung, als Vergleichbares in China, wo sich der innerchinesische Flugverkehr massiv steigert, drohen könnte.

Weltweit wurden 2019 laut den beiden großen Weltflugverkehrsverbänden International Air Transportation Association (IATA) und der International Civil Aviation Organization (ICAO) 4,486 Milliarden Fluggäste gezählt, die 8,685 Billionen (bezahlte) Personenkilometer

8 1998 hatte der Schienenfernverkehr einen Anteil von 7 Prozent und der Inlandsflugverkehr einen solchen von 3,6 Prozent. Verkehr in Zahlen 2015/2016, S. 220f.

zurücklegten.[9] Das sind doppelt so viele wie vor einem Jahrzehnt. Generell lässt sich sagen, dass sich der Weltflugverkehr seit einem halben Jahrhundert mindestens alle zwölf Jahre verdoppelt – hier zunächst den Corona-bedingten Crash von 2020 und 2021 ausgeklammert. *Damit ist die schnellste Verkehrsform zugleich die am schnellsten wachsende Personentransportart und zugleich die das Klima am stärksten belastende Verkehrsweise.*

Die Struktur der internationalen Luftfahrt liefert eine beeindruckende Widerspiegelung der Struktur der Weltwirtschaft mit einem reichen Norden, auf den sich der größte Teil des Flugverkehrs konzentriert und der sich den überwältigenden Teil der Luftfahrtemissionen, die die Umwelt und das Klima belasten, leistet, und einem armen Süden, bei dem die materiellen Lebensbedingungen bisher beim Luftverkehr und damit beim Schadstoffausstoß als Bremse wirkten. 2019 entfiel 22,4 Prozent der weltweiten Flugverkehrsleistungen im Personenverkehr auf Flüge innerhalb Nordamerikas und ausgehend von Nordamerika. Weitere 26,3 Prozent entfielen auf Flüge innerhalb Europas und von Europa ausgehend. Damit entfallen knapp 50 Prozent (genau 48,7 %) der Weltflugverkehrsleistung auf Nordamerika und Europa und damit auf Regionen, in denen weniger als zwölf Prozent der Weltbevölkerung lebt. Nimmt man Japan und Australien hinzu, dann entfallen mehr als zwei Drittel des Weltflugverkehrs auf die Regionen Europa, Nordamerika, Japan und Australien, in denen weniger als 15 Prozent der Weltbevölkerung leben. Ergänzend sei erwähnt: Auf die Regionen Lateinamerika und Afrika, in denen rund ein Viertel der Weltbevölkerung lebt, entfallen nur 6,1 Prozent der

9 IATA Annual Review 2020, Februar 2021, S. 11 und ICAO Air Transport Report 2021. Statistische Angaben im Folgenden nach diesen beiden Berichten. Die IATA-Mitglieder vereinigen 91 Prozent der globalen Flugverkehrsleistung auf sich. Die Flugverkehrsleistungen werden in RPK gemessen, das sind »Revenue Passsenger Kilometers«, also in bezahlten – in der gewerblichen Luftfahrt geleisteten – Personenkilometern (Pkm). Nicht enthalten sind also die Pkm des Personals oder gratis fliegender Fluggäste (bei der Statistik der Deutschen Bahn AG sind seit Mitte der 1990er-Jahre diese nicht bezahlten Pkm enthalten). In diesen Zahlen sind die Flüge in privaten Jets (die beim Geschäftsreiseverkehr eine wichtige Rolle spielen) und die Flüge mit Militärmaschinen ebenfalls nicht miterfasst. Wenn in Zukunft beim weltweiten Flugverkehr der Begriff Pkm verwendet wird, dann sind damit RPK gemeint.

Weltflugverkehrsleistungen.[10] Die heute gängige Behauptung, Fliegen sei irgendwie Teil des Menschseins, ist absurd. Es gab auch keine »Demokratisierung des Himmels«, wie es in deutschen Medien mit Blick auf die Boeing 747 (Jumbo-Jet) hieß.[11] In Wirklichkeit sind mehr als 90 Prozent der Menschen auf dem Planeten noch nie geflogen. Und sie werden in absehbarer Zeit auch nicht einen Flug absolvieren. Fliegen war und ist das Luxusvergnügen eines kleinen Teils der Menschen im reichen Teil der Welt.

Dem entspricht auch die Struktur der internationalen Großflughäfen: Unter den 25 größten (verkehrsreichsten) Airports der Welt lagen auch 2019 noch sieben in den USA, fünf in Europa, einer in Japan. Der Airport Dubai müsste im Grunde zu dieser Gruppe »westlicher Airports« hinzugerechnet werden, da er primär als Drehkreuz für Flüge aus Nordamerika und Europa dient. Dabei holt China natürlich auch im Weltflugverkehr enorm auf; vier Flughäfen in der Gruppe der genannten 25 größten der Welt liegen inzwischen in China. Russland, die GUS-Staaten und der afrikanische Kontinent sind in dieser Liga gar nicht vertreten, selbst der zweitgrößte deutsche Airport, München, zählte 2019 nicht zu den Top 25.[12]

Corona-Crash

Im Februar 2021 erklärte der Weltflugverband IATA: »Aviation is in crisis. This is the most profound de-connecting of modern society

10 Dabei wird von den 2020 geltenden folgenden Bevölkerungszahlen ausgegangen: einer Weltbevölkerung von 7,8 Milliarden Menschen (= 100 %), USA und Kanada 367 Millionen (4,7 %), die um Großbritannien und Norwegen und die Schweiz erweiterte EU 505 Millionen (13,1 %), Japan und Australien 153 Millionen (2,0 %) Lateinamerika 650 Millionen (8,3 %) und Afrika 1,3 Milliarden (16,6 %). Die genannten Statistiken führen China nicht getrennt auf, sondern nennen einen Raum »Asia and Pacific«. Auf diese Region entfallen 30,3 Prozent der Weltflugverkehrsleistungen, wobei davon grob geschätzt rund 30 Prozent auf Japan und 40 % auf China entfallen.

11 Andreas Spaeth, Die Demokratisierung des Himmels – Seit mehr als 33 Jahren ist der Jumbo das größte Verkehrsflugzeug der Welt, in: *Süddeutsche Zeitung* vom 11. Oktober 2003.

12 Der Maßstab ist hier die Zahl der Fluggäste im Jahr 2019. Nimmt man als Maßstab »ranked by international passengers« dann zählen gar 17 der 25 hier gelisteten Flughäfen zu Nordamerika und Europa (plus die Drehkreuze Doha und Dubai) – und dann zählt dazu auch der Flughafen in München, der offiziell den Namen des Vielfliegers Franz Josef Strauß trägt.

since World War II.« Es gebe eine Weltflugverkehrskrise. Noch nie seit Ende des Zweiten Weltkriegs sei es zu einer vergleichbaren Zerstörung der Vernetzung der modernen Gesellschaft gekommen. Eine vergleichbare These stellte derselbe Verband vor zwei Jahrzehnten auf – nach den mit zivilen Flugverkehrsmaschinen durchgeführten Attentaten vom 11. September 2001. Auch damals gab es, kurz nach 9/11, eine Epidemie: Die zunächst in Asien aufgetretene Lungenkrankheit *SARS*, deren schnelle Verbreitung im Übrigen mit dem Flugverkehr in Verbindung gebracht wurde. Beide Ereignisse zusammen – 9/11 und SARS – führten auch 2002 und 2003 zu beachtlichen Einbrüchen bei den Flugverkehrsleistungen und zu enormen Verlusten bei den Airlines. Damals wurde bereits mit einem Schlag die Anfälligkeit dieser Verkehrsform demonstriert. Doch man vergaß schnell. Es kam zu den erwähnten Steigerungen des Weltflugverkehrs. Neue gewaltige Kapazitäten für ein stetiges Wachstum wurden bereitgestellt: So fiel die Entscheidung, in Dubai mit Dubai World den größten Flughafen der Welt zu bauen, inmitten der großen Krise des internationalen Flugverkehrs. Vor dem neuen, durch die Covid-19-Pandemie ausgelösten Einbruch befanden sich mehr als 400 Flughäfen in konkreter Planung oder im Bau, davon mehr als 200 im asiatisch-pazifischen Raum, aber auch 58 in Europa.[13] Es ist nicht bekannt, dass eines dieser Bauvorhaben eingestellt worden wäre. Der Berliner Pannenflughafen BER wurde 2020 inmitten der Corona-Krise eröffnet und hat seither eine Auslastung von weniger als 20 Prozent.

Der Einbruch in den Jahren 2020 und 2021 ist deutlich größer als derjenige 2001/2002. Gemessen am 2019er-Niveau ging der Weltflugverkehr um durchschnittlich 75 Prozent zurück, der internationale Flugverkehr sogar um gut 80 Prozent. Das System der schnellsten Verkehrsart wurde in einem unvorstellbaren Maß entschleunigt. Gäbe es so etwas wie normal wirkende Markgesetze, dann wären im Frühjahr

13 Nach: Finance & Trade Watch – Global 2000, Grünes Fliegen – gibt es das?, Wien, November 2017.

2021 mehr als 80 Prozent der Airlines pleite; mindestens 90 Prozent der Flughäfen müssten geschlossen werden. Zumindest einer der großen Jet-Hersteller, in diesem Fall wohl Boeing, müsste nach dieser Marktlogik Konkurs anmelden. Das findet nicht statt; es gibt bislang keine einzige größere Airline, die Insolvenz anmelden musste, und wohl auch keinen größeren Airport, der seine Schalter geschlossen hätte (und der dabei sinnvollerweise in ein großes Skater-Feld umgewandelt worden wäre). Selbst der Flughafen Kassel-Calden, auf dem in einem normalen Jahr nur ein paar hundert Flüge starten und auf dem im Jahr 2020 exakt 27.500 Fluggäste gezählt wurden, blieb geöffnet – massiv subventioniert von der öffentlichen Hand, darunter von der schwarz-grünen Landesregierung in Wiesbaden.[14] Der Grund: Die jeweiligen Staaten kamen ihren Airlines und Airports allein im Jahr 2020 mit mehr als 200 Milliarden US-Dollar Steuergeldern zu Hilfe.[15]

Das oben zitierte Argument, bei dem Einbruch im Weltflugverkehr im Jahr 2020 handle es sich um die »weitreichendste Entkoppelung der modernen Gesellschaft seit dem Zweiten Weltkrieg«, verdient eine nähere Betrachtung. Denn tatsächlich liegt das in den in Corona-Krisen-Zeiten verbreiteten Grafiken als unerhört niedrig dargestellte Niveau des Weltflugverkehrs von Ende 2020 und von Anfang 2021 … auf demselben Niveau wie im Jahr 2000. Kann sich noch jemand daran erinnern, in welch desolaten Zuständen sich die Welt damals befand – so völlig »unvernetzt«? Mehr noch: Dieses Anfang 2021 bestehende Niveau des Weltflugverkehrs ist gleichzeitig ungefähr doppelt so hoch wie das Weltflugverkehrsniveau des Jahres 1985. Ein Vergleich zu der Zeit nach dem Zweiten Weltkrieg ist schon

14 Nach: Hessenschau vom 9. Januar 2021. Wobei die folgende interessante Begründung dafür herhalten musste, dass das Defizit 2020 etwas geringer war als 2019: »Das Defizit wird 2020 um etwa 100.000 Euro geringer sein als noch 2019 – damals waren es 5,6 Millionen Euro. Für diese Entwicklung gibt es zwei Gründe: Wenn niemand fliegt, gibt es auch weniger Arbeit, die Betriebszeiten wurden eingeschränkt. Mitarbeiter wurden in Kurzarbeit geschickt – und weil die der Staat bezahlt, hatte der Flughafen weniger Kosten.«

15 Laut IATA-Annual Review 2020 gab es 2020 allein für die Airlines addierte Hilfen in Höhe von 173 Milliarden US-Dollar. Erfasst sind dabei nicht die Hilfen, die in China vergeben und die Gelder, die für die Flughäfen bezahlt wurden. Erfasst sind weiter nicht die Hilfen, die für die Tourismus-Industrie (in Deutschland Tui) bezahlt wurden.

gar nicht darstellbar, auch dann nicht, wenn man die Weltschifffahrt und den Weltflugverkehr für diese Periode addiert darstellen würde.

Dennoch soll es ein möglichst schnelles Zurück zu den Zeiten vor 2020 geben. Und zur Rettung des unverantwortlich hohen Niveaus des Weltflugverkehrs werden aktuell auch in Deutschland gewaltige Steuergelder ausgegeben: Allein die Lufthansa und der Tui-Konzern erhielten 2020 mehr als 12 Milliarden Euro an staatlicher Unterstützung. Bei diesen beiden Unternehmen sind rund 170.000 Menschen beschäftigt. Diese Gelder werden aktuell nicht dafür eingesetzt, Arbeitsplätze zu erhalten und sinnvolle Umschulungen vorzunehmen. Vielmehr werden dort – auch mit Steuergeld-Hilfe – Zehntausende Jobs vernichtet. Zum Vergleich: Im deutschen Gaststätten- und Beherbergungsgewerbe – Gaststätten, Restaurants, Hotels und Caterer – sind mehr als zwei Millionen Menschen beschäftigt, mehr als das Zehnfache der Lufthansa- und Tui-Belegschaften. Diese Menschen sind in wichtigen Bereichen zwischenmenschlicher Beziehungen, Kontakten, Kommunikation tätig. Doch die Bundeshilfen für diesen Bereich betragen nur einen Bruchteil derjenigen, die an Lufthansa und Tui gereicht wurden. Ein Drittel der meist kleinen Betriebe in diesem Bereich steht im Frühjahr 2021 vor dem Ruin.

Warum gibt es diesen intensiven, sich rund alle zwölf Jahre verdoppelnden Luftverkehr? Warum hat er sich allein seit dem Jahr 2000 nochmals so massiv gesteigert? Hat sich die Mobilitätsbedürfnisstruktur der Menschen grundsätzlich geändert? Ist der internationale Kommunikationsbedarf gestiegen, ausgerechnet heute in einer vielfach vernetzten Welt, die mit Handy, Video-Konferenzschaltungen und vor allem mit dem Internet erstmals in der Geschichte der Menschheit direkte Kommunikationsformen anbietet, die keine physische Präsenz erfordern und die Hunderten Millionen Menschen zu akzeptablen Preisen zugänglich sind? Hat nicht gerade das Corona-Jahr 2020 gezeigt, dass die notwendige Kommunikation jederzeit auf den skizzierten alten – und inzwischen u. a. mit den Zoom-Konferenzen auf den für viele neuen – Kanälen zu leisten ist? Inzwischen scheint ja auch festzustehen (die Luftfahrtbranche geht jedenfalls davon aus), dass zumindest der Geschäftsreiseverkehr in Zukunft nicht mehr das Vor-Krisen-Niveau erreichen wird. Die gelegentlich doch recht rational kalkulierenden Banker und Bosse halten inzwischen einen erheblichen Teil des Geschäftsreiseverkehrs für unnötig und diesen Bereich für ein enormes Potenzial zur Kostenreduktion und Profitmaximierung.

Es sind wie bei den anderen Beispielen von Mobilität andere Gründe, die diese Inflation der Verkehrsbedürfnisse »produziert« haben. Zunächst einmal gilt: In dem Sektor der Luftfahrt ist, ähnlich wie im Fall der Autoindustrie, eine gewaltige Menge Kapital angelegt, das verwertet werden soll. Nach eigenen Angaben beschäftigen allein die Airlines zusammen mit den Airports mehr als 46 Millionen Menschen. Das wäre deutlich mehr als die Weltautoindustrie beschäftigt (allerdings ohne Lkw-Fahrer und Logistik). Selbst wenn es nur die Hälfte, um die 25 Millionen Menschen sein sollte, so sind das im Vergleich zu anderen Weltbranchen bereits viele Arbeitsplätze. Diese Airlines kommen – auf Weltebene – auf einen Umsatz von 850 Milliarden US-Dollar (hier für das Jahr 2019). Dieser Umsatz hat sich allein im Zeitraum 2008 bis 2019 verdoppelt.[16]

Zu beachten ist dabei die enorme Konzentration der Weltbranche Flugverkehr auf wenige Länder respektive Regionen (wie weiter oben bereits beschrieben). Die überschaubare Zahl großer Airlines verfügen über weltweit rund 32.000 große Flugzeuge, darunter 28.000 Düsenflugzeuge. Sodann sind die gewaltigen Kapitalanlagen in Form von weltweit mehr als 1500 Flughäfen zu berücksichtigen, darunter wiederum 65 sehr große Airports, die – wie weiter unten zu zeigen sein wird – selbst wiederum echte Profitmaschinen darstellen.[17]

16 Angaben nach: ICAO Air Transport Reporting 2020, Table 9.

17 Der Verband Airports Council International (ACI), ein Dachverband, dem weltweit mehr als 1650 Flughäfen in 177 Ländern angehören. Er teilt Flughäfen nach den jährlich abgefertigten Fluggästen in vier Gruppen ein. In der Gruppe 1 befinden sich die größten Flughäfen mit mindestens 25 Millionen Passagieren jährlich. Im Jahr 2016 haben 61 Flughäfen diese Grenze überschritten, davon liegen 22 in Nordamerika, 22 in Asien, 14 in Europa, zwei in Australien und einer in Südamerika. Mit 104 Millionen Passagieren war der Flughafen Atlanta 2016 der größte Flughafen der Welt. Von den deutschen Airports haben es nur Frankfurt/M. und München in diese Flughafen-Oberliga geschafft.

Des Weiteren sind die zwei großen Hersteller von Düsenflugzeugen, Boeing in den USA und Airbus in der EU, im Blick zu behalten. Beide Konzerne haben einen enormen Einfluss in ihrer jeweiligen Region EU bzw. Westeuropa und Nordamerika (auf die Struktur der Luftfahrt in der VR China und in Russland wird hier nicht näher eingegangen; hierfür verfüge ich nicht über ausreichende Kenntnisse). Die beiden »großen kleineren« Flugzeughersteller, Bombardier in Kanada und Embraer in Brasilien, sind inzwischen mit den beiden großen Herstellern verbunden – Bombardier mit Airbus und Embraer mit Boeing. Und zu allerletzt ist hervorzuheben: Die zivile Luftfahrt ist bis heute aufs Engste mit dem Militär, genauer: mit den Militärisch-Industriellen Komplex verflochten. Auch darauf wird noch eingegangen.

All das heißt: Von diesen gewaltigen Kapitalmassen geht eine immanente Dynamik nach Vermehrung aus. Und das heißt: mehr Luftverkehr schafft mehr Gewinne, schafft neu in diesem Bereich angelegtes Kapital, das erneut den Druck auf noch mehr Gewinn und noch mehr Flugverkehr erhöht.

Spätestens an dieser Stelle wird zumeist argumentiert: Aber »der Verbraucher« muss doch nicht so einfältig sein, diesem Druck nachzugeben. Er könnte doch sein Ding machen. Wenn die Menschen dennoch immer öfter und immer weiter fliegen wollen, dann entspricht dies doch offensichtlich menschlichen Bedürfnissen.

Und hier kommt ein Aspekt ins Spiel, den es auch beim Autoverkehr gibt, der jedoch kaum anderswo derart ausgeprägt existiert – die *dauerhafte und immense Subventionierung der Verkehrsart Luftverkehr*, was eine groteske Verbilligung derjenigen Kosten bewirkt, die von den Konsumenten zu tragen sind, und auf eine gewaltige Produktion von »externen Kosten« hinausläuft, die von der Gesellschaft der Steuerzahlenden und von späteren Generationen zu begleichen sind.

Die Luftfahrt als Milliarden-Euro-Subventionsmaschine

In Wirklichkeit existieren diese Mobilitätsbedürfnisse als solche nicht oder zumindest nicht in dem gegebenen Umfang. Sie werden gemacht. Mit Slogans wie »Zum Taxitarif nach Bologna« oder »Für 35 Euro zum Shoppen nach London« und »Für 29 Euro Ćevapčići-Esssen in Ljubljana – Flug ab Berlin inklusive« wird dem Publikum suggeriert, dass fliegen für lau zu haben sei. Die Welt wird als Schnäppchen angeboten. Oder, wie dies im Juli 2007 der CDU-Verkehrspolitiker und damaliges Mitglied des Europaparlaments, Peter Liese, formulierte: »Ein Kegelclub spart heute Geld, wenn er zum Jahresausflug nach Mallorca jettet, statt mit der Bahn ins Sauerland zu fahren.«[18]

Wie im Fall des Straßenverkehrs (siehe Straßenbau im Allgemeinen und Autobahnbau im Besonderen) ist das Wachstum des Flugverkehrs in erster Linie Resultat der konkreten Verkehrs- und Infrastrukturpolitik auf nationaler Ebene und Ergebnis konkreter internationaler Politik. Diese Verkehrsart kann in der gegebenen preiswerten Form, die die Voraussetzung für ihren massenhaften Einsatz ist, nur angeboten werden, indem Jahr für Jahr Hunderte Milliarden Euro öffentlicher Gelder in die Subventionierung dieser Verkehrsart fließen und darüber hinaus Jahr für Jahr Hunderte Milliarden Euro an weiteren externen Kosten späteren Generationen mit Zins- und Folgekosten aufgelastet werden. Indem also diese Transportform zu Preisen angeboten wird, die nur einen Bruchteil der tatsächlichen Kosten decken. Die Flugpreise sind nicht kostendeckend, vor allem ist der Treibstoff spottbillig, da unversteuert, was seit den 1970er-Jahren in den USA und seit Mitte der 1990er-Jahre weltweit zu einer neuen Flugverkehrsstruktur mit gewaltigen Umweg-Verkehren führte. Bei den internationalen Verbindungen machen diese Umweg-Verkehre bis zu 30 Prozent und im kontinentalen Luftfrachtverkehr – etwa dem innerhalb der USA – bis zu 50 Prozent

18 Zitiert bei: Alexander Hagelüken, »Zum Kegeln nach Mallorca«, in: *Süddeutsche Zeitung* vom 5.7.2007.

aus. Die Hub-and-Spoke-Struktur, die es inzwischen auch in der Container-Schifffahrt gibt, hat sich ursprünglich in der Luftfahrt entwickelt: Es existieren einige wenige große internationale Airports mit Drehkreuz-Funktion, die von den großen Flugzeugen für alle Ziele in einzelnen Ländern oder sogar für alle Ziele in ganzen Weltregionen angesteuert werden. Und es gibt eine wachsende Zahl von Feeder-Verbindungen, Zubringer- und Verteiler-Flügen. Der seit Ende der 1960er-Jahre eingesetzte Jumbo von Boeing trug erheblich dazu bei, diese Struktur durchzusetzen. Airbus wollte ursprünglich noch eins draufsetzen und mit dem Großraumflugzeug A380 diese unproduktive Struktur der internationalen Flugverbindungen verstärken. Das ist hinsichtlich der Schaffung solcher Linien und des Baus neuer Drehkreuze gelungen. Und das ist gründlich misslungen hinsichtlich des Großraumflugzeugs selbst. Noch vor der Corona-Krise musste Airbus sein gigantisches A380-Programm aufgeben – womit rund 10 Milliarden Euro in den Sand gesetzt wurden.[19]

Die flächendeckende Subventionierung des internationalen Flugverkehrs lässt sich auf sechs Ebenen konkretisieren.

Die Flughäfen und die Airport-Infrastruktur werden überwiegend von der öffentlichen Hand getragen. Die Airports wurden fast überall zunächst mit öffentlichen Mitteln aufgebaut. Sie wurden oder werden erst dann privatisiert, wenn sich dies rechnet, wobei das Grundinvestment in der Regel nicht oder nur zu einem Teil in die Bilanz des dann privatisierten Unternehmens eingeht. Diese ursprünglichen – strategischen – Investitionen müssen damit auch nicht oder nur zu einem kleineren Teil abgeschrieben werden, was einerseits die Gewinne steigert und andererseits die Transportpreise niedrig

19 Spätestens mit der Corona-Krise dürften alle A380- Großraumflugzeuge außer Betrieb genommen werden. Siehe Winfried Wolf, Das Aus des A380, *Nachdenkseiten* vom 19. Februar 2019. https://www.nachdenkseiten.de/?p=49451 Das Aus des A380 wurde in der Öffentlichkeit völlig unzureichend bilanziert; dabei war dieser Crash absehbar und es geht in der Summe um mindestens zehn Mal größere Summen als z.B. im Fall Wirecard. Wobei der Konkurrent Boeing mit der B-737max eine vergleichbare Fehlinvestition zu verantworten hat. Ausgerechnet 2021 soll dieses Flugzeug, mit dem es zwei katastropale Abstürze mit insgesamt 346 Toten gab, wieder (u.a. bei TUIfly und Ryanair) in Betrieb genommen werden.

hält. In Europa befindet sich die große Mehrheit der Airports noch in öffentlichem Eigentum.

Auch heute noch werden neue große Flughäfen in Europa gebaut – mit gewaltigen Summen an öffentlichen Geldern. Das trifft auf den 2019 eröffneten Flughafen in Istanbul und auf den in der Nähe von Warschau geplanten zu. Weltweit berühmt und berüchtigt ist die Geschichte des Berliner Flughafens BER, in den mehr als 7 Milliarden Euro öffentliche Gelder flossen und der 2020 eröffnet wurde.

In der sogenannten Dritten Welt und in den Schwellenländern ist das ohnehin der Fall. In Deutschland sind alle Flughäfen mehrheitlich öffentliches Eigentum; nur bei den Airports in Frankfurt/Main, Hamburg und Düsseldorf gibt es private Miteigentümer. Doch auch hier liegen die Mehrheiten eindeutig bei den öffentlichen Eigentümern. Ebenfalls in öffentlichem Eigentum befindet sich, überwiegend aus Steuermitteln finanziert, die gesamte Infrastruktur der Airport-Erschließung durch Straßen oder Schienen. Auch die Flugsicherheit befindet sich vielfach in staatlicher Hand, womit die Airlines und die Airports teilweise finanziell entlastet werden. Versteht man den Flugverkehr als Einheit von Verkehrsmitteln (Flugzeugen) und Verkehrswegen (Airports, Flugsicherheit), dann ist der weitaus größte Teil des gesamten Kapitals in der Infrastruktur gebunden. Bezöge man die Gewinne der Airlines auf das gesamte in der Infrastruktur angelegte Kapital, dann wäre die Kapitalrendite seit dem Abheben des ersten Jets negativ. Auch vor der Corona-Krise hätte das so vorgestellte Unternehmen Weltluftfahrt Konkurs anmelden müssen, da selbst die von vielen Kosten befreiten Airlines vier Jahre lang einen Nettoverlust einfuhren.[20]

20 Die in der IATA zusammengeschlossenen Airlines machten bereits in den Jahren 2001 bis 2006 einen addierten Verlust von deutlich mehr als 50 Milliarden US-Dollar (allein die Verluste der US-Airlines beliefen sich auf 42 Milliarden US-Dollar). Hier sind bereits die hohen Subventionsbeträge eingeschlossen. Ohne die staatlichen Unterstützungen lag der Verlust bei 90 bis 100 Milliarden US-Dollar. 2020 lag der offiziell ausgewiesene Verlust bei 120 Milliarden US-Dollar. Auch hier sind die bereits aufgeführten massiven Subventionen bereits gegengerechnet. 2021 wird es erneut zu Verlusten kommen. Nach: IATA Annual Review 2020, S. 18.

So gut wie alle internationalen Fluggesellschaften befanden sich ursprünglich in öffentlichem Eigentum; ein größerer Teil von ihnen wird noch von öffentlichen Eigentümern kontrolliert. Mit der Corona-Krise kommt erneut die schützende Hand des Staates ins Spiel.

Bei den Fluggesellschaften verhält es sich in der Regel wie bei den Flughäfen: Erst nachdem jahrzehntelang die öffentliche Hand diese Fluggesellschaften förderte, in diesem Zusammenhang Milliardenbeträge investierte, diese Airlines als nationale Prestige-Angelegenheit betrachtete und damit die gewaltigen Ausgaben gegenüber den Steuerzahlenden rechtfertigte, wurde der größere Teil von ihnen in privates Eigentum überführt. Inzwischen ist die Mehrheit der Airlines auch in Europa privatisiert beziehungsweise die Gesellschaften befinden sich auf dem Weg dorthin. Es gibt dennoch weiterhin eine größere Zahl wichtiger Airlines in Staatseigentum, über die jährlich einige Milliarden US-Dollar Subventionen in das System Flugverkehr fließen (so im Fall Alitalia, Iberia, Olympic Airways). Dies trifft vor allem auf die äußerst dynamischen, in Staatseigentum befindlichen Fluggesellschaften der Golfstaaten zu, auf Etihad, Qatar und Emirates. Diese Airlines werden von ihren Eignern, den jeweiligen Staaten dieser Region bzw. den dort herrschenden Scheichtümern, wie in Feudalzeiten und mit im Öl-Gas-Geschäft gewonnenen Milliarden von Petrodollars aufgebaut und auch in Zeiten tiefer Krisen durchgefüttert. Sie sind strukturbestimmend für diese Staaten. Der Emirates-Konzern beispielsweise, zu dem Hafenanlagen, der Dubai-Airport, Banken und Tourismus-Firmen zählen, erwirtschaftet zehn Prozent des Bruttoinlandsprodukts von Dubai.[21]

In der Corona-Krise war es dann in Deutschland der Staat, der der Lufthansa mit einer strategischen Beteiligung unter die Arme griff

21 Wobei Dubai vor einigen Jahren in eine tiefe Krise geriet, aus der das Land vor allem mit Hilfe des Nachbarstaats Abu Dhabi gerettet wurde. Abu Dhabi, Eigentümerin der Airline Etihad, ist laut Insiderberichten inzwischen heimlich an Emirates beteiligt und stützt diese. Gemessen an den zurückgelegten Passagierkilometern war Emirates im Jahr 2018 die viertgrößte Airline der Welt – hinter den drei US-Gesellschaften American Airlines, Delta Air Line und United Airline (und vor Lufthansa auf Rang 5).

und faktisch eine – wohl zeitlich befristete – Rück-Verstaatlichung durchführte.

Drei der vier führenden US-Airlines, zugleich drei Fluggesellschaften aus der Weltliga der damaligen Top 5, haben unter dem Deckmantel Gläubigerschutz Verluste in Höhe Dutzender Milliarden Dollar vergesellschaftet. Die Airlines Delta, United und NorthWest (2008 von Delta übernommen) flüchteten sich vor eineinhalb Jahrzehnten für mehrere Jahre unter den Schutz von Chapter 11 des US-amerikanischen Konkursrechtes. Damals wurde ein massiver Belegschaftsabbau durchgeführt und die Lohnkosten um ein Drittel reduziert. Aufgehäufte Kredite konnten abgeschrieben werden. Pensionsverpflichtungen in Höhe von einigen Dutzend Milliarden US-Dollar wurden auf staatliche und halbstaatliche Institutionen übertragen.[22] Bei einem normalen marktwirtschaftlichen Gang der Dinge wären diese Gesellschaften bereits zu diesem Zeitpunkt in Konkurs gegangen und es hätte eine Marktbereinigung mit Kapazitätsvernichtung gegeben, worauf die Preise in der Luftfahrt angezogen hätten. Doch in der damaligen Krise – und nun vergleichbar in der aktuellen Corona-Krise – kam es zum entgegengesetzten Vorgang: Die Kapazitäten blieben aufgrund der Staatshilfen weitgehend erhalten. Die Kosten wurden durch eine erpresserische Politik gegenüber den verbliebenen Beschäftigten und einen Belegschaftsabbau massiv reduziert. Die Situation führte in der gesamten Weltluftfahrt zu einem neuen deutlichen Rückgang der Lohnkosten und zu erneut verschlechterten Arbeitsbedingungen des Personals am Boden und in der Luft. Weltweit dürften 2020/2021 bei den IATA-Belegschaften mehrere hunderttausend Arbeitsplätze abgebaut werden; tausende weitgehend neuwertige Düsenflugzeuge werden, erneut staatlich subventioniert, in trockenen Wüstenregionen geparkt und damit faktisch

22 Allein Delta Airlines, die damals drittgrößte Fluggesellschaft der Welt, konnte auf diese Weise Pensionsverpflichtungen in Höhe von 10 Milliarden US-Dollar »loswerden«; diese wurden überwiegend auf den Staat übertragen. Nach: *Financial Times Deutschland* vom 17.8.2005.

verschrottet. Diese Art der Krisenbereinigung bewirkt dann einen Druck in Richtung weiter sinkender Flugverkehrspreise.

Billigairlines sind seit drei Jahrzehnten ein fester Bestandteil des Weltflugverkehrs. Sie üben einen ständigen Druck auf die Flugtarife aus. Ihre Basis ist die massive Ausbeutung des Boden- und fliegenden Personals – und in Deutschland insbesondere die Ausnutzung öffentlich subventionierter Regionalairports. Diese Flughäfen werden von einzelnen Kommunen, Landkreisen und Bundesländern finanziert.

Lowcost-Airlines wie Ryanair und Easy Jet orientieren vor allem auf die Überkapazitäten bei den regionalen Airports. Letztere sind in Deutschland oft Ergebnis der Wendejahre 1989/90, als eine größere Zahl ehemaliger Militärflughäfen aufgegeben wurde und in kommunales Eigentum überging. In Deutschland gibt es 2021 noch 14 größere regionale Airports. Hinzu kommen mehr als 20 kleinere Flughäfen. Alle diese Airports sind deutlich defizitär. Bereits vor der Corona-Krise flossen in sie an direkten Subventionen jährlich mehr als 40 Millionen Euro. Oft werden mit den Einnahmen von den Airlines nicht einmal die Betriebskosten abgedeckt.[23] Im Februar 2021 musste der größte dieser Regionalairports, der Flughafen Hahn, Insolvenz anmelden. Großaktionär bei diesem Flughafen, der jahrzehntelang als Paradebeispiel eines erfolgreichen Regionalairports galt und in dessen infrastrukturelle Anbindung ein paar hundert Millionen Euro öffentliche Gelder flossen, ist die chinesische Gesellschaft HNA Group. Das Land Hessen ist weiter mit 17,5 Prozent an dem Airport Hahn, der in Rheinland-Pfalz liegt, beteiligt.[24]

Die addierten Verluste der Regionalairports dürften sich auch in den Jahren vor der Corona-Krise auf einige Hundert Millionen

23 Insgesamt gibt es bundesweit rund 100 regionale Airports; in der Arbeitsgemeinschaft Deutscher Verkehrsflughäfen (ADV) sind drei Dutzend Airports zusammengeschlossen. Zu den Defiziten siehe: Werner Reh und andere, Regionalflughäfen – ökonomisch und klimapolitisch unverantwortliche Subventionen, Berlin (Forum Ökologisch-Soziale Marktwirtschaft), 2020, und Sebastian Huld, »Zombieflughafen« – Deutschlands Regionalairports in der Kritik, *Capital* vom 18. Februar 2021.

24 Kurse von Flughafen Hahn-Haupteigentümer HNA stürzen ab, *swr aktuell* 1. Februar 2021; https://www.swr.de/swraktuell/rheinland-pfalz/hna-hahn-krise-100.html

Euro pro Jahr belaufen. Diese überschüssigen und ständig neu subventionierten Airport-Kapazitäten üben ihrerseits einen permanenten Druck auf die Flugtarife aus. In den Worten eines Netzplaners einer großen Billigairline: »Viele ehemalige Fliegerhorste sind genial für uns – da sparen wir zehn Euro pro Passagier an Abfertigungsgebühren.«[25]

Billigairlines schossen vor allem auch in der sogenannten Dritten Welt förmlich aus dem Boden. Sie werden oft von den staatlichen Airlines als Billig-Töchter ausgegründet. In der Periode 2000 bis 2019 schuf man so mehr als 100 neue Billigairlines. Wobei einige von ihnen bald wieder in Konkurs gingen und viele wohl in der aktuellen Krise vom Markt gefegt werden. Die Konzepte dieser Airlines brachte der Chef von Tiger Airways, einer vietnamesischen Low-cost-Fluglinie, die bereits von drei vietnamesischen Städten aus operiert, 2006 wie folgt auf den Punkt: »Mit 83 Millionen Vietnamesen ist das Potential gewaltig. Die Leute wollen doch alle mal von Saigon nach Singapur fliegen, um zum ersten Mal in ihrem Leben bei McDonalds essen zu gehen.«[26] Die Billig-Flieger verkehren zunehmend auf Strecken, die in Konkurrenz zum Schienenverkehr stehen, beispielsweise Köln/Bonn–Berlin oder München–Berlin. Der Chef der australischen Billig-Fluggesellschaft Virgin Blue Airlines, Brett Godfrey, erklärte offen, dass ein wesentliches Ziel der aggressiven Strategie der Schienenverkehr ist: »Wir holen die Menschen aus Zügen. Jetzt vergrößern wir den Kuchen, an dem sich alle laben.«[27]

Die beiden einzigen Hersteller großer Flugzeuge weisen eine weitgehend identische Struktur auf: Sie sind Hersteller ziviler großer Jets und zugleich Rüstungskonzerne. Damit werden über Militäraufträge in Milliardenhöhe der zivile Flugzeugbau und der Weltflugverkehr systematisch subventioniert.

25 Zitiert bei Andreas Spaeth (der den Namen der angeführten Airline bzw. ihres Top-Managers nicht nennt) in: »Anflug auf Memmingen«, *Welt am Sonntag* vom 4. 3. 2007.

26 Zitiert in: »Asiens Billigflieger stehen vor einem scharfen Ausleseprozess«, *Frankfurter Allgemeine Zeitung* vom 30. 1. 2006

27 Zitiert in: *Frankfurter Allgemeine Zeitung* vom 30. 1. 2006.

Die Produktion von großen zivilen Jets weist eine derart starke Kapitalkonzentration auf, wie es sie in keiner anderen großen Weltbranche gibt. Es regiert das Duopol Boeing (in Seattle, USA) und Airbus (in Toulouse, EU). In den 1980er- und 1990er-Jahren wurden verbliebene andere Anbieter (wie Fokker in den Niederlanden und Dornier in Deutschland) aufgekauft und zerstört oder, wie im Fall von McDonald-Douglas, in den Boeing-Konzern integriert. Boeing ist der größte Rüstungskonzern der Welt – und der führende Hersteller ziviler Flugzeuge. Airbus war lange Zeit eine Tochter des Rüstungs-, Weltraum- und Flugzeugbau-Konzerns EADS, wobei EADS als der größte Rüstungskonzern von Kontinentaleuropa gilt. Vor einigen Jahren wurden EADS und Airbus komplett integriert; der Name EADS wurde aufgegeben, auch um dem gesamten Konzern einen zivilen Anstrich zu geben. Der größte gesamteuropäische Rüstungskonzern, BAe (früher ausgeschrieben British Aerospace) hielt bis Anfang 2007 25 Prozent an der EADS-Tochter Airbus. BAe stieg damals bei EADS aus; ein neuer Anlauf, BAe und EADS zu fusionieren, scheiterte 2012. Der Ausstieg der Briten an dem nunmehr primär vom deutschen und französischen Staat kontrollierten Airbus-Konzern war eine Art Vorwegnahme des späteren Brexits. Die Bereiche Rüstung und ziviler Flugzeugbau sind bei Boeing und Airbus jeweils zunehmend verflochten; finanztechnisch können (und sollen) sie nicht sauber voneinander abgegrenzt werden. Dadurch gibt es wie bei einer Osmose einen ständigen Transfer von staatlichen Rüstungsaufträgen, mit denen der zivile Flugzeugbau quersubventioniert – und erneut auf diese Weise verbilligt – wird. Das zeigt sich gerade auch in Corona-Krisen-Zeiten: Es kam 2020 zu einem dramatischen Rückgang der Produktion ziviler Jets um mehr als 60 Prozent auf rund ein Drittel des 2019er-Niveaus,[28] bei Boeing durch das Desaster mit der 737max,

28 Auch 2021 soll die Airbus-Fertigung bei rund 43–45 Einheiten pro Monat liegen, was um gut 30 Prozent niedriger als das 2019er-Niveau ist. Ein solcher Einbruch im angestammten Geschäft über zwei Jahre hinweg ist normalerweise existenzgefährdend für einen Konzern. Nicht so für Airbus. Angaben nach: Jens Flottau, Wie es bei Airbus weitergehen soll, in: *Süddeutsche Zeitung* vom 19. Februar 2021.

bei Airbus durch das Desaster mit dem A380 beschleunigt. Doch die Gewinneinbrüche hielten sich in Grenzen – die Bestellungen für Rüstung wurden deutlich erhöht. In Deutschland stiegen in den Jahren 2020 und 2021 (entsprechend des Rüstungshaushalts) die Militärausgaben addiert um 8,5 Milliarden Euro.

Die wichtigste Form der Luftfahrt-Subventionierung erfolgt schließlich durch die dauerhafte steuerliche Bevorzugung der Luftfahrt gegenüber anderen Verkehrsträgern.

Der gesamte in der Luftfahrt verbrauchte Treibstoff (überwiegend Kerosin) ist steuerfrei. Während der Lkw-Verkehr, der Pkw-Verkehr und die Schiene beim Treibstoff, den ihre Verkehrsmittel konsumieren, Mineralölsteuer und Ökosteuern zu zahlen haben, genießen die Luftfahrt (und im Übrigen auch die Seeschifffahrt) weltweit Steuerfreiheit beim Treibstoffverbrauch. Die Luftfahrt benötigt je Personenkilometer und je Tonnenkilometer im Vergleich zu den konkurrierenden Verkehrsträgern am meisten Energie; eine Besteuerung nach den Standards, die bei den anderen Verkehrsträgern Gültigkeit haben, würde sie also besonders stark belasten. Umgekehrt gilt: Da der Treibstoff in der Luftfahrt keiner Besteuerung unterliegt, wird der spezifische Nachteil dieser Transportform, ihr hoher Energieaufwand, neutralisiert. Die anderen Vorteile der Luftfahrt – wie Schnelligkeit, wenige »Staus« in der Luft – werden dadurch hervorgehoben. Hinzu kommt eine Reihe weiterer Subventionen, so sind Flüge im grenzüberschreitenden Verkehr von der Mehrwertsteuer befreit. Allein die letztgenannte Steuerbefreiung stellt in der EU eine jährliche Subvention in Höhe von 24 Milliarden Euro dar.[29]

Nach meiner Kenntnis existiert keine Berechnung über die Höhe der Subventionen, die insgesamt in den Weltflugverkehr fließen. Die hier vorgetragenen Subventionsebenen lassen jedoch die These zu: Selbst außerhalb von Krisenjahren wird der Weltflugverkehr jährlich in

29 Nach: Transport & Environment, Passenger Transport in the EU's VAT system – Time to abolish exemptions, Brüssel 2016.

einer Höhe von vielen hunderten Milliarden Euro öffentlicher Gelder unterstützt. Der gewaltige Umfang dieser Verkehrsform, die die Umwelt und die Gesundheit der Menschen am stärksten unter allen motorisierten Verkehrsarten belastet, ist nur auf dieser Basis vorstellbar.

Flughäfen als Erlebniswelt – Fliegen als Scheinwelt

Wie im Fall des Autoverkehrs gibt es beim Flugverkehr eine spezifische Kultur. So entwickeln sich in diesem Feld hoher Geschwindigkeiten und intensiver Mobilität eigene Welten, Scheinwelten. Die großen Drehkreuz-Airports ähneln sich auf der ganzen Welt. Ähnlich den großen Tankstellen und den Autobahnraststätten sind sie eine eigene Branche mit einem Eigenleben geworden. Dabei gerät das Kerngeschäft oft zum Nebengeschäft. Es existieren weltweit agierende Airportbetreiber, die ein gutes Dutzend der Drehkreuz-Flughäfen kontrollieren.[30] Und wie bei den Tankstellen, bei denen oft das Nebengeschäft das Geschäft mit dem Treibstoff überrundet hat, überwiegt bei den großen Flughäfen das »Non Aviation Business«, das Geschäft mit Mieten, Pachten, Einzelhandel, Duty Free und Autovermietung. Im Fall des Flughafens London-Stanstedt macht der Nichtflugbetrieb-Umsatz bereits 130 Prozent des Flugbetrieb-Umsatzes aus. Bei den anderen beiden Londoner Airports liegt er annähernd so hoch. Auch beim Münchner Franz-Josef-Strauß-Flughafen wird etwas mehr Umsatz im Non Aviation Business erzielt als mit den Einnahmen, die die Airlines unter anderem mit den Landegebühren generieren. Fachleute gehen davon aus, dass ein hoher Umsatz im Non-Aviation-Geschäft vor allem dann zustande kommt, wenn in jener Stresskurve, die der Fluggast zwischen Einchecken und Boarding erlebt, »optimal auf dessen Konsumbedürfnisse« eingegangen wird.[31]

30 Es handelt sich um Konzerne wie Grupo Ferrovial/BAA, Macquarie Airports und Hochtief Airports. Nach: *Frankfurter Allgemeine Zeitung* vom 13.11.2006.

31 »Flughäfen als Oasen des Wachstums«, in: *Frankfurter Allgemeine Zeitung* vom 13.11.2006. Dort auch die Angaben zum Verhältnis Nichtflugbetrieb-Umsatz zu Flugbetrieb-Umsatz, jeweils für 2005.

Duty Free und stimulierende Angebote in der Stresskurve sind Erlebniswelten für die Masse der Fluggäste. Die global organisierte Arbeitsteilung führt jedoch zur Herausbildung eines neuen, abgehobenen Berufsstandes: zu den globalen Berufspendlern (der Begriff Globetrotter wäre hier wirklich fehl am Platz, da er sich eher durch ein gemütliches Durch-die-Welt-Trampen definiert). Weltweit dürfte es mehr als hundert Millionen Menschen geben, die sich mehr in Airport-Lounges als im eigenen Wohnzimmer aufhalten.[32]

Während die Airlines für die Masse der Fluggäste den Komfort – etwa bei der Beinfreiheit – abbauen, um mit neuen Billig-Rekorden das Massengeschäft weiter anzukurbeln, wird der Komfort in der Business Class und in der Ersten Klasse mit Raffinement ausgebaut. Es gibt breite Ledersitze und Zwei-Meter-Betten sowie Sitzkonsolen mit ausgeklügelter Technik. Während einige Airlines die Erste Klasse ganz oder auf vielen Routen abgeschafft haben, rüsteten andere in den letzten Jahren gerade in diesem Bereich auf. Das ist vor allem bei den prestigeträchtigen drei Golf-Airlines und bei Singapur Airline der Fall. Diese Klasse, die bei Etihad »The Residence« genannt wird, bietet dann eine Art 3-Zimmer-Wohnung an, solange die A380 noch fliegt, dort im Obergeschoss, inklusive Butler und privatem Duschbad. Der Acht-Stunden-Flug London nach Abu Dhabi und zurück kostete im Frühjahr 2018 13.615 Euro – oder als »Schnäppchen« für zwei gemeinsam Reisende, die sich das passabel breite Bett im Schlafzimmer teilen durften, 20.932 Euro. Bei Singapur Airline reist der First-Class-Buchende in einer 4,6 Quadratmeter großen Suite, bei Emirates sind es nur 3,7 Quadratmeter. Jahrzehntelang waren aus Sicherheitsgründen geschlossene Suiten in Flugzeugen verboten; vor wenigen Jahren wurden die entsprechenden Bestimmungen gelockert, um den Bedürfnissen der entsprechenden Top-Klientel entgegenzukommen. Tim Clark, Chef von Emirates: »Jetzt bieten wir als

32 Allein Lufthansa und American Airlines haben mehr als 70 Millionen Kunden, die sich an deren jeweiligen »Miles & More«-Programmen beteiligen.

Weltpremiere eine nach außen vollständig abgeschlossene Suite, wie ein Hotelzimmer in einem 5- oder 6-Sterne-Hotel.«[33] Wobei diese Angebote in der First Class nur dazu da sind, um einen »Heiligenschein« auf die jeweilige Airline zu werfen. Das große Geschäft machen die meisten traditionellen Airlines mit der Business Class. Hier wurde im vergangenen Jahrzehnt massiv aufgerüstet. Die Berichte aus dieser Business-Welt sind vergleichbar schwelgerisch wie einige im letzten Kapitel angeführte Fahrberichte über Luxus-Karossen. So berichtet ein *FAZ*-Autor über die »Polaris Business Class« der US-Airline United: »Für sechzig Passagiere hat die ›United Polaris Business Class‹ im vorderen Teil der Boeing 777-300ER Platz. Sehr viel Platz. [...] Es ist so, als habe jeder Passagier ein kleines Abteil. Jedes eingerichtet nach Art eines Ovals. [...] Wer mit anderen reden will, verabredet sich in der Walk-up-Bar. [...] Die offizielle Liste der Ausstattung rund um jeden Sitzplatz nimmt kein Ende. [...] Aber das sind alles Details, bloße Zugaben, über die man sich freut, die einem aber herzlich egal sind, sobald man den Sitz zum Bett ausgefahren hat. Dann will man nur noch schlafen. [...] Und wenn man nicht schlafen will?« Dann möge man sich »zum Auftritt des Sommeliers [...] zügig Steward oder Stewardesse um die ›Wine Arches‹ bitten. Das sind Holzgestelle mit je drei Gläsern Rotwein und Weißwein. [...] Hat man seinen Lieblingswein gefunden, so steht es auf der Weinkarte, wird das Personal das Glas für den Rest des Fluges gerne immer wieder auffüllen.«[34]

Diese Schwelgerei ist, anders als im Fall der Ersten Klasse, nicht zum Schein oder Heiligenschein zu rechnen: Beide oberen Klassen zusammen generieren 30 bis 40 Prozent des Umsatzes einer traditionellen Airline, wobei der Erste-Klasse-Umsatzanteil, insoweit es die First noch gibt, im Bereich einer niedrigen einstelligen Prozentzahl

33 Andreas Spaeth, First Class – Jetzt ERST recht, in: *Business Traveller* Januar 2018; Axel Pinck, Langstreckenanbieter feilen am Komfort, in: *Financial Times Deutschland* vom 16.11.2005.

34 Freddy Langer, Weinprobe im Weltall, in: *Frankfurter Allgemeine Zeitung* vom 26. April 2018. Als Preise werden hier für den Flug Frankfurt/Main–New York genannt: 500 Euro in der Economy und »knapp 4000 Euro« in der Polaris-Business-Class.

liegt. Die Business-Class war zumindest bis zur Corona-Krise essenziell für das Geschäft der traditionellen Airlines.[35]

Der Weltflugverkehr hat eine besonders enge Klientel-Bindung geschaffen. Das wichtige Mittel dabei sind die »Miles & More«-Programme für Vielflieger. In diese Programme sind weltweit inzwischen weit mehr als hundert Millionen Menschen eingebunden; 90 Prozent von ihnen mit Wohnsitz in Nordamerika und Westeuropa. Es handle sich dabei um »mehr als ein bloßes Rabattsystem mit Kundenbindung«, so ein *Handelsblatt*-Bericht. »Verkauft wird nicht in erster Linie ein konkretes Produkt, sondern ein Lebensgefühl, das mit diesem Produkt einhergeht: Mit der Senator-Card in der Brieftasche kann sich jeder Vertriebler als Teil des globalen Jetsets fühlen. Gleichzeitig gibt es stets eine noch prestigeträchtigere Karte, die es zu erfliegen gilt.«[36] Um den niedrigsten Status im entsprechenden Lufthansa-Programm zu erfliegen und als »Frequent Traveller« eingestuft zu werden, muss man im Jahr mindestens tausend Euro für Flüge ausgegeben haben. Die Elitetruppe im LH-Programm darf sich »HON-Mitglied« nennen, was für Honorary oder ehrenhalber steht. Sie wird an den Lufthansa-Drehkreuzen mit einem Porsche Cayenne zum Flieger gebracht. In Deutschland soll es 5000 HONs geben. Den Airlines gelang es mit diesen Programmen, eine Art feudales Kastenwesen unter den Fluggästen zu etablieren. Ergänzend werden diese Programme auch gezielt als korrumpierendes Mittel im politischen Raum eingesetzt.[37]

Angesichts der vielen Millionen Business-Class-Frequent-Flyer-Leute sieht sich die Soziologie vor interessante Aufgaben gestellt. So gilt es die Gruppe der LATs zu definieren und deren Lebensweise zu

35 *Business Traveller* vom Januar 2018.

36 Jens Koenen und Christian Wermke, In der Meilenfalle, in: *Handelsblatt* vom 25. Oktober 2019.

37 1998 erhielten alle Bundestagsabgeordneten eine Lufthansa-»Senator«-Karte. Damit füllten alle LH-Flüge, die dienstlich – vom Bundestag bezahlt – unternommen wurden, das private Miles-&-More-Konto auf. Dies führte auch dazu, dass im Bundestagswahljahr 2002 MdBs der PDS und wenige Grüne auf der Titelseite von »Bild« angeprangert wurden, sie hätten dienstlich erworbene Meilen für – dann genau aufgeführte – einigermaßen luxuriöse Privatflüge genutzt. Die PDS scheiterte im Herbst 2002 an der 5-Prozent-Hürde.

analysieren – die Living-Apart-Together-Couples: Hier handelt es sich um Paare, die sich nur am Wochenende und dann oft noch an immer anderen Orten, auf Airports womöglich, sehen. Die globalen Berufspendler fliegen von Flughafen zu Flughafen. Geschäftliche Treffen finden oft in Konferenzräumen ebendort statt. Am Rande der Airports betreiben Ketten wie Hilton oder Four Seasons ihre Hotels, in denen die Geschäftsreisenden überall auf der Welt eine identische Inneneinrichtung, einen ähnlichen Service, das identische Sortiment in der Minibar vorfinden – um sich dann »wie zu Hause« zu fühlen. In einem Bericht über diese gesellschaftliche Schicht mit dem Titel »Schneller leben in der Lounge«, heißt es, der globale Pendler sei »das Öl im Getriebe der Exportmaschine«. Nur diese Art »Varimobile« könnten »Deutschland den Rang als Exportweltmeister sichern.« Eine Studie der Johannes-Gutenberg-Universität in Mainz über diesen neuen Berufstand konstatiert, gefragt sei »der Mensch, der möglichst frei ist von privaten Bindungen und Obligationen und bereit, sich offen und flexibel auf immer neue Anforderungen einzustellen.«[38] 800.000 Flugmeilen pro Jahr in der Ersten Klasse, das soll die typische Mobilitätsleistung eines Mitglieds dieses Berufsstandes sein.

Privatflieger und Privatflieger-Mitfahrzentralen

Ganz oben in der Flieger-Hierarchie thront die Gruppe der Privatflieger. Der Begriff »Die oberen Zehntausend« scheint ein Jahrhundert seit seiner erstmaligen Verwendung erneut zuzutreffen: In den USA gibt es aktuell 11.000 private und Business-Jets; in Europa 1500. Im Rest der Welt einige hundert. Damit ist die Fliegerflotte der Privaten und Business-Leute zahlenmäßig fast ähnlich groß wie die gesamte IATA-Flugzeugflotte. Weit mehr als für die Massenflieger und sogar mehr als für die Business-Class-Fluggäste gilt hier Reinhard Meys

38 Jutta Göricke, »Schneller Leben in der Lounge«, in: *Süddeutsche Zeitung* vom 20.1.2006. Dort auch das Zitat aus der Mainzer Studie.

Feststellung »Über den Wolken muss die Freiheit wohl grenzenlos sein«: Die privaten Jets und die Business-Jets dürfen unter den oft verstopften Flugkorridoren der Fluggesellschaften fliegen, womit sie eine Art Überholspur für sich haben. Ihre Passagiere können – außer den großen – die vielen kleinen Flughäfen ansteuern, um möglichst nah an den Ort ihres Geschäftstermins oder ihres Häuschens im Grünen zu gelangen. In der Regel bleiben den »oberen Zehntausend Jet-Benutzern« auch die zeitaufwendigen Sicherheitschecks erspart; sie werden »durchgeschleust«.

Ein Unternehmen hat sich daran gemacht, die Privatfliegerei zu »demokratisieren«, so jedenfalls die Auffassung des Europa-Chefs des Unternehmens Netjet: »Das private Fliegen ist demokratischer geworden. Vielleicht sind wir noch eine kleine Demokratie, aber vor zwanzig Jahren musste man schon der Boss eines Riesenunternehmens sein, um überhaupt Zugang zur privaten Fliegerei zu haben, oder ein Supermilliardär. Jetzt kann man sich schon für 114.000 Euro eine Karte bei uns kaufen.«[39] Inzwischen kostet die Jahreskarte 150.000 Euro, bei der jedoch großzügiger Weise bereits 25 Stunden Flugzeit mit eingeschlossen sind. Die Geschäftsidee lautet: plane sharing. Reiche Leute können sich bei den zwei weltweit tätigen Unternehmen Netjet und Flexjet Service – am ersten Unternehmen ist einer der reichsten Männer der Welt, Warren Buffet, beteiligt, das zweite befindet sich im Eigentum des Flugzeugherstellers Bombardier – einen Teil eines luxuriösen Flugzeuges kaufen. Wer zur Netjet-Gemeinschaft zählt kann sich innerhalb von zehn Stunden in ganz Europa und in den USA einen Jet bestellen, Chauffeur-Pilot inklusive. Man hat die Wahl zwischen 1000 Flughäfen in Europa und einer weit größeren Zahl von Airports in den USA. Die Jets dieser Mitfahrzentrale für Betuchte genießen die gleichen Privilegien wie die Jets im Eigentum von Privaten oder von Unternehmen. Netjet hat

39 Flora Wisdorf, »Überflieger«, in: *Tagesspiegel* vom 18.1.2006. Der hier genannte Betrag von »114.000 Euro« steht in einem gewissen Widerspruch zu den weit höheren Einstiegsbeträgen, die im gleichen Artikel genannt werden. Seither dürften die Einstiegspreise ohnehin deutlich gestiegen sein.

mehr als 10.000 Kunden und verfügt über eine Flotte von 700 Flugzeugen, davon 100 in Europa. Der Gesellschaft gehört mehrheitlich der Flughafen Egelsbach bei Frankfurt/Main.

Während Fliegen ein Massengeschäft wurde, legt man beim Mitfliegen im Club der Reichen Wert auf Individualität und Nachbarschaftshilfe im kleinen Kreis. Im Oktober 2005 gab Netjet-Kunde Ronaldo den Kindern anderer Kunden einen Tag Fußballunterricht. Die Rockgruppe U2, ebenfalls Mitglied im Club, spielte ein Exklusivkonzert für 200 Netjet-Kunden. Und: »Kunden des Clubs können mit der Limousine bis auf zwei Meter an den Jet heranfahren. Und selbst für diese kurze Distanz liegt ein roter Teppich bereit.«[40] Mark Wilson, Chef von Netjet Europe: »Es gibt einen fundamentalen Unterschied [zum Erste-Klasse-Service einer traditionellen Airline], auch wenn es einen sehr guten Service an Bord einer Airline gibt: Das Flugzeug fliegt zu einem bestimmten Zeitpunkt an ein bestimmtes Ziel. Wenn Sie mit uns fliegen, kontrollieren Sie die gesamte Agenda: Wann, wohin und wer mitkommt. Das bestimmen allein Sie, nicht die Fluggesellschaft.«[41] Netjet behauptet, besser als die traditionellen Airlines durch die Corona-Krise gekommen zu sein; die Restriktionen der Pandemie hätten die Privatfliegerei und die Netjets selbst in deutlich geringerem Maß getroffen.

Concorde

Und dann gab es da den Geschwindigkeitsfetischismus par excellence: die Concorde, das französisch-britische Überschallflugzeug. Das Flugzeug war – zusammen mit seinem sowjetischen Pendant, der Tupolew-144, die allerdings nur wenige Jahre im Einsatz war – mit Abstand der schnellste zivile Jet der Welt, der je im Linienverkehr eingesetzt wurde. Die Strecken Paris–New York oder London–New York

40 Ed Lamont, »Mitfahrzentrale für Fortgeschrittene«, in: *Financial Times Deutschland* vom 26.5.2000.
41 *Handelszeitung* (Schweiz) vom 26. Februar 2016.

wurde damit in weniger als dreieinhalb Stunden zurückgelegt. Das kam einer Halbierung der üblichen Flugreisezeit gleich. Die Spitzengeschwindigkeit lag bei 2000 Stundenkilometern. Der oft behauptete Menschheitstraum, schneller als die Zeit fliegen zu können, schien nah. Mithilfe der Concorde konnte der Rockmusiker Phil Collins beim Live-Aid-Konzert am 13. Juli 1985 beiderseits des Atlantiks auftreten, zuerst im Londoner Wembley-Stadion und anschließend im John-F.-Kennedy-Stadion in Philadelphia. Die Concorde stand auch für das Projekt einer europäischen Einheit unter Einschluss der Briten. Immer wenn in den 1960er-Jahren der französische Präsident de Gaulle sein Veto gegen einen britischen Beitritt zum damaligen EU-Vorgänger EWG einlegte, antworteten die Briten »mit der Drohung, das teuerste der gemeinsamen britisch-französischen Projekte, die Concorde fallen zu lassen«, so der marxistische Ökonom Ernest Mandel.[42]

Das Flugzeug verkehrte im Zeitraum 1976 bis 2003. Nur zwanzig Flugzeuge dieses Modells wurden hergestellt. Die letzten drei Jahre des Concorde-Verkehrs dienten eher dazu, den Abschied von dieser Ära nicht allzu abrupt zu gestalten.

Am 25. Juli 2000 stürzte eine Concorde-Maschine gleich nach dem Start in Paris ab und in ein Hotelgebäude. Alle 109 Menschen an Bord und vier Hotelangestellte starben. Die direkte Unglücksursache scheint geklärt zu sein: ein auf der Startbahn liegendes Teil aus Titan, das zuvor bei einem Jet der US-Airline Continental abgerissen war, ließ einen Reifen der Concorde platzen, worauf ein Hartgummiteil gegen die Tragfläche mit den vollen Treibstofftanks prallte und in die Tragfläche ein Loch riss. Der Jet fing Feuer; ein Triebwerk fiel aus. Es kam zum Absturz aus niedriger Höhe.

Verglichen mit anderen Flugzeug-Modellen, bei denen es durchaus vergleichbar schwere und auch durchaus größere Unglücksfälle gab, ist die komplette Einstellung des Concorde-Verkehrs allein aus

42 Ernest Mandel, Die Konkurrenz EGG – USA, Frankfurt/M. 1969, Seite 56.

diesem Grund nicht nachvollziehbar. Nach dem Unglück in Paris gab es auch ein aufwendiges britisch-französisches Umbauprogramm der Concorde-Flugzeuge, um eine vergleichbare Flugzeugkatastrophe zu verhindern – vergeblich. Letzten Endes war das Unglück im Juli 2000 auch das Eingeständnis, dass der Versuch dieser Art von Höchstgeschwindigkeit an den Gesetzmäßigkeiten von Physik und Finanzen gescheitert war. Die Concorde konnte nie ihre Gesamtkosten decken. Am Tag vor dem Unglück in Paris waren in London an Concorde-Maschinen sich weitende Haarrisse in den Tragflächen entdeckt worden. Zwei Jahrzehnte zuvor hatte die Sowjetunion bereits den mit der Concorde vergleichbaren Flugzeugtyp Tupolew-144 außer Betrieb genommen – auch hier hatte es mehrere Unglücke gegeben, wenn auch nicht mit vergleichbaren Todeszahlen.

In einer Bilanz im *Spiegel* heißt es: »Fliegen wurde wieder langsamer – ein in der Technikgeschichte einmaliger Rückschritt.«[43]

43 Andreas Spaeth, Concorde-Katastrophe 133 Sekunden in der Hölle, *Spiegel* vom 23. Juli 2010.

Die Tyrannei der Geschwindigkeit

Tempowahn und Eisenbahn,
*Bündnis für den Widerstand gegen Schädigungen jeglicher Art – Alliance pour l'opposition à toutes les nuisances**

Die Bewegungsfreiheit war als Freizügigkeit einer der wichtigsten Gründe für den Umsturz despotischer Regime. Doch am Ende sind es nun die Waren, die Bewegungsfreiheit genießen, während die Menschen, zu zahlenden Handelsgütern degradiert, von einer Ausbeutungsstätte zur anderen transportiert werden. Das Befreiungsversprechen hat sich am Ende in die bedauerliche Gewissheit verkehrt, nirgend mehr zu Hause zu sein und sich ständig auf die Suche nach sich selbst machen zu müssen. Der [französische Hochgeschwindigkeitszug] TGV entspricht diesem letzten Stadium. Es liegt tatsächlich eine gewisse Logik darin, eine Landschaft so schnell wie möglich zu durchqueren, wenn daraus beinahe alles verschwunden ist, was es wert war, dort zu verweilen, und wenn deren parodistische Nachbildung jederzeit im Euro-Disneyland konsumiert werden kann, das zweckmäßig an einem Hauptknotenpunkt des Streckennetzes platziert wurde.

Die Betreiber von Verkehrsprojekten versäumen es nicht, bei jedem neuen Vorhaben an ein scheinbar nicht zu hinterfragendes Naturgesetz zu erinnern: »Geschwindigkeit bedeutet Zeitgewinn«. Der gesunde Menschenverstand erkennt diese Tatsache insofern an, als sie mit den Gesetzen der Physik übereinstimmt. Die Praxis jedoch scheint sie in dem Maß zu widerlegen, wie die in den Verkehrsmitteln bzw. für die Verkehrsmittel verlorene Zeit mit deren Geschwindigkeit zunimmt.

Für die Physik ist die Geschwindigkeit eine Funktion von Zeit und Entfernung. Zum Unglück der Technokraten leben wir aber nicht in der begrifflichen Welt der Physik. Je höher die Geschwindigkeit eines Fahrzeugs, desto größer ist auch der Widerstand der Umgebung: der physikalischen (Luftwiderstand und Reibung), der natürlichen (Gelände und Oberflächenbeschaffenheit) und der menschlichen (Reaktion der Anwohner auf die zu erwartenden Schädigungen). Je mehr Mittel aufgewendet werden müssen, um diese hartnäckigen Widerstände zu überwinden, desto mehr Arbeitskraft wird es kosten, um diese Mittel zu produzieren. Umso geringer wird also unterm Strich die tatsächliche Geschwindigkeit der Fahrgäste ausfallen, nämlich das Verhältnis zwischen den Entfernungen, die sie zurücklegen, und der gesamten für die Beförderung aufgewendeten Zeit.

Rechnet man die gesamte für den Verkehr aufgewandte gesellschaftliche Arbeitszeit zusammen – etwa für Bau, Betrieb und Instandhaltung der Verkehrsmittel sowie für diverse Auswirkungen wie Gesundheitsschäden –, so stellt man fest, dass die moderne Gesellschaft mehr als ein Drittel ihrer gesamten Arbeitszeit für diesen Bereich verausgabt: das ist deutlich mehr, als alle vorindustriellen Gesellschaften jemals für ihre Fortbewegung aufgewendet haben. Jenseits einer bestimmten Geschwindigkeit sind schnelle Verkehrsmittel kontraproduktiv und kosten ihre Nutzer mehr Zeit, als sie einsparen. Die Lohnabhängigen verschwenden ihre Zeit damit, ihren Lebensunterhalt zu verdienen, und die Konsumenten verschwenden ihr Leben damit, Zeit zu gewinnen.

Die Menschen aber möchten diesen Zwang abschaffen, der Zeit zu einem seltenen Gut und ihr Dasein zu einer endlosen Jagd nach einem Lebensstil macht, der ihnen als wünschenswert dargestellt wird, während ihnen ihr wirkliches Leben zwischen den Fingern verrinnt: »Wäre der Tag, die Woche doch schon vorbei! Wären nur schon Ferien! Wäre ich doch endlich in Rente!« Derart hilfloses Trachten lässt den Technokraten freie Bahn, die technische Lösungen anbieten können, bei denen solchen menschlichen Regungen mit materiellen Dingen und reibungslos funktionierenden Maschinen begegnet wird.

Dank der Verkehrsmittel können wir weiter und schneller reisen und an immer mehr Orte gelangen, die wiederum in erster Linie des großen Andrangs wegen erschlossen und so zu etwas Alltäglichen werden. Einmal erschlossen, spezialisieren sich die Gegenden, weil die verschiedenen Tätigkeiten und Beschäftigungen nun an anderen Stellen im Land konzentriert werden: Technologieparks, Freizeitparks, Industrie-, Handels- und Verwaltungszentren, Supermärkte, Schlafstädte, Vororte usw. Das macht selbstverständlich noch schnellere Verkehrsmittel notwendig, um die auf diese Weise neu geschaffenen Entfernungen zu bewältigen. Wenn wir in einem einzigen Jahr eine längere Strecke zurücklegen als unsere Vorfahren in ihrem ganzen Leben, so tun wir das nicht, um *anderswohin* zu kommen, sondern um uns immer *an dieselben Orte* zu begeben.

Im Hamsterrad

Verödete ländliche Gegenden, drangvolle Enge in namenlosen Vorstädten und unbewohnbaren Städten, standarisierte Lebensplanungen, ein völlig von wirtschaftlichen Erfordernissen beherrschtes Dasein, eine sogenannte Frei-Zeit samt ihren Beschäftigungen, die selbst Waren geworden sind, sowie das zunehmende Gefühl der Absurdität eines solchen Lebens – so sieht das Los der Mehrheit in unserer Zeit aus. Das schnelle Befördern von Waren und Menschen ist von einem in erster Linie wirtschaftlich begründeten Erfordernis zum Selbstzweck geworden. »Wir haben die Welt verkleinert«, brüstet sich eine Chartergesellschaft. Der gesamten Bevölkerung wurde als Grundbedürfnis aufgezwungen, was die Lebensschablonen der Manager zum Funktionieren benötigen – dieser Hofschranzen im Dienste der Warenmobilität, die bloße biologische Wurmfortsätze der Wirtschaft sind.

Was immer man auch halten mag von der wenig beneidenswerten Dauerhektik der Geschäftsleute oder der jungdynamischen Durchschnittsburschen, die fast immer den Eindruck machen, als kämen sie mit ihrem Mountainbike direkt aus der Metro oder dem Büro – man muss leider einräumen, dass ihr *Tempo* zum *Modell* geworden ist.

Der Wahn einer allumfassenden Dringlichkeit hat sich der Bevölkerung bemächtigt. Unsere Zeitgenossen, die aus so vielen verschiedenen Beschäftigungen wählen können, scheinen diese allesamt fieberhaft auskosten und vor allem keine versäumen zu wollen. Man muss unbedingt hin! Kaum von der Maloche zurück, muss man auf allen Hochzeiten tanzen, in die Berge und ans Meer fahren, in die Tropen und an den Polarkreis – und das alles in Rekordzeit: so sehr scheint unser Dasein buchstäblich ausgelaugt und eingeschrumpft zu sein. Ganz ungehemmt äußert sich diese Tyrannei der Geschwindigkeit vor allem in der Dynamik des Geschäftslebens. Wirtschaftliche Schwankungen sind überall in »Echtzeit« präsent und erscheinen dadurch umso flüchtiger; die Hektik der Businessmen ist umso hoffnungsloser, weil alles, ohne Ende, permanent von vorne beginnt. Das billige Heldenepos, von der neoliberalen Ideologie um das Tun und Lassen von Wirtschaftsbossen, Golden Boys und sonstigen Marionetten zusammenfabuliert, hat letztlich Wirkung gezeigt: Das Reisen muss abgeschafft werden, nur das *Ankommen* zählt.

Die Menschen wollen sich nicht länger in einem angenehmen Rhythmus fortbewegen, nicht zuletzt deshalb, weil sie vor der Rätselfrage, wie ein eigenes Leben zu erfinden sei, kapituliert haben.

In den modernen Verkehrsmitteln ist eine quasi schizophrene

Abkapselung entstanden, indem jede mögliche Gemeinschaft sowie jede echte Individualität beseitigt wurde. Walkmen ersetzen heute die Reiselektüre, die mit der Eisenbahn aufkam. Und in den Zugabteilen installierte Bildschirme sollen die darin herrschende drückende Stille ausfüllen. Was keinen Reiz mehr hat, muss verkürzt und unterhaltsam gemacht werden. Unterwegs zu sein, ist nur noch tote, verlorene Zeit, Zeit der Langeweile. Schnell und weit zu fahren, war zunächst theoretisch wünschenswert. Für die meisten Menschen ist es indes praktisch unverzichtbar geworden, weil sie unterwegs nichts zu tun und niemanden zu treffen haben. Diesem irregeleiteten Bedürfnis entspricht der TGV vollkommen. Mehr als nur ein verbesserter Zug ist er etwas anderes: »ein Airbus im Tiefflug«, wie der Trottel vom Dienst in *Le Monde* so schön schreibt.

Blitzblankes Dekor wie im Schnellrestaurant, das Klima ebenso konditioniert wie die Fahrgäste, synthetische Lebensmittel, eine einlullende Atmosphäre – alles soll dem Beförderten anzeigen, dass er, misshandelt und eingezwängt in die technologischen Erfordernisse der Transportmaschinerie, tatsächlich nach den Bedingungen des heutigen Massenflugverkehrs behandelt wird, der die ergonomischen und psychologischen Normen festlegt: maximale Raumausnutzung bei totaler Vereinzelung in der Masse.

** Der Text wurde erstmals 1991 veröffentlicht. Er war Teil einer Schrift, die sich gegen die Ausweitung der TGV-Strecken, vor allem gegen die neue TGV-Trasse Paris–Marseille, richtete, gegen die sich Ende der 1980er, Anfang der 1990er-Jahre eine breite Protestbewegung von Bauern, Winzern und Anwohnern gewandt hatte. Die TGV-Strecken wurden in Frankreich in die Landschaft mit einem großen Aufwand an Erdbewegungen, Begradigung, Viadukten usw. geschlagen, wie es dies in Deutschland »nur« bei den ICE-Neubaustrecken Köln–Frankfurt und Berlin–Erfurt–München gibt. Der hier stark gekürzte Text erschien 2015 verdienstvollerweise auch in deutscher Sprache in Form einer Broschüre unter dem Titel »Tyrannei der Geschwindigkeit« im Verlag Schmetterling (Edition Tunnelblick), damals im Zusammenhang mit dem Massenwiderstand gegen Stuttgart 21. Ich bedanke mich für die freundliche Genehmigung der Schmetterling-Kollegen zum Abdruck des Textes in diesem Buch.*

Kapitel 11: Der Preis des Fetischs Geschwindigkeit. Oder: Das Nullsummenspiel beim Zeitgewinn

Wie Maitland sich offen eingestand, war er mit erheblich überhöhter Geschwindigkeit gefahren. Einmal am Steuer eines Jaguars, übermannte irgendein aus der Art geschlagenes Gen seinen für gewöhnlich vorsichtigen Charakter. Heute, als er über die Autobahn raste, nach einer dreitägigen Konferenz [...] hatte er fast willentlich den Unfall herbeigeführt. [...] Er beschirmte seine Augen vor dem Sonnenlicht und sah, dass er auf einer kleinen Verkehrsinsel verunglückt war, die in dem Niemandsland zwischen drei zusammenlaufenden Autobahnen lag. Die Spitze der Insel wies nach Westen auf die untergehende Sonne, deren warmes Licht über den entfernten Fernsehstudios von White City lag. Die Grundlinie bildete die nach Süden führende Hochstraße, die sich in eine Höhe von mehr als zwanzig Metern dahinzog. [...] Er erreichte den Fuß der Böschung und winkte mit einem Arm, schrie dabei den wenigen Autos nach. Keiner der Fahrer konnte ihn sehen, geschweige denn seine aus trockener Kehle gekrächzten Schreie hören. Maitland hielt inne und schonte seine Kraft. [...] Er drehte der Autobahn den Rücken zu und begann die Insel zu inspizieren. »Maitland, du armer Kerl, du bist hier ausgesetzt wie Crusoe – wenn du nicht achtgibst, wirst du hier auf ewig gestrandet bleiben.«

J. G. Ballard, Betoninsel, 1972[1]

Trotz der Entschleunigung, zu der es aufgrund der Pandemie in den Jahren 2020 und 2021 kam, gibt es deutlich mehr Anzeichen und Projekte für eine Verallgemeinerung des Tempowahns als Beispiele und Initiativen für Entschleunigung. Ja, in der vorherrschenden Politik

1 J. G. Ballard (James Graham B.), Betoninsel. Roman, Frankfurt/M. 1973, S. 11 und 27 (englischer Originaltitel: »Concrete Island«, London 1972).

wird weiterhin ausschließlich dem Fetisch Geschwindigkeit gehuldigt und darauf gesetzt, dass es nach einem Ende der Pandemie ein Zurück zu beschleunigtem Wachstum und den alten Tempowahn-Projekten gibt. Dabei kann jedoch nicht ausgeschlossen werden, dass nach der Jagd das Kapitals um den Globus, auch als Globalisierung bezeichnet, die ja – Stichwort: Zoonose – eine wesentliche Ursache für die Corona-Epidemie darstellt, eine Epidemie die andere jagt. Die Hoffnung jedenfalls, der epidemiebedingte Teilstillstand könne zu Einsicht und zu einer Wiederentdeckung von Langsamkeit, Genuss und Zeit für Solidarität und Demokratie führen, gibt es nur mit Blick auf Bewegungen von unten.

Das Auto, das den Menschen vom Zwang des Fahrplans befreien sollte, hat in allen Städten mit hoher Pkw-Dichte – also überall in Westeuropa, Nordamerika, Japan, Südkorea und inzwischen in allen Metropolen der Welt – zu einem Dauerstau in Stoßzeiten und zu einer Durchschnittsgeschwindigkeit im innerstädtischen Pkw-Verkehr geführt, die geringer ist als diejenige eines sportlichen Fahrradfahrers. In westeuropäischen Städten liegt diese Durchschnittsgeschwindigkeit nicht höher als 25 km/h; in Los Angeles bei 15 km/h und in Djakarta bei 7 km/h. Doch was wird in einer solchen Situation in der Verkehrspolitik diskutiert? Gibt es bei den Verantwortlichen ernsthafte Debatten über einen Ausstieg aus der Autogesellschaft, über ein Ende des Tempowahns? Das ist nicht der Fall. Ernsthaft diskutiert wird stattdessen der Einsatz von Flugtaxen. Und das ist nicht irgendein ein neues Transportmittel, sondern ein solches, das typisch für den Tempowahn ist: Dieser endet in Stress und Stau für die übergroße Mehrheit. Doch die selbsternannten Eliten wollen dem im Wesentlichen durch sie angerichteten Chaos und zerstörerischen Stillstand dadurch entgehen, dass sie auf der innerstädtischen Kurzstrecke abheben und den Plebs hinter (und unter) sich lassen. Und erneut gibt es das Versprechen, das es vor gut einhundert Jahren beim Einzug des Autos in die Verkehrsgeschichte ebenfalls gab: »Einen Stau in der Luft, das versichert [der Mitgründer von Volocopter und »Chief

Innovation Advisor« dieses Luft-Taxi-Start-ups; W. W.] Alexander Zosel, werde es künftig nicht geben. Das würden die integrierten digitalen Verkehrssysteme der Zukunft schlicht verhindern. Eine Start- und Landetaktung von 15 bis 30 Sekunden bei vielfrequentierten Flugtaxi-Hubs, die an gutbesuchten Plätzen [jeweils mitten in den Stadtzentren, bevorzugt auf Hochhäusern!; W. W.] liegen würden, sei jedoch gar nicht unrealistisch. Es wird künftig also viel los sein am Himmel.«[2]

Das Flugtaxi-Projekt wird unterstützt vom deutschen Bundesverkehrsminister Andreas Scheuer und der bei diesem Thema förmlich auflebenden Staatssekretärin Dorothee Bär. Die Verantwortlichen von United Airlines in den USA entschieden im Februar 2021, sich mit 1,1 Milliarden US-Dollar an Archer, einer Firma zur Herstellung von »flying electric taxis«, zu beteiligen und erste 200 Flug-Taxis zu ordern. Erneut geht es, wie in Henry Fords ersten Werbetexten, um das ganz Große: »The flying taxi is here – and it could change the world.«[3]

Wie beim städtischen Verkehr sieht es auch auf der Langstrecke aus. Der seit dem Jahr 2020 reichste Mensch der Welt und Hersteller von Elektroautos, Elon Musk, investiert in das Projekt eines Superhochgeschwindigkeitszugs mit der Bezeichnung »Hyperloop«. Er soll die 600 Kilometer Entfernung zwischen Los Angeles und San Francisco in 35 Minuten und mit Tempo 1200 Stundenkilometern zurücklegen – in einem ebenso langen Tunnel. Der weltgrößte Versicherer, die Münchner Re, ging bereits 2017 mit der für dieses Projekt zuständigen Musk-Tesla-Gesellschaft Hyperloop Transportation Technologies (HTT) eine Partnerschaft ein. Diese wurde im Oktober 2020 bestätigt. In diesem Zusammenhang wurde ein vergleichbares Projekt einer Tunnel-Hochgeschwindigkeitsverbindung

2 Lisa Hegemann und Dirk Peitz, »In der Luft wird es keinen Stau geben«, in: *Zeit-online* vom 20. Juni 2019. https://www.zeit.de/digital/2019-06/flugtaxis-volocopter-drohnen-startup-verkehr?utm_referrer=https%3A%2F%2Fwww.startpage.com%2F

3 US Airline set zu buy flying electric taxis for Airport runs, in: *BBC News* vom 11. Februar 2021. https://www.bbc.com/news/business-56020650

zwischen Berlin und München konkretisiert. Ein solches Projekt, so der Münchner-Re-Vorstand Thorsten Jeworrek, werde »die Art, wie wir in Zukunft reisen werden, völlig verändern.«[4] China und Südkorea arbeiten bereits in wesentlich konkreterer Form an Zügen, die mit Überschallgeschwindigkeit fahren, also rasen würden. Sie sollen in Röhrensystemen und mit Unterdruck verkehren, weil anderenfalls die Lärmbelastung unerträglich hoch und die Reibung zu groß wäre. Erneut geht es um einen Rekord: Erklärtes Ziel ist »das schnellere Reisen als der Luftverkehr«.[5]

Meist geht es bei den neuen Hochgeschwindigkeitsbahnen um Magnetbahn-Systeme. Dabei gibt es gerade bei dieser Technologie in Deutschland reichlich – und durchaus negative – Erfahrungen. An einem solchen Magnetbahn-System mit der Bezeichnung Transrapid wurde in Westdeutschland seit den 1970er-Jahren geforscht. In Lathen im Emsland wurde im Jahr 1985 eine Versuchsstrecke für diesen Zug errichtet, auf der dann ein Vierteljahrhundert lang tausende Demonstrationsfahrten durchgeführt wurden, an denen viele Zehntausend Betriebsausflügler und einige Dutzend hochrangige Regierungsvertreter aus unterschiedlichen Ländern teilnahmen. Auch wurde im Bundestag 1995 ein Magnetschwebebahn-Bedarfsgesetz verabschiedet, das den Bund und die Deutsche Bahn dazu *verpflichtete*, eine Transrapid-Strecke auf der Verbindung Berlin–Hamburg zu bauen. Der Gesetzestext verbot schlechterdings, den Bedarf überhaupt in Frage zu stellen. Das groteske Gesetz musste dann im Juli 2001 wiederum durch ein »Gesetz zur Aufhebung des Magnetschwebebahnbedarfsgesetzes« aus der Welt geschafft werden. Das gesamte Transrapid-Projekt, in das Steuergelder in Höhe von 1,5 Milliarden Euro flossen, wurde seitens der Bundesregierung schließlich 2011

4 *Technology Magazine* vom 18. Oktober 2020; https://www.technologymagazine.com/ai/htts-hyperloop-technology-declared-insurable-munich-re und *Frankfurter Allgemeine Zeitung* vom18. Oktober 2017.

5 Gernot Kramper, Eisenbahntechnologie – schneller als ein Flugzeug. Südkoreas Hyperzug erreicht über 1000 km/h, in: *Stern* vom 13. November 2011. Und Gernot Kramper, 1000 km7h – Chinas neue Züge sind schneller als ein Flugzeug, in: *Stern* vom 10. März 2018.

aufgegeben. Und, ganz wesentlich und fast immer verschwiegen: Eine große Rolle spielte dabei, dass es am 22. September 2006 auf der Transrapid-Versuchsanlage Emsland zu einem schweren Unfall mit 23 Todesopfern und zehn Verletzten kam.[6] Die Parallelen zum Concorde-Abenteuer sind offensichtlich.

Nun ließe sich sagen: Es gibt doch in Bälde die Elektromobilität. Da geht es dann um nachhaltige Mobilität in umweltfreundlichen, schnuckeligen E-Pkw; diese Elektro-Pkw bewegen sich bedeutend zivilisierter als die Verbrenner-Stinker. Dagegen ist einzuwenden, dass Autoverkehr am Ende immer Autoverkehr mit all den grundsätzlichen Systemnachteilen bleibt, weitgehend unabhängig vom Antriebsstrang, und dass insbesondere die erwähnte Dauerstauproblematik bestehen bleibt. Selbst wenn alle Autos in Los Angeles Tesla oder Renault Zoe wären, bliebe es grundsätzlich bei der innerstädtischen Fahrgeschwindigkeit von den erwähnten 15 Stundenkilometern. Doch selbst wenn man für ein paar Minuten von dieser

6 In Deutschland wurden zwei weitere Transrapid-Strecken konkret geplant: eine durchs Ruhrgebiet (»Metrorapid«) und eine vom Münchner Hauptbahnhof zum Münchner Flughafen. Auch diese Projekte mussten aus unterschiedlichen Gründen aufgegeben werden. Eine vom damaligen Bundeskanzler Gerhard Schröder und von Chinas damaligem Premier Zhu Rongji am 31. Dezember 2002 feierlich in Betrieb genommene 30 Kilometer lange Transrapid-Strecke vom Flughafen Schanghai an den Stadtrand von Schanghai – richtig: nicht ins Zentrum der Metropole – wirkt inzwischen eher wie eine Rumpelbahn. (»Nicht einmal die wenigen Passagiere, die an diesem Morgen 50 Yuan (6 Euro) für die achtminütige Fahrt bezahlen, kommen auf ihre Kosten. Die türkisfarbenen Sitzbezüge sind fleckig, aus den Fensterrahmen lösen sich die Dichtungen und die Tempoanzeige erreicht gerade mal 301 Stundenkilometer.« Nach: *Augsburger Allgemeine Zeitung* vom 4. Februar 2013). Der ausführliche Wikipedia-Eintrag zur Transrapid-Technologie [https://de.wikipedia.org/wiki/Transrapid] erwähnt den entscheidenden schweren Unfall im Emsland nur im »Kleingedruckten« unter der Zwischenüberschrift »Teststrecke in Niedersachsen«. Ganz offensichtlich wirken hier die Tempowahn-Kräfte in Gestalt von Siemens und Thyssen bzw. der Baufirma Max Bögl, die diese Bahn jahrzehntelang auf Steuerzahler-Kosten vorangetrieben haben und die teilweise weiter Interessen mit der Technologie und deren Export verbinden. Der umfängliche Eintrag versäumt es auch, auf das mit den Stimmen von CDU/CSU, FDP und Teilen der SPD verabschiedete Magnetschwebebahnbedarfsgesetz zu verlinken, in dem es in Paragraf 1 schlicht heißt: »Es besteht Bedarf für den Neubau einer Magnetschwebebahnstrecke von Berlin nach Hamburg über Schwerin. Die Feststellung des Bedarfs ist [...] verbindlich.« Als ich im Bundestag diese Dekretierung eines Bedarfs an Geschwindigkeitswahn einerseits mit der Denke des französischen Sonnenkönig Louis XIV. verband und andererseits das gesamte Transrapid-Projekt als »Betonbolschewismus« bezeichnete, erhielt ich vom Bundestagsvize Hirsch einen Ordnungsruf, da damit »die Würde des Parlaments verletzt« würde. Ausführlich zur Transrapid-Magnetbahn siehe: Karl-Heinz Ludewig und Winfried Wolf, Transrapid, Chinarapid, Metrorapid – Hochsubventionierte Wege in eine verkehrspolitische Sackgasse, Berlin 2002.

Systemkritik absieht, dann stellt sich die Wirklichkeit der »Elektromobilität« völlig anders als behauptet dar: Auch diese Autos frönen dem Fetisch Geschwindigkeit. So präsentierten die drei deutschen Autohersteller auf der Internationalen Automobilausstellung 2019, über die ich im ersten Kapitel des Buchs berichtete, die folgenden Elektro-Pkw: Porsche stellte das Modell Taycan, Daimler den EQC und Audi das Modell e-tron vor. Seither werden diese drei Modelle in Serie gebaut – sie sind der Stolz dieser Autofirmen. Die drei gemeinsamen Parameter dieser Modelle lauten: Sie haben jeweils mehr als 400 PS Motorstärke und alle drei wiegen um die 2,5 Tonnen. (Die Batterie allein wiegt jeweils fast so viel wie ein VW Käfer-Modell aus den frühen 1960er-Jahren.) Die Spitzengeschwindigkeiten liegen bei 200 Stundenkilometer und mehr. Beim Taycan »wird bei Tempo 260 abgeregelt«. Über dieses Modell berichtete *Bild am Sonntag*: »Es werden Fahrleistungen geboten, die selbst die Tesla plötzlich glanzlos auf den Rädern stehen lassen. Es gibt zwei Leistungsstufen mit 761 und 680 PS, die sich in 2,8 und 3,2 Sekunden auf Tempo 100 in der Stunde beamen.« Zynisch der Trost für Klimaschützer: »Zukünftig wird [im Taycan] mit recyceltem Material gearbeitet, zum Beispiel mit Fischernetzen bei den Fußmatten. Hallo, Greta!«[7] Die Tesla-Modelle haben grundsätzlich keinen anderen Charakter. Der Einstiegspreis selbst des »preiswerten« Model 3 liegt im Frühjahr 2021 bei 40.000 Euro; das Auto wird wie folgt beworben: Es weise eine Spitzengeschwindigkeit von 225 km/h auf, man sprinte in 5,6 Sekunden von 0 auf 100 Stundenkilometer. Und da ist dann noch der Tesla-Volkswagen. Das Model S hat einen Einstiegspreis von 86.000 Euro und das Model X einen solchen von 96.000 Euro. Man sei hier jeweils in gut 2 Sekunden von Null auf 100 Stundenkilometer

7 *Bild am Sonntag* vom 8. September 2019. Die übrigen Angaben jeweils nach der Eigenwerbung der genannten Autohersteller. Alle E-Autos – auch die hier genannten drei Boliden – werden als »Zero-Emission-Vehicles« definiert. Die Autohersteller können diese angeblichen Null-Emissions-Autos (die real über den gesamten Lebenszyklus hinweg mindestens so viel CO_2 emittieren wie ein durchschnittlich motorisierter Mittelklasse-Pkw) dafür einsetzen, SUV-Modelle mit Diesel- oder Benzin-Motor und hohem Verbrauch auf den Markt zu bringen. Das wird dann gegeneinander aufgerechnet.

Geschwindigkeit angelangt. Im Übrigen wiegt Model 3 mindestens 1,6 Tonnen; Model S und Model X rund zwei Tonnen, also zweieinhalb Mal so viel wie ein VW-Käfer.[8] Alle Tesla-Modelle werben mit Spitzengeschwindigkeiten von mehr als 200 Stundenkilometern, im Fall von Model S sollen es offiziell sogar 322 Stundenkilometer sein, obgleich eine längere Fahrt mit einem solchen Tempo die Reichweite schnell auf deutlich weniger als 250 Kilometer zusammenschnurren lässt.

Bei all dem Geschwindigkeitswahn ist die Frage berechtigt: Gibt es denn die behaupteten Zeitgewinne durch die hohen Tempi wirklich? Sicher ist: Es gibt sie nicht in der unterstellten Höhe – und schon gar nicht für die Bevölkerung als Ganzes. Bereits erwähnt wurde die Durchschnittsgeschwindigkeit im städtischen Autoverkehr. Und diese sinkt nach den Gesetzen der Physik kontinuierlich. Je mehr Autos mit all ihrem Flächenfraß es gibt und je allgemeiner die Versprechen der Zeitersparnis sind, desto langsamer wird der Autoverkehr.

Das gilt zumindest teilweise auch für den Flugverkehr. Die Standardangaben zur Flugzeit vermeiden es fast immer, auch realistische Zeiten für die Anfahrt vom Stadtzentrum zum Airport, für Wartezeiten auf dem Flughafen, für den Zeitaufwand bei den klassischen Kontrollen und bei den Sicherheitschecks (jetzt mal solche, die wegen der Pandemie anfallen, noch ausgenommen) einzuberechnen. Macht man dies, dann sind bereits diese ergänzenden Zeiten meist größer als die Flugzeit selbst; für die meisten inländischen Flüge benötigt man selbst in einem relativ großen Land wie Deutschland nicht weniger Zeit als bei Nutzung schneller Zugverbindungen. Es kann einem oft auch so gehen, wie dem *Süddeutsche-Zeitungs*-Autor Detlev Esslinger, der in den USA für die 237 Meilen (380 Kilometer) Anfahrt zum Flughafen von New York sicherheitshalber neun Stunden einplante, dennoch im Stau stecken blieb, seinen Flug zurück nach Deutschland

8 Siehe: https://www.tesla.com/. Einen ausführlichen und in Teilen kritischen Fahrbericht zu Model 3 brachte die *ADAC Motorwelt* am 5. Februar 2021. Siehe: https://www.adac.de/rund-ums-fahrzeug/autokatalog/marken-modelle/tesla/tesla-model-3/

verpasste und zusätzlich einen Tag in New York verbringen und ein Hotelzimmer für 408 US-Dollar buchen musste.[9]

Der Philosoph Ivan Illich errechnete bereits in den 1980er-Jahren, dass die gesellschaftliche Durchschnittsgeschwindigkeit im Autoverkehr sich auf dem Niveau eines Fahrradfahrers bewegt. Und zwar dann, wenn korrekterweise die Zeit zum Erwerb und zum Unterhalt eines Autos eingerechnet und zur reinen Fahrtzeit addiert werden würde. Es gilt schließlich Entfernung dividiert durch die für die Entfernung aufgewandte Zeit, also km/h. Oder auch: Zeit ist Geld. Ivan Illich hat hier den schönen Begriff der »zeitraubenden Geschwindigkeiten« geprägt.[10] Er arbeitete heraus, dass die Geschwindigkeit zugleich eine moderne Klassengesellschaft schafft:

> Jeder Bauer konnte [den mexikanischen Präsidenten; W.W.] Lázaro Cárdenas begleiten, wenn der auf dem Pferd saß. Wenn heute ein Gouverneur in seinem privaten Hubschrauber sitzt, kann ihn nur sein persönlicher Tross begleiten. Wie häufig jemand in kapitalistischen Ländern größere Entfernungen zurücklegen kann, hängt davon ab, wie viel er bezahlen kann. [...] In einer Leistungsgesellschaft trägt die Geschwindigkeit zur Schichtenbildung bei. Die Förderung des Geschwindigkeitswahns ist zudem ein Mittel der sozialen Kontrolle.[11]

Dabei hat sich grundsätzlich die Zeit, die die Menschen für ihre Mobilität aufwenden, nicht verändert. Die Zerstörung des Raums

9 Detlef Esslinger, Wenn nichts mehr geht, Ein Crash-Kurs über Amerika, in: *Süddeutsche Zeitung* vom 22. August 2015.

10 Ivan Illich, Die sogenannte Energiekrise oder die Lähmung der Gesellschaft, Reinbek 1974; derselbe, Selbstbegrenzung. Eine politische Kritik der Technik, München 1998 (Erstausgabe in den USA 1973 mit dem wunderbar-aktuellen Titel »Tools for Conviviality«). Ich nahm nach der Grundidee von I. Illich detaillierte Berechnungen für »verallgemeinerte Durchschnittsgeschwindigkeiten« vor, wobei ich fünf unterschiedliche Wagen-Typen und fünf unterschiedliche Einkommensklassen unterstellte. Die verschiedenen realen Geschwindigkeiten lagen damit maximal bei 28 km/h und minimal 7 km/h – und zwar für Geschwindigkeiten über den gesamten Einsatz eines Pkw hinweg, also nicht nur hinsichtlich der innerstädtischen Tempi. W. Wolf, Eisenbahn und Autowahn, a. a. O., S. 254ff.

11 Ivan Illich, Selbstbegrenzung, a. a. O., S. 64.

und die größeren Geschwindigkeiten laufen auf ein Nullsummenspiel hinaus. Der österreichische Mobilitätsforscher und Verkehrsplaner Hermann Knoflacher, dessen Grundphilosophie viele Ähnlichkeiten mit derjenigen von Ivan Illich aufweist, hat sich diesem Thema immer wieder aufs Neue und mit spannenden Beispielen und Vergleichen gewidmet. Er spricht von »raumwirksamen Geschwindigkeiten«. Nach seinen Berechnungen habe der Mensch im 20. Jahrhundert zwar enorm viel an Geschwindigkeit zugelegt, man benötige jedoch dieselbe Zeit für die eigene Mobilität, habe also keine Zeit »gespart«.

> Die Österreicher, die sich nach dem Krieg hauptsächlich zu Fuß, mit dem Fahrrad und mit einigen wenigen Autos individuell bewegten, konnten damit ihre »individuelle Raumgeschwindigkeit«, wenn sie Arbeitnehmer waren, auf das ca. Zehnfache anheben. Es müsste daher in der österreichischen Gesellschaft [...] ein ungeheurer Zeitüberschuss entstanden sein. Wo ist diese Zeit denn geblieben? Wenn eine Gesellschaft einen Zeitüberschuss hätte, dann müsste sie immer gemütlicher werden. Daraus folgt konsequent, dass eine Gesellschaft, die über schnelle Verkehrssysteme verfügt, gemütlich sein muss. Wenn ich diese Logik in einem Referat vortrage, erzeugt sie allgemeines Gelächter bei den Zuhörern. [...] Das Gefühl scheint den rationalen Überlegungen der Verkehrswissenschaft, also den scheinbar logischen Berechnungen zu widersprechen. Gefühle dürften älter sein als die Ratio in der spät entwickelten Großhirnrinde, deshalb sollte man ihnen mehr vertrauen.[...] Um den Widerspruch aufzuklären, genügt ein Blick in die heute umfangreich vorhandene Mobilitätsforschung. Dort stellen wir überrascht fest, dass alle Verkehrsteilnehmer, die sich individuell bewegen, Fußgänger, Fahrradfahrer, Motorradfahrer und Autofahrer, nicht nur die gleiche individuelle Mobilitätszeit aufweisen, sondern fast immer auch

idente Mobilitätsverteilungen besitzen. Das heißt, dass jeder Verkehrsteilnehmer unabhängig von der Geschwindigkeit die gleiche Zeit im System verbringt. Die Summe aller Zeiteinsparungen ist daher immer null, unabhängig von der jeweils erzielten Geschwindigkeit.[12]

Zwar ist der Zeitgewinn gleich null. Doch die Kosten in diesem Nullsummenspiel mit der Konstante der Anbetung des Fetischs Geschwindigkeit sind enorm. Der größte Teil der Zerstörungen, die im Zeitalter des Anthropozän, der Großperiode, in der erstmals der Mensch der wichtigste Einflussfaktor auf die wesentlichen Prozesse auf dem Planeten ist, stattfinden, sind dem Tempowahn geschuldet. Es geht um erstens Tote, Verletzte und die menschliche Gesundheit, zweitens um Umweltschäden und die beschleunigte Klimaerwärmung und drittens – worauf vor allem in Kapitel 12 eingegangen wird – um Demokratiegefährdung.

Der Autoverkehr fordert nach offiziellen Zahlen jährlich weltweit einen Blutzoll von 1,35 Millionen Toten. Pro Tag sterben 3700 Menschen im Straßenverkehr. Das wird, weil es gewissermaßen dezentral stattfindet und weil die Autogesellschaft als Norm gilt, weitgehend klaglos hingenommen. Klaus Gietinger rückt die Relationen ins Bewusstsein und kommentiert: »Stellen Sie sich vor, jeden Tag würden 2,5 Titanics untergehen, sieben vollgestopfte Jumbo-Jets 747–600 abstürzen oder 37-mal das schlimmste deutsche Zugunglück (Eschede 1998) geschehen. Wie gesagt: täglich. Dürfte da noch jemand fliegen oder mit dem Zug fahren?«[13]

EU-weit waren es 2019 22.800 Straßenverkehrstote. In Deutschland lag dieser Blutzoll 2019 bei 3046 Getöteten. 2020 starben – als Ergebnis des pandemiebedingten Rückgangs des Autoverkehrs – 2724. Das heißt: In einer Dekade wird auf der Welt die Einwohnerzahl einer

12 Hermann Knoflacher, Stehzeuge. Der Stau ist kein Verkehrsproblem, Wien 2001, S. 35f.

13 Klaus Gietinger, Vollbremsung. Warum das Auto keine Zukunft hat und wir trotzdem weiterkommen, Frankfurt/M. 2019, S. 12.

Mega-City mit gut 13 Millionen Einwohnern, in der EU die Bevölkerung einer Großstadt mit 230.000 Männern, Frauen und Kindern und in Deutschland die Population einer größeren Kleinstadt mit rund 30.000 Menschen ausgelöscht. Das Jahr 2020 ausgenommen, in dem es Corona-bedingt erstmals auch weltweit eine Stagnation gegeben haben könnte, wächst die Zahl der Straßenverkehrstoten auf internationaler Ebene von Jahr zu Jahr – unter anderem aufgrund der wachsenden Automotorisierung und des Tempowahns. Es handelt sich dabei nicht um den »Preis der Mobilität im Allgemeinen«, sondern um den Preis einer spezifischen Automobilität, die im Vergleich zu den anderen Mobilitätsformen mit einem Vielfachen an Toten und Verletzten verbunden ist.

Und dabei sind die offiziellen Zahlen noch deutlich untertrieben und geschönt. Auch dies hat Klaus Gietinger in seinen Publikationen zu diesem Thema deutlich gemacht. Weltweit gibt es eine gewaltige Dunkelziffer bei den Verkehrstoten; es gibt gute Gründe, von doppelt so hohen Zahlen wie den genannten auszugehen. In der EU existieren unterschiedliche Definitionen dafür, wann es sich um einen Straßenverkehrstoten handelt. In Deutschland gilt: Nur derjenige und diejenige, die innerhalb von 30 Tagen nach einem Verkehrsunfall an den Folgen dieses Unfalls starben, werden als Verkehrstote statistisch erfasst. Wer nach diesem Zeitraum stirbt, ist kein Autoverkehrsopfer mehr – auch wenn er oder sie nachvollziehbar an den Folgen eines Straßenverkehrsunfalls zu Tode kam.

Originell ist in diesem Zusammenhang die seit Mitte 2020 geführte Debatte, ob die Corona-Opfer »an« oder nur »mit« einer Covid-19-Infektion gestorben seien. Als ob man von Menschen, die »an und mit Grippe gestorben« seien, sprechen würde. Oder eben von Menschen, die »an und mit einem Verkehrsunfall zu Tode kamen«. Wobei hier die erhebliche Verbesserung der Unfallhilfe und der medizinischen Versorgung, die es in den letzten Jahrzehnten gab, dazu führten, dass tatsächlich ein wachsender Teil von realen Straßenverkehrsopfern nicht mehr als solche statistisch erfasst werden, weil sie erst zu einem späteren Zeitpunkt sterben.[14] Und sie sterben dann nicht »an und mit einem Straßenverkehrsunfall«, sondern zum Beispiel infolge eines Herzversagens, einer Blutvergiftung oder einer Lungenembolie.

Die entscheidende Ursache für Tod und schwere Verletzungen im Straßenverkehr ist die Geschwindigkeit. Oder auch, wie dies verharmlosend im Amtsdeutsch heißt: Ursache für die vielen Toten und die noch wesentlich größere Zahl von Schwerverletzten ist die »nicht angepasste Geschwindigkeit«. Das Statistische Bundesamt fasst dies wie folgt zusammen: »Unfälle durch nicht angepasste Geschwindigkeit haben nach wie vor die schlimmsten Unfallfolgen: Im Jahr 2017 gab es bei Unfällen, bei denen die Polizei mindestens einer Fahrzeug führenden Person zu schnelles Fahren zur Last legte, 24 Tote je 1000 Unfälle mit Personenschaden. Bei allen Unfällen waren es 11 Getötete. Auch die Zahl der Schwerverletzten war mit 336 je 1000 Unfällen mit Personenschaden überdurchschnittlich hoch. [...] Im Jahr 2017 kamen 1077 Menschen bei Geschwindigkeitsunfällen ums Leben, 60.079 wurden verletzt. Damit starb mehr als jeder Dritte (34 %) aller im Straßenverkehr Getöteten bei Unfällen aufgrund nicht angepasster Geschwindigkeit.«[15]

Über die derzeit schnellste Verkehrsart, das Fliegen, wird oft geäußert, es handle sich inzwischen um die neben oder sogar noch vor der Eisenbahn »sicherste Form des Verkehrs«. Das trifft zu hinsichtlich der Zahl der Toten und Verletzten. Flugzeugabstürze sind in jüngerer Zeit eher selten. Bezieht man die dabei Getöteten auf die zurückgelegte gewaltige Zahl an Personenkilometern, dann erscheint der relative Todeszoll tatsächlich niedrig zu sein. Anders verhält es sich hinsichtlich der gesundheitlichen Schäden, einschließlich des vorzeitigen Tods als Folge dieser Schädigungen. Bekannt ist etwa,

14 Siehe ausführlich diesem Thema: Klaus Gietinger, Vollbremsung – Warum das Auto keine Zukunft hat und wir trotzdem weiterkommen, Frankfurt/M. 2019, dort vor allem Seiten 11ff.

15 Statistisches Bundesamt, Unfallentwicklung auf deutschen Straßen 2017. Siehe: https://www.destatis.de/DE/Presse/Pressekonferenzen/2018/Verkehrsunfaelle-2017/pressebroschuere-unfallentwicklung.pdf?__blob=publicationFile

dass Millionen Menschen unter Fluglärm leiden. Vielleicht auch noch, dass dieser nicht nur zu Schlafstörungen, sondern, wie inzwischen umfänglich erforscht, auch zu einer deutlich erhöhten Gefahr von Schlaganfällen, Herzinfarkten und auch Krebserkrankungen führt.[16] Weniger bekannt sind die gesundheitlichen Gefahren, denen die Menschen auf den Flughäfen und in der näheren und weiteren Umgegend der Airports ausgesetzt sind, aufgrund einer erheblichen Luftbelastung durch drei unterschiedliche Feinstaub-Gruppen.[17] Bei Ultrafeinstaub handelt es sich um Partikel, die kleiner als 0,1 Millionstel Meter sind. Diese gelangen über die Lunge direkt ins Blut oder über die Haut in die Blutbahn und können dort zu schweren – auch tödlichen – gesundheitlichen Schädigungen führen.[18] Bislang gibt es keine Filteranlagen, die diese kleinen Partikel aus der Luft entfernen können. Messungen am Frankfurter Flughafen zeigten, dass in bis zu zehn Kilometern Entfernung zum Flughafengelände deutlich erhöhte Ultrafeinstaub-Werte vorliegen.[19] Während es in Frankfurt/M. seit wenigen Jahren zwei Messstationen für Ultrafeinstaub gibt, weigern sich bislang viele Airport-Betreiber-Gesellschaften, solche Messungen

16 Siehe ausführlich: Risikofaktor nächtlicher Fluglärm – Abschlussbericht über eine Fall-Kontroll-Studie zu kardiovaskulären und psychischen Erkrankungen im Umfeld des Flughafens Köln-Bonn von Dr. Eberhard Greiser Claudia Greiser Epi-Consult GmbH, Musweiler; erstellt im Auftrag des Umweltbundesamtes, Dessau-Roßlau, März 2010.

17 Es handelt sich um PM 10, den »groben« Feinstaub (der aerodynamische Durchmesser dieser Partikel ist kleiner als 10 Mikrometer oder 10 Millionstel Meter), um PM (2,5) – Feinstaub mit einem Durchmesser von weniger als 2,5 Mikrometern, und von Ultrafeinstaub, der nochmals mehrere Zehnerpotenzen kleiner ist als PM (2,5). Die Feinstaub-Belastungen werden u. a. in Verbindung gebracht mit Diabetes-, Herz-Kreislauf- und Krebserkrankungen.

18 Ultrafeinstaub ist eine Mischung aus verschiedenen Stoffen, die unterschiedliche chemische und physikalische Eigenschaften haben. Sie werden durch Verbrennungsprozesse freigesetzt – in diesem Fall durch die Verbrennung von Kerosin, aber ähnlich auch durch Benzin- und Diesel-Verbrennung und damit durch die Autoabgase. Ultrafeinstaub kann grundsätzlich auf zwei Wegen wirken: In den Lungen lösen die Partikel Entzündungen aus, die sich auf den gesamten Körper ausweiten können, wodurch die Regulation der Blutgefäße gestört wird. Es erhöht sich das Risiko für die Bildung von Blutgerinseln, was wiederum zu Schlaganfällen und Herzinfarkten führen kann. Außerdem beeinflusst der Ultrafeinstaub das vegetative Nervensystem: Herzrhythmusstörungen und ein erhöhter Blutdruck können die Folge sein.

19 Siehe Pressemitteilung des Hessischen Landesamtes für Naturschutz, Umwelt und Geologie vom 19. Dezember 2019, wonach »hauptsächlich der Flugverkehr auf dem Flughafengelände [Frankfurt/M., d. Verf.], selbst aber auch Überflüge auf niedrigen Flughöhen zu einer erhöhten Konzentration dieser kleinsten Partikel in unserer Außenluft beitragen.«

vorzunehmen. In Stuttgart beispielsweise ist das bis heute so. Deshalb führte die Schutzgemeinschaft Filder e. V. im Jahr 2019 solche Ultrafeinstaubmessungen in eigener Regie durch. Sie konnte dabei erhebliche Belastungen dokumentieren. Bei einer solchen Messung stieg die Konzentration von Ultrafeinstaub in dem Augenblick, als sich ein Flugzeug im Landesanflug befand, von 6.000 bzw. 15.000 Partikeln pro Kubikzentimeter auf Werte zwischen 250.000 und einer Million Partikel pro Kubikzentimeter an.[20]

Zu den Gefahren für Leib, Leben und Gesundheit gesellen sich beim Tempowahn die Zerstörungen der Umwelt und des Klimas. Alle motorisierten Verkehrsarten sind mit Emissionen, insbesondere Kohlendioxid, verbunden, die zur Klimaerwärmung beitragen. Bis zu einem Viertel aller Kohlendioxidemissionen sind dem Verkehrssektor als Ganzem, einschließlich der Luftfahrt und der Seeschifffahrt, zuzurechnen – und zwar dem laufenden Betrieb. Werden die Investitionen in den Bau von Straßen, Häfen und Airports miteinbezogen, dürfte es rund ein Drittel sein. Die schnellste Verkehrsform ist wieder mit den mit Abstand größten Emissionen verbunden. Zumal bei der Luftfahrt die in großer Höhe abgegebenen Klimagase eine wesentlich stärkere, die Klimaerwärmung beschleunigende Wirkung haben.

Geschwindigkeit reduziert angeblich Zeitaufwand – und vernichtet den Raum. Das gilt nicht nur im philosophischen Sinn, wie vorher im Buch mit dem Heine-Zitat zum Ausdruck gebracht. Das gilt auch in einem sehr konkreten, praktischen Sinn. Straßen und Airports beanspruchen immer größere Flächen. Diese Flächen sind heute oft bereits größer als die Flächen, die den Menschen zum Wohnen und für ihre Freizeit zur Verfügung stehen. In Stuttgart beispielsweise entfallen 3825 Hektar Stadtfläche auf den Bereich Wohnen. Auf den Bereich Verkehr entfallen 3055 Hektar, wobei es sich hier bei mehr als 90 Prozent um Straßen für den Autoverkehr handelt. Der – außerhalb der Stadtgrenze, in Echterdingen liegende – Flughafen Stuttgart hat

20 Siehe Winfried Wolf, Stuttgart 2030 – Eine Stadt für die Menschen, Stuttgart Oktober 2020, S. 70ff.

eine Fläche von 395 Hektar, wobei mindestens das Dreifache dieser Fläche durch Fluglärm und Schadstoffemissionen als so beansprucht gelten muss, dass dort Wohnen und Freizeit nicht (oder nur bei starker Beeinträchtigung der menschlichen Gesundheit) vorstellbar sind. Damit ist die für den Straßenverkehr und die Luftfahrt vorgehaltene Fläche größer als die Fläche, die für den Bereich Wohnen zur Verfügung steht.[21] Dieses Verhältnis dürfte typisch für westeuropäische Großstädte sein. In Metropolen mit mehreren Flughäfen kann das Verhältnis noch ungünstiger für den Bereich Wohnen, also für die Menschen aussehen. So ist in einigen Metropolen die Fläche der Flughäfen größer als die für den Bereich Wohnen in der Stadt zur Verfügung stehenden Flächen. In Paris ist die für die drei wichtigen Flughäfen zur Verfügung stehende Fläche sogar größer als die Hälfte der gesamten Stadtfläche.[22] Wobei dieses Verhältnis in Paris wohl besonders krass ausfällt. In Frankfurt am Main entspricht der Rhein-Main-Flughafen »nur« rund 9 Prozent der Stadtfläche (oder knapp 20 Prozent der Fläche, die in Frankfurts Stadtgebiet für Wohnen zur Verfügung steht).[23] Dabei habe ich hier immer nur die direkt dem Flughafen zur Verfügung stehende Fläche als Vergleich gewählt. Wie oben ausgeführt ist die durch die Starts und Landungen so gut wie unbewohnbare Fläche in der Regel drei Mal größer als das für den Flughafen selbst umzäunte Gebiet.

Neue schnelle Autos werden bevorzugt in flachen, viel Raum fressenden Gebäuden gefertigt; besonders deutlich ist dies bei den Gigafactories von Tesla. So auch bei dem neuen Werk in Brandenburg, für

21 Fraktionsgemeinschaft SÖS LINKE Plus, Stadt für die Menschen, Basis: KommunIS, Jahrbuchtabelle Nr. 2425, Stuttgart 2017.

22 Paris hat eine gesamte Fläche von 105 Quadratkilometern oder 10.500 Hektar. Es gibt drei stadtnahe Flughäfen (und einen vierten weiter entfernt liegenden Airport). Die relativ nah am Zentrum liegenden sind: (1) Aéroport Charles de Gaulle mit einer Fläche von 3500 Hektar (und 76 Millionen Fluggästen im Jahr 2019): (2) Aéroport Paris Orly (1528 Hektar; 31,8 Millionen Fluggäste); (3) Aéroport de Paris le Bourget (570 Hektar; 118.000 Fluggäste). Das sind addiert 5598 Hektar, was 53,3 % der gesamten Stadtfläche entspricht. Hinzu kommt der Flughafen Paris Beauvais-Tillé mit rund 800 Hektar und 3,9 Millionen Passagieren.

23 Der Flughafen (Fraport) hat eine Fläche von 2160 Hektar; die Fläche der Stadt beträgt 248,4 Quadratkilometern oder 24.830 Hektar; die Flughafen-Fläche entspricht damit 8,6 Prozent der Stadtfläche.

das mehr als 200 Hektar Wald gerodet wurden. Das riesige, in Flachbauweise erstellte Werk – eine Batteriefabrik eingeschlossen – wurde in einem Gebiet errichtet, das nach Aussage der brandenburgischen Landesregierung noch vor einem Jahrzehnt in das umgebende Landschaftsschutzgebiet »Müggelspree-Löcknitzer Wald- und Seengebiet« integriert werden sollte.[24]

Dass das »Immer schneller, höher, weiter« auch Kultur zerstört und Demokratie gefährdet, ist in der Öffentlichkeit kaum ein Thema. Dabei sollten bereits der aufgezeigte Zusammenhang von Faschismus, Fetisch Geschwindigkeit und Automotorisierung eine solche Debatte befördern. Fast Food und Coffee-To-Go prägen die Esskultur in der neoliberalen Gesellschaft; je mehr Zeitdiktat und Tempowahn, desto vorherrschender der deutlich ungesunde Schnellfraß. Obgleich die politischen und ökonomischen Ereignisse in der jüngeren Zeit enorme Langzeitbedeutung haben, ist die politische Debatte immer stärker von Kurzatmigkeit geprägt; die neuen Medien sind ebenso mit hohen Tempi wie mit Häppchenjournalismus und Gehaltsverlust verbunden. Enzyklopädien, die von – natürlich ebenfalls politisch beeinflussten, aber in der Regel identifizierbaren – Fachleuten zusammengestellt werden, müssen unter dem Angriff von Schnelllebigkeit und Verwertbarkeit aufgegeben werden; ein undurchsichtiges, von Zufälligkeiten und massiver Einflussnahme geprägtes Wikipedia ist zum Welt-Lexikon geworden, das einen wachsenden Teil des Alltagswissens bestimmt beziehungsweise auch für die Verbreitung von einigem falschen Wissen verantwortlich ist.

Die Einbeziehung der Toten und des Todes sind wichtige Charakteristika des Menschen als Kulturwesen; Friedhöfe waren jahrtausendelang wichtige Erinnerungsstätten; Orte von Ruhe, Innehalten, Trauer und Gedenken. Sie liegen oft im Zentrum der Stadt, also auf besonders teurem Boden; in Italien oft auf landschaftlich besonders

24 Heidemarie Schröder, Tesla in Grünheide – der Klimaretter Musk als Klimazerstörer, in: *Lunapark21*, Heft 53, Frühjahr 2021.

reizvollen Hügeln. Die Bedeutung von Friedhöfen und Bestattungen – und damit in der Regel auch das Toten-Gedenken – ist heute stark rückläufig. In den USA haben viele Friedhofsverwaltungen die »Regelruhezeiten« für die Toten drastisch auf weniger als zehn Jahre abgesenkt. In Westeuropa erfreuen sich Baumbestattungen wachsender Beliebtheit. Im Unterschied zum Erdgrab muss der Baum samt Wiese kaum gepflegt werden. Offensichtlich ein wohl erneut fragwürdiger Zeitgewinn. Der Anteil der vollständig anonymen Bestattungen, wo kein Kreuz und kein Stein und keine Tafel auf den Namen der Verstorbenen verweist, nimmt vor allem in Großstädten deutlich zu.[25]

Gleichzeitig ist der Fetisch Geschwindigkeit ein Kult, mit dem das Spiel mit dem Tod, mit der Gefährdung des Lebens anderer und der sinnlose eigene Tod verherrlicht wird. Vielerorts herrscht das Credo, Geschwindigkeit sei alles. Die »langsamen demokratischen Prozesse« hingegen seien nicht mehr zeitgemäß. Das bereits zitierte offene Bekenntnis des Formel-1-Organisators Bernie Ecclestone zur Diktatur der Geschwindigkeit – und zur Diktatur in der Politik – ergänzte sein Kumpan Max Mosley, Sohn von Oswald Mosley, Gründer der faschistischen Partei Großbritanniens, in britisch zurückhaltenden Worten wie folgt: »In meiner Position als Chef des Internationalen Automobilverbands FIA [unter anderem Träger der Formel-1-Weltmeisterschaft; W. W.] konnte ich mehr erreichen als, sagen wir, Verkehrsminister in der britischen Regierung.«[26] Inwieweit die Feststellung desselben Herrn in eben diesem Interview, wonach »Sex so irrational wie Rennwagen fahren« sei, zutrifft, ist nicht Thema dieses

25 Der Anteil der anonymen Bestattungen wird in Deutschland nicht exakt erfasst. Er soll bei »mindestens 5 Prozent« und in Großstädten bei »bis zu 50 Prozent« liegen. In einer repräsentativen Befragung gaben 2020 49 Prozent der deutschen Bevölkerung an, mindestens ein Mal im Jahr einen »Grabbesuch« zu machen; 25 Prozent davon gaben an, dies »mehrmals im Jahr zu tun«. Das sei deutlich weniger als vor zehn Jahren, scheint aber immer noch eine erstaunlich hohe Zahl zu sein. Nach: Christoph Schäfer, Der Tod ist nicht kostenlos, in: *Frankfurter Allgemeine Zeitung* vom 18. Januar 2021. Angaben zu den USA nach: Bernd Guggenberger, Unterwegs im Nirgendwo. Von der Raum- zur Zeitordnung, in: Zeiträume, a. a. O., S. 67.

26 Max Mosley, »Sex ist so irrational wie Rennwegen fahren«, Interview in: *Stern* vom 1. Oktober 2015. Mosely und Ecclestone dominierten den Formel-1-Zirkus mehr als eineinhalb Jahrzehnte; Mosley war in den Jahren 1993 bis 2009 FIA-Chef.

Buchs. Doch seine Erkenntnis, dass in der bestehenden bürgerlich-demokratischen Gesellschaft der Einfluss einer kleinen, ausschließlich von reichen Männern besetzten Institution größeres politisches Gewicht hat als das eines Verkehrsministers, ist hier relevant – und dürfte zutreffen.

Die Geringschätzung von menschlichem Leben in der Tempowahn-Gesellschaft kann auch die Form annehmen, dass der Tod billigend in Kauf genommen wird, um die beschleunigte Kapitalverwertung zu erhalten. Als sich in der Covid-19-Pandemie Anfang 2021 die zweite Welle ankündigte und sich daraufhin eine breite Initiative mit der Forderung bildete, das menschliche Leben ins Zentrum zu rücken und so, wie dies in einem Drittel der Welt erfolgreich praktiziert wird, eine Zero-Covid-Politik zu betreiben, meldete sich der offizielle Vertreter des Instituts der deutschen Wirtschaft, das direkt dem Unternehmerverband BDI angegliedert ist, Michael Hüther wie folgt zu Wort: »Das Regierungshandeln scheint auf große Zustimmung zu stoßen, das hat die Kritik daran schnell radikalisiert, [...] sodass man mit abwägenden Stellungnahmen heute nicht nur Querdenker auf den Plan ruft, sondern ebenso Lockdown-Fanatiker. Dahinter verbirgt sich eine Position, die den verständlichen Wunsch – manifest im Hashtag #ZeroCovid – zu einem unrealistischen [...] Ziel erklärt. So richtig der Hinweis ist, dass jeder Todesfall menschliches Leid und Trauer begründet, so gilt ebenso, dass jedes Leben nur ein Leben zum Tode ist; ein Thema, das philosophische Diskurse seit jeher erfasst.«[27]

27 Michael Hüther, Institut der deutschen Wirtschaft (IW), in: *Cicero* vom 13. Januar 2021: https://www.cicero.de/wirtschaft/corona-lockdown-lockerung-lebensschutz-insolvenzen-michael-huether

Kapitel 12: Entschleunigung – der Griff zur Notbremse

> An der Penn Station ist etwas Spektakuläres passiert. […] Als neuer Teil der Penn Station ist die Moynihan Train Hall eröffnet worden. […] Ein Meisterwerk, ein Zeichen des Aufbruchs, der vielleicht wichtigste öffentliche Neubau in New York seit Jahrzehnten. Um die Bedeutung dieser Halle zu ermessen, ist ein Blick in die Geschichte der Penn Station nötig. Ursprünglich wurde sie 1910 eröffnet, schönste Beaux-Arts-Architektur. […) Wie aus diesem Bollwerk, diesem Schutz für die Seele, ein Bau der Hölle werden konnte, ist schnell erklärt. Anfang der Sechziger Jahre überlegten sich einige Geschäftsleute, dass es eine gute Idee sei, das Gebäude abzureißen. Züge hätten keine Perspektive. […] 1963 begann der Abriss eines der monumentalsten Gebäude der Stadt. Vermutlich ist in der New Yorker Baugeschichte keine größere Sünde begangen worden. Der Bahnhof wurde unter die Erde verlegt, drauf setzte man außer dem Madison Square Garden noch ein Hochhaus, damit drunter wirklich niemand mehr Luft zum Atmen hatte. […] Dass jetzt die Moynihan Train Hall inmitten der Pandemie eröffnet wurde, wirkt wie […] ein Hinweis auf eine Zeit, in der das Reisen wieder eine Freude sein kann. Der ganz große Traum wäre, den Rest der Penn Central aus ihrem Loch zu befreien. […] Der neue Mann im Weißen Haus trägt den Spitznamen »Amtrak Joe«. […] Jahrzehntelang ist Joe Biden von seinem Wohnort in Delaware mit dem Zug zur Arbeit nach Washington gefahren. […] Wenn der Zugfahrer Joe Biden das Geld nicht lockermacht, wer dann?
>
> *Christan Zaschke, Ende des Tunnels, 2021*[1]

Geschwindigkeit und Zeitdiktat sind nicht zuletzt ein Angriff auf die Demokratie. Das ist der schwerwiegendste Vorwurf gegen den Tempowahn. Demokratie erfordert Zeit. Geschwindigkeit frisst Zeit. Die Pandemie und die nunmehr erforderlichen »schnellen

1 Christian Zaschke, Ende des Tunnels, in: *Süddeutsche Zeitung* vom 20. Februar 2021.

Entscheidungen« waren der Vorwand, um die Exekutive ins Zentrum zu rücken, um demokratische Einrichtungen zu schwächen und »zeitraubende« demokratische Prozesse auszuhebeln. Die Qualität der auf diese Weise getroffenen Entscheidungen – mit einem mehr als einjährigen Jojo-Lockdown – lässt, wenn die Interessen der Menschen und die Gesundheit im Zentrum gesehen werden, erheblich zu wünschen übrig. Für diejenigen jedoch, die mit der Pandemie einen beschleunigten Umsatz erzielen wollten, waren diese von Zeitdiktat bestimmten Entscheidungen Gold wert. Unter Verweis auf das nun besonders notwendige größere Wachstum werden »Beschleunigungsgesetze« verabschiedet, oft gerade im Verkehrsbereich, um neue Verkehrsanlagen mit höheren Tempi, ohne lästige Umweltauflagen und bei Umgehung von Bürgerbeteiligung durchsetzen zu können. Die Tesla-Fabrik in Brandenburg – ein Vorhaben mit einer Investitionssumme von mehr als einer Milliarde Euro – wurde über die Jahre 2019 und 2020 hinweg auf Basis »vorläufiger Genehmigungen« und damit komplett unter Umgehung »eigentlich« gültiger Verfahren zu Bürgeranhörung und Umweltschutz durchgezogen. Das erfolgte angeblich auf das Risiko des Auftraggebers, Elon Musk und Tesla, hin. Tatsächlich tragen bei dieser Art Highspeed-Investitionsentscheidung allein die Bevölkerung bzw. Natur und Umwelt das Risiko.

Beim größten Infrastrukturprojekt in Deutschland überhaupt, Stuttgart 21, werden deutlich mehr als zehn Milliarden Euro Steuergelder für 50 Kilometer lange Tunnelbauten und einen Tiefbahnhof, mit dem die Kapazität der Gleisanlagen um mehr als 30 Prozent reduziert wird, verbuddelt. All das wurde in den Jahren 1992 bis 1994 klammheimlich vorbereitet und dann bewusst ohne jedes demokratische Prozedere von den Machern in der Exekutive und an der Spitze der Deutschen Bahn AG verkündet. Der damals entscheidende Kopf des Projekts, Bahnchef Heinz Dürr, nannte die Vorgehensweise eine »bewusst überfallartige Aktion«. Ziel sei es gewesen, dass die Gegner »keine Chance« gehabt hätten, »das Projekt zu zerreden«. Das Resultat: Ein Vierteljahrhundert nach diesem Beschluss wird an dem

Projekt immer weiter gebaut; eine Inbetriebnahme vor 2030 erscheint unwahrscheinlich. Die ins Auge gefasste Zahl der Tunnel-Kilometer hat sich ausgerechnet im Corona-Jahr 2020 verdoppelt – auf mehr als 100 Kilometer lange unterirdische Gleistunnel. Vergleichbares gibt es nirgendwo in der Welt; auch nicht in New York, wo in den 1960er- und 1970er-Jahren bei der Verlegung von Tausenden Kilometern Schiene unter die Erde neun Zehntel dieser Schienenstränge »verloren« gingen. Wobei in Stuttgart alles dafür spricht, dass Stuttgart 21 nie Wirklichkeit werden wird. Was jedoch real stattfindet: Die Kosten wachsen ins Unermessliche.[2]

Die Technologien, in die aktuell die größten Summen fließen – Künstliche Intelligenz, Autonomes Fahren und im militärischen Bereich ferngesteuerte Drohnen und Kampfflugzeuge – sind von vornherein darauf ausgelegt, keine Zeit für menschliche Entscheidungen und damit keine Zeit für die Praktizierung von Demokratie und das Räsonieren über Moral einzuräumen. Die Amerikanerin Elaine Herzberg war der erste Mensch, der von einem autonom gesteuerten Fahrzeug getötet wurde. Seither diskutieren Versicherer, Juristen und allgemeine Öffentlichkeit: War die Fahrerin schuld? Oder der Google-Algorithmus? Kann KI verantwortlich gemacht – oder zumindest versichert werden? Auch Vollkasko? Bei welcher Eigenbeteiligung?

Diesen Charakter des Tempowahns als »Dromokratie«,[3] als »Geschwindigkeitsherrschaft«, hat der Philosoph Paul Virilio herausgearbeitet. Er verband den Begriff auch mit der Autogesellschaft, aber noch weit mehr mit Kriegsführung und mit einem intensiven Angriff auf die Natur: »Der dromokratische Geist […] wirkt wie ein permanenter Angriff auf die Welt und durch sie hindurch, wie ein Angriff auf die Natur des Menschen: die Vernichtung von Fauna und

2 Ausführlich bei: Winfried Wolf, abgrundtief + bodenlos, Stuttgart 21, sein absehbares Scheitern und die Kultur des Widerstands, 3. und erweiterte Auflage, Köln 2019.

3 Nach den altgriechischen Wörtern »dromos« (δρόμος), Rennbahn, Lauf; Geschwindigkeit und »kratos« (κράτος) Gewalt, Macht und Herrschaft. Bei Virilio auch als »Dromologie« bezeichnet und jeweils als Gegensatz zu Demokratie verstanden.

Flora und die Außerkraftsetzung der natürlichen Ökonomie sind nur schwache Vorläufer von viel brutaleren Zerstörungen.«[4]

Diese vor vier Jahrzehnten geäußerten Sätze erscheinen 2021 prophetisch. Der auf die Spitze getriebene Geschwindigkeitskult, die Erwartungen im Frühjahr 2021 des World Economic Forums, von Weltbank, Internationalem Währungsfonds, von EU und allen europäischen Regierungen und nicht zuletzt diejenigen des Politbüros in Peking, wonach die Weltwirtschaft nunmehr nach der Corona-Krise einen »beschleunigten Wachstumspfad« beschreiten würde, könnte sich als Trugschluss oder als ein weiterer Sargnagel für eine zukunftsfähige Welt erweisen. Wenn die Atempause, die die Pandemie verschafft hat – immerhin erstmals seit Jahrzehnten verbunden mit einem bescheidenen Rückgang der klimaschädigenden Neuemissionen im Jahr 2020 –, nicht zu einer radikalen Umkehr genutzt wird, dann könnte diese Dromokratie dazu führen, dass eine beschleunigte Klimaerwärmung bereits in naher Zukunft zu einem weit brutaleren, dann wohl primär autoritär verfügten Lockdown zwingt, um den Folgen dieser drohenden Katastrophe, so einem Anstieg des Meeresspiegels, zu begegnen.

Was wir angesichts des Tempowahns benötigen, ist eine umfassende Entschleunigung der Gesellschaft. Und da diese auf dem Fetisch Geschwindigkeit beruht, läuft dies schlicht auf eine revolutionäre Umwälzung hinaus. Ein Loblied auf Langsamkeit klingt wenig revolutionär und auch wenig marxistisch. Das sah auch Walter Benjamin so, als er latent antimarxistisch gestimmt schrieb: »Marx sagt, die Revolutionen sind die Lokomotiven der Weltgeschichte. Aber vielleicht ist dem gänzlich anders. Vielleicht sind die Revolutionen der Griff des in diesem Zug reisenden Menschengeschlechts nach der Notbremse.«[5]

Ja, es ist so. Revolution für die Menschen und für Humanismus bedeutet vor allem: Entschleunigung – Herausnahme von speed aus dem kapitalen System. Wobei sich natürlich die Frage stellt: Wie sieht

4 Paul Virilio, Geschwindigkeit und Politik – Ein Essay zur Dromologie, Berlin 1980, Seite 80.
5 Walter Benjamin, Gesammelte Schriften, Frankfurt am Main 1999, Band V/2, Das Passagenwerk, S. 1232.

ein solches revolutionäres Konzept der Entschleunigung aus? Welchen Charakter hat dann die anstehende Revolution?

Es wäre eine Überforderung, hier ein in diesem Sinn komplettes Programm zu entwickeln. Ich beschränke mich zunächst auf drei Beispiele und drei Ebenen, auf denen auch bereits »etwas läuft«, um am Ende nochmals auf Grundsätzliches zu sprechen zu kommen.

Entschleunigung ganz praktisch. Tempolimits für alle motorisierten Verkehre

Notwendig erscheint eine umfassende Kampagne zur Reduktion aller Geschwindigkeiten im motorisierten Verkehr. Das ist sicher in Deutschland ein besonderes Thema aufgrund des hier exklusiv fehlenden Tempolimits auf Autobahnen. Das gilt jedoch auch darüber hinaus für die übrigen westlichen Länder.

Notwendig ist eine Reduktion *aller* geltenden Tempolimits. Dies rettet Menschenleben und verhindert hunderttausendfach körperliche Verletzungen und psychische Belastungen. Sie hilft vor allem denen, die als »schwache Verkehrsteilnehmer« gelten: den Zufußgehenden. Konkret in Zahlen: 483 Fußgänger wurden in Deutschland 2017 im Straßenverkehr getötet und 30.564 verletzt, davon 6979 schwer. Zwar sinkt die Zahl seit Jahrzehnten, aber sie ist nach wie vor skandalös hoch. Skandalös sind auch die chronischen Versuche, Fußgänger zu Schuldigen an vielen Unfällen zu erklären. Nach amtlichen Statistiken gelten sie bei vielen der von ihnen erlittenen Unfälle als »Hauptverursacher« – 2017 bei genau 8858 Unfällen mit Verletzten und Getöteten inner- und außerorts.[6]

6 Dazu schreibt der verdienstvolle Verband Fuss e. V. in Berlin: »Man kennt die Floskeln aus den Polizeiberichten: das Gehen, ›ohne auf den Fahrzeugverkehr zu achten‹, das ›plötzliche Hervortreten zwischen Sichthindernissen‹, das ›Queren der Fahrbahn abseits vorhandener Querungsstellen‹ oder auch ›die Verkehrsteilnahme unter Alkoholeinfluss‹. Für solche ›Delikte‹ droht in Deutschland die Todesstrafe – mag sie im Grundgesetz auch für schwerste Straftaten seit 1949 abgeschafft worden sein. Haben da viele Einzelne versagt? Wir sehen das anders: als schrecklichen, chronischen Fall von Systemversagen – und zwar eines von Menschen gemachten Systems. Der größte Teil dieser Menschen starb und stirbt nicht, weil sie auf die Fahrbahn gehen. Sondern weil unser Verkehrssystem und seine Macher zulassen, dass

Notwendig ist in allen Städten ein allgemeines Tempolimit von 30 Stundenkilometern. Damit nimmt die Wahrscheinlichkeit eines Unfalls deutlich ab. Kommt es dennoch zu einem Zusammenstoß, dann sind die Verletzungsfolgen deutlich geringer. Denn wenn ein Fahrzeug mit 50 km/h einen Fußgänger rammt, dann entspricht der Unfall einem Sturz aus 10 Metern Höhe; die Überlebenschancen für den Fußgänger liegen bei gerade einmal 30 Prozent. Nicht viel anders sieht es bei einem Zusammenstoß eines Autos mit einem Fahrradfahrer aus. Ist das Auto dagegen mit Tempo 30 unterwegs, entspricht eine Kollision einem Sturz aus 3,5 Metern. Die Überlebenschancen steigen auf 90 Prozent.

In Schweden verfolgt die staatliche Verkehrspolitik die »Vision Zero«, also null Unfalltote. Dazu formuliert die Straßenbehörde »Vägverket«: »Die Arbeit an der Verwirklichung der Vision Zero hat klar gemacht, dass Tempo 30 das Limit sein muss, wenn Fußgänger und Radelnde eine Kollision überleben sollen.«[7] Auch Norwegen und Finnland verfolgen vergleichbare Zielsetzungen. Oslo und Helsinki konnten für 2019 verkünden, dass zum ersten Mal seit einem Dreivierteljahrhundert im Straßenverkehr kein Kind, kein Fußgänger und kein Fahrradfahrer mehr getötet wurde.[8]

Schließlich ist ein Tempolimit auf den deutschen Autobahnen überfällig. Vieles spricht dabei für Tempo 100 km/h. Realistisch erscheint unter den gegebenen Bedingungen eine breit getragene Kampagne für Tempo 120 km/h. Die allgemeine Stimmung für eine deutliche Tempobegrenzung auf den schnellsten Autostraßen existiert seit Jahrzehnten. 2019 hat der ADAC öffentlich erklärt, nicht mehr strikt gegen jedes Tempolimit zu sein (und 2021 ernsthaft erwogen, dass zum ersten Mal eine Frau auch in das ADAC-Führungsgremium

---

sie dort ein Fahrzeug, meist ein Auto, mit tödlicher Wucht rammt. Die tödliche Wucht kommt vom Tempo. Je schneller ein Auto beim Rammen eines Fußgängers fährt, desto wahrscheinlicher ist dessen Tod.« Nach Fuss e. V. Berlin, 2021. https://www.fuss-ev.de/regeln-konflikte/unfaelle-tempo-30

7 »The work on turning Vision Zero into reality has emphasised that this must be the limit if pedestrians and cyclists are to survive a collision.« Vägverket, Vision Zero on the Move, 2006.

8 Nach: *Stern* vom 8. Februar 2020.

gewählt werden könnte. Eine hochspannende Frage ist, ob es zuerst in der katholischen Kirche Priesterinnen oder zuerst Frauen im ADAC-Vorstand gibt).

Ein Tempolimit auf Autobahnen ist nicht nur wichtig wegen der Notwendigkeit einer Reduktion des Blutzolls. Es wäre auch ein Beitrag zum Einstieg in eine allgemeine Entschleunigung. Die nach oben offene Raserskala auf deutschen Autobahnen und die überall im Autoverkehr zu hohen Geschwindigkeiten wirken sich auf das gesamte gesellschaftliche Leben in dem Land negativ aus. Und: ein solches Tempolimit im Verbund mit den anderen herunterzusetzenden Geschwindigkeitsbeschränkungen ist aus Klimaschutzgründen wichtig.

Am 16. März 2020 konnte man einigermaßen erstaunt hören, wie die *ARD*-Tagesschau-Sprecherin kundtat: »Während in Deutschland emotional über eine mögliche Geschwindigkeitsbegrenzung diskutiert wird, schaffen die Niederlande Fakten. [...] Seit heute Morgen, 6 Uhr, gilt in den Niederlanden: Fuß vom Gas – Tempolimit 100. Und zwar überall – immer zwischen 6 Uhr früh und 19 Uhr abends. In Deutschland wäre das undenkbar. Aber die niederländische Regierung hat entschieden: Der Umwelt zuliebe muss jetzt langsamer gefahren werden.«[9]

Im Übrigen spricht alles dafür, auch für den Schienenverkehr ein allgemeines Tempolimit einzurichten. Die maximale Geschwindigkeit sollte auch bei Hochgeschwindigkeitsverkehren bei 220 Stundenkilometern liegen. Höhere Tempi sind angesichts des damit massiv steigenden Energieverbrauchs im Betrieb (und ergänzend beim Bau neuer Strecken) abzulehnen. Wobei ein Effekt einer solchen Entschleunigung auch darin besteht, dass erst damit eine Flächenbahn verwirklicht werden kann. Die hohen ICE-Geschwindigkeiten führen dazu, dass größere Städte links und rechts neben den Hochgeschwindigkeits-Schienensträngen ohne ICE-Anschluss liegen

9 ARD-Tagesschau vom 16. März 2020. https://www.tagesschau.de/ausland/niederlande-tempo-100-101.html

gelassen werden. Die Hochgeschwindigkeitsstrecke Frankfurt am Main–Köln hat Bonn und Koblenz vom Schienenfernverkehr weitgehend abgehängt. Die ICE-Strecke Hannover/Braunschweig–Berlin hat Magdeburg und Potsdam, immerhin beides Landeshauptstädte, vom Schienenfernverkehr so gut wie ausgeschlossen. Die fast brandneue ICE-Verbindung München–Berlin hat Jena und Weimar ins schienenpolitische Abseits katapultiert. Erst nach der Festlegung eines solchen Parameters ICE-Tempolimit sollte ein Integraler Taktfahrplan (»Deutschlandtakt«) entwickelt werden.

Stadt für die Menschen – Stadt des Fußverkehrs, des Fahrrad- und öffentlichen Verkehrs

Diese Zielsetzung, gebündelt in der Forderung »Stadt für die Menschen«, könnte eine zweite Konkretisierung von Entschleunigung darstellen. Als ich Mitte der 1980er-Jahre die ersten verkehrspolitischen Arbeiten publizierte, da tauchte das Zufußgehen und Fahrradfahren in den Mobilitätsstatistiken erst gar nicht auf. Das Fahrrad zählte, ebenso wie die Eisenbahn, sprichwörtlich zum alten Eisen. Als ich damals zaghaft davon schrieb, das Fahrrad müsse in einer zukünftigen – das Wort »nachhaltig« hatte noch nicht Eingang in den allgemeinen Sprachgebrauch gefunden – Verkehrsorganisation wieder »seinen Platz haben« und dabei für einen bundesweiten Anteil des Fahrradverkehrs an allen Verkehrsarten von sechs bis sieben Prozent plädierte (was damals mehr als einer Verdopplung entsprach), da galt dies als visionär (wobei es einige wenige Verkehrsplaner wie Heiner Monheim gab, die in dieselbe Richtung argumentierten). Ein knappes Jahrzehnt später, 1993, erarbeitete ich, unterstützt von einem breiten Bündnis Berliner Umwelt- und Verkehrsverbände, eine verkehrspolitische Vision für »Berlin – Weltstadt ohne Auto«.[10]

10 Winfried Wolf, Berlin – Weltstadt ohne Auto? Eine Verkehrsgeschichte 1848–2015, Köln 1994, S. 247. Zuvor: Winfried Wolf, Eisenbahn und Autowahn, Erstausgabe 1986, S. 425.

In dieser war ein Fahrradwegeanteil von zehn Prozent bis zum Jahr 2010 vorgesehen, was im Vergleich zum damaligen Ist-Zustand eine Steigerung um das Zweieinhalbfache darstellte. Und heute, 2021? Da liegt in Berlin der Fahrradwegeanteil weit über diesem Level, bereits bei 18 Prozent. Und im Corona-Jahr der Entschleunigung, 2020, stieg er, wie in so gut wie allen europäischen Städten, nochmals deutlich an. Und dennoch liegt er, wenn wir über den Tellerrand der Autorepublik Deutschland schauen, deutlich zu niedrig.

Heute gibt es Städte wie Kopenhagen, Amsterdam, Groningen und – mit gewissen Abstrichen – Münster, Freiburg im Breisgau und Oldenburg, in denen ein drei- und viermal höherer Fahrradwegeanteil als der von mir 1993 für Berlin projektierte existiert.

Doch halten wir uns nicht bei den Details auf, gehen wir aufs Ganze: Heute kann man eine ideale Stadt für die Menschen, eine Mosaikstadt aus schon vorhandenen Elementen zusammenstellen. Man nehme den Fahrradanteil von Kopenhagen (gut 50 Prozent), den Anteil des öffentlichen Verkehrs in Zürich (mehr als 40 Prozent) und den Anteil des Fußgängerverkehrs in Hamburg (28 Prozent), man relativiere die Idealzahlen dieser Verkehre des Umweltverbunds[11] um rund ein Viertel, dann bekommen wir immer noch das »realistische Idealbild« einer Stadt für die Menschen, in der deutlich mehr als 80 Prozent aller Wege mit den beiden nicht motorisierten Verkehrsarten und mit öffentlichen Verkehrsmitteln zurückgelegt werden. Das sollte das allgemeine Etappenziel sein – die Zurückdrängung des Autoverkehrs auf bis zu 10 Prozent in den Städten und auf weniger als 25 Prozent bundesweit.

Unvorstellbar in Deutschland? Tatsächlich tut sich auch hier einiges. Von Münster ist es nur ein Katzensprung bis nach Groningen. Und den tat der Münsteraner Oberbürgermeister Markus Lewe Anfang 2019. Er informierte sich in der niederländischen

11 Die drei Verkehrsarten Fußgängerverkehr, Fahrradverkehr und ÖPNV werden oft sinnvollerweise als Einheit gesehen und als »Verkehre des Umweltverbunds« bezeichnet.

Fahrradhochburg mit einem 60-Prozent-Radwege-Anteil darüber, was man in Münster noch alles besser, noch fahrradfahrerfreundlicher, machen kann. Dort wurde ihm unter anderem ein Straßenschild mit der Aufschrift »fietstraat – auto te gast« – »Fahrradstraße – Auto zu Gast« gezeigt. Auf diesem im blauen Grundton gehaltenen offiziellen Verkehrsschild ist im Vordergrund ein Fahrradfahrer abgebildet, der in der Straßenmitte radelt; hinter demselben ein Auto. Und wie das so ist in Deutschland, der Münsteraner OB war sich unsicher, ob »sowas« denn geht. Aus einem Bericht: »Oberbürgermeister Lewe gefällt diese Prioritätensetzung. Sowas würde der Christdemokrat gern in Münster machen. Er fragt den Mann neben ihm, ob es gesetzlich erlaubt sei, solche Schilder in Deutschland aufzustellen. ›So eine Beschilderung dürftest du machen‹, sagt Burkhard Stork. Er ist Bundesgeschäftsführer des Allgemeinen Deutschen Fahrrad-Clubs (ADFC) und kennt sich mit der Straßenverkehrsordnung bestens aus. Lewe nickt zufrieden.«[12]

Stay grounded! Binnenflüge in Deutschland ganz einstellen, in Europa drastisch reduzieren – ein Nachtzugnetz aufbauen

Bei der beschriebenen Rundumsorglos-Subventionierung, die der Flugverkehr erfährt, könnte sich im Herbst 2021 – unterstellt, eine Herdenimmunität und Verhältnisse wie 2019 werden erreicht – eine vierköpfige Familie mit einem durchschnittlichen Haushaltseinkommen eine Urlaubsreise nach Mallorca oder auf eine griechische Insel leisten. Der Hin- und Rückflug für vier Personen liegt hier unter 500 Euro. Ohne genannten Subventionen stiege der Preis auf 900 bis 1100 Euro; unter Einbeziehung der externen Kosten wären es 1500 Euro. Unter der Bedingung, dass der volle Preis zu bezahlen wäre,

12 Kristian Frigelj, Das Rad soll das Auto verdrängen – Münster plant ein verkehrspolitisches Experiment – und nimmt sich Groningen als Vorbild, in: *Die Welt* vom 2. Februar 2019.

würde vermutlich ein großer Teil der Normalverdiener auf diese Flüge und diese Art Urlaub verzichten. Es käme zu einer Verlagerung von Urlaubsverkehr an Ostsee, Nordsee, ins Sauerland, in den Schwarzwald und an den Bodensee oder in andere näher liegende Urlaubsgebiete. Für die regionale Tourismusbranche, die seit Jahrzehnten darnieder liegt, wäre dies belebend. Dass damit die Lebensqualität der Betroffenen sinken würde, darf bezweifelt werden.

Es würde also schon genügen, die realen gesellschaftlichen Kosten des Fliegens in die Preise einfließen zu lassen, um eine gründliche Veränderung der Nutzung der Verkehrsmittel zu erreichen. Mit tiefgreifenden positiven Auswirkungen für die Umwelt, die öffentlichen Haushalte und die Menschen.

Anstatt Nord- und Ostsee, Sauerland, Schwarzwald und Bodensee könnte die oben beschriebene Muster-Familie sich aber auch entschließen, am ersten Tag des Schulferienbeginns nachmittags mit dem Zug nach München zu fahren, dort im Hauptbahnhof um 21:27 Uhr in den Nachtzug einzusteigen, um am nächsten Morgen um 10:10 Uhr weit unten in Süditalien, in Pescara an der Adria-Küste, auszusteigen. Alle, vor allem die Kids, wären begeistert, weil es nicht die Reduktion von Gepäck, die bei den Malle-Billigfliegern von Ryan Air besonders krass ist, geben würde. Und die gesamte Familie würde die Nachtfahrt im gemeinsamen Liegewagenabteil (bei Kosten von nur 22 Euro pro Person und Fahrtrichtung im Fall des günstigsten Tarifs) genießen.

Eine andere Familie könnte am Urlaubsziel Griechenland festhalten, und um 20:56 Uhr ihre Reise mit dem durchgehenden Schlaf- und Liegewagenzug in München beginnen, morgens gegen 10 Uhr zwischen Zagreb und Belgrad – natürlich immer noch in ein und demselben Zug – ein Frühstück einnehmen, um am späteren Nachmittag um 15:59 Uhr in Athen anzukommen.

Einverstanden, diese Zugverbindungen gibt es nicht. Genauer: Es gibt sie nicht mehr. Es gab sie exakt so, wie hier angegeben, wenn auch vor einiger Zeit, genauer vor siebzehn Jahren. Wobei die Reisezeiten inzwischen kürzere sein könnten, wenn die Züge denn wieder eingeführt und die Schieneninfrastruktur dort, wo noch nicht erfolgt, optimiert werden würde.[13]

Und auch hier lässt sich feststellen: In Hinblick auf dieses dritte Entschleunigungsprojekt tut sich einiges. Die Deutsche Bahn AG und das Bundesverkehrsministerium, die im Dezember 2016 den gesamten Nachtreisezugverkehr einstellen ließen, stehen seither in wachsendem Maß unter einem Rechtfertigungsdruck, diese mehr als hundertjährige Eisenbahnverkehrsform aufgegeben zu haben. Die Expansion der von der österreichischen Staatsbahn ÖBB betriebenen Nachtzüge unter der Marke NightJet trug zu dieser veränderten Situation bei. Vor allem aber gibt es eine europaweite Initiative, die ein »back on track« der Nachtzüge und den Aufbau eines europaweiten Nachtzugnetzes fordert.

Im Dezember 2020 erfolgte ein (leiser) Paukenschlag. Der deutsche Bundesverkehrsminister und der Chef der Deutschen Bahn traten vor die Medien und taten kund, dass die Bahnunternehmen aus Deutschland, Österreich, Frankreich und der Schweiz ab 2021 neue, gemeinsame Nachtzüge betreiben wollten. Joachim Holstein, letzter Sprecher des Wirtschaftsausschusses der ehemaligen DB-Nachtzugtochter European Railservice und aktiv bei Back on Track, kommentierte dies wie folgt: »Es ist erfreulich, dass Deutschland, Frankreich und die Schweiz ihren Widerstand gegen Nachtzüge aufgeben. Gemeinsam mit den ÖBB, die seit Jahren mit Nachtzügen erfolgreich sind, könnten sie ein europaweites Nachtzugnetz neu aufbauen. Dafür haben wir 2016 einen europaweiten Fahrplan unter

13 Angaben für die Fahrt München–Pescara und München–Rijeka nach: Deutsche Bahn, Ihre Nachtzugreise 2003/2004. Als normale Preise – »Globalpreise« – wurden dort für die Hin- und Rückfahrt im Fall München–Pescara genannt: 480 Euro für das gesamte Liegewagen-Abteil (für 6, 5 oder 4 Personen) und 562 Euro für ein komplettes Schlafwagenabteil (für eine 3-, 2- oder 1-Personen-Belegung). Für die Fahrt München–Rijeka waren keine »Globalpreise« aufgeführt. Die Angaben für die Fahrt München–Athen basieren auf dem 1966er-Fahrplan des »Hellas-Express« der Deutschen Bundesbahn. Vergleichbare Verbindungen Deutschland–Griechenland gab es bis Anfang der 1990er-Jahre.

der Marke *LunaLiner* entwickelt.[14] Im Übrigen bieten Nachtzüge die Möglichkeit, eine eigene Kabine für sich und bis zu fünf Mitreisende zu buchen. Unter Epidemie-Bedingungen ist das gegenüber den eng bestuhlten Großräumen in ICE, TGV oder Flugzeugen mit großen Vorteilen verbunden.« Bernhard Knierim, einer der Sprecher des Bündnisses von »Bahn für alle« ergänzte: »Mit modernen Wagen sind im Nachtsprung Entfernungen bis über 1500 km möglich. Nachtzüge sind die umweltfreundliche Alternative zu Kurz- und Mittelstreckenflügen. Mit ihnen wird enorm Zeit gespart: Man erreicht sein Ziel im Schlaf.«[15]

Halten wir fest: Ein allgemeines Tempolimit auf deutschen Autobahnen, deutlich reduzierte Tempolimits im übrigen Autoverkehr, Geschwindigkeitsbegrenzungen auch im Bereich Schiene, Zurückdrängung des Autoverkehrs in den Städten auf ein Minimum, Verlagerung des binnendeutschen und europäischen Flugverkehrs in Richtung Bahn. Dass dies bereits eine Revolution ist, darüber lässt sich trefflich streiten. Der Kapitalismus wäre damit natürlich nicht abgeschafft. Aber es wären zentrale Schritte in einigen Lebensbereichen zur Zurückdrängung der Profitlogik, die unsere Gesellschaften und die Natur in buchstäblich rasendem Tempo zerstört. Es geht dabei darum, dass die Menschen sich wieder die Städte, das Land, die Luft, die Zeit und vieles mehr zurückerobern. Dabei werden unvermeidlich ebenso zentrale Pfeiler der heutigen Lebens- und Produktionsweise angegriffen: Autoindustrie, Flugverkehr, Energieströme, Subventionen für Konzerne, Macht- und Lobbystrukturen. Es geht also schon um viel. Und wie bei einer Revolution wird das alles nicht gehen, ohne dass viele, eben alle, die raus wollen aus den bestehenden

14 Dieser Fahrplan erschien als Beilage eines Extraheftes der Zeitschrift *Lunapark21* (LP21 Extra 12/13), Sommer 2016.

15 Im Februar 2021 stellte sich allerdings heraus, dass die Deutsche Bahn keine neuen Schlafwagen kaufen und keine neuen Nachtzüge auf die Schiene bringen will – der gemeinsame Auftritt u. a. mit der ÖBB war in erster Linie eine Show. Nicht jedoch im Fall der ÖBB. Diese will in den nächsten Jahren die enorme Summe von 1,5 Milliarden Euro in ihr Nachtzugsegment investieren und dieses massiv ausbauen – weniger aus Klima- und Umweltschutzgründen, sondern vor allem, weil sich dies als gewinnbringend erweist. Zitat oben: Presseerklärung von Bahn für Alle vom 7. Dezember 2020.

Verhältnissen, sich zusammenschließen und das gemeinsame Ziel verfolgen.

Tatsächlich geht es darum, wie wir uns dem Zustand der notwendigen Entschleunigung nähern. Und wie möglichst viel und auf möglichst kreative Weise Sand in das Getriebe der Geschwindigkeitsmaschine gelangt. Und just das – »Sand im Getriebe« – war der bezeichnende Name der Kampagne gegen die Internationale Automobilausstellung in Frankfurt am Main, über die in Kapitel 1 berichtet wurde. Sie existiert weiter und nimmt im Jahr 2021 neu Fahrt auf.

Das Getriebe, um das es hier geht, ist jedoch nicht im direkten Sinn eine Zeitvernichtungsmaschine. Der Tempowahn und die Fetischisierung der Geschwindigkeit sind in erster Linie ein Resultat der bestehenden kapitalistischen Wirtschaftsweise. Letzten Ende – und das versuchte ich in diesem Buch immer wieder herauszuarbeiten – ist die Basis dieses Tempowahns eine »Ökonomie des Terrors«, wie es einmal in einem populären Buch formuliert wurde,[16] die ausschließlich auf die Verwertung des angelegten Kapitals und auf Profitmaximierung, resultierend aus dieser Kapitalverwertung, abzielt. Diese auf ein immer brutaleres Zeitdiktat ausgerichtete Wirtschaftsweise, kurz Kapitalismus genannt, geht bei der Anlagenverwertung nicht nur über Leichen – sie ist auch rücksichtslos gegenüber Gesundheit und Natur, ja, sie ist offensichtlich sehr konkret dabei, die Grundlagen für das menschliche Leben auf dem Planeten Erde zu zerstören. Dies wird am deutlichsten bei der drohenden Klimakatastrophe.

Diese Basis unserer Gesellschaft muss schlicht und einfach umgewälzt werden, wofür das lateinische Wort revolvere steht: Notwendig ist eine Gesellschaft, in der der Mensch, seine Bedürfnisse, die Umwelt, die Natur und damit auch das Klima im Zentrum stehen. Hier sei schlicht und kühl die Notwendigkeit dieses Prozesses festgestellt. Wie das zu bewerkstelligen ist und wer das tun wird, wird

16 Viviane Forrester, Der Terror der Ökonomie, Wien 1997 (Originalausgabe 1996 »L'heurreur économique).

sich herausstellen. 2018 war der Name Greta Thunberg hierzulande noch niemandem bekannt und eine Massenbewegung, wie es sie im Jahr 2019 in größeren Teilen der Welt zur Rettung des Klimas gab, damals noch getragen von jungen Menschen und mehrheitlich von jungen Frauen, erschien allen völlig unvorstellbar. Tragisch ist, dass diese einmalige Massenbewegung von den bestehenden traditionellen fortschrittlichen Organisationen, Parteien und Verbänden viel zu wenig und wenn, dann oft instrumentalisierend, aufgegriffen und unterstützt wurde. Überhaupt spielen die Themen Umwelt und Klimaerwärmung in den Gewerkschaften eine völlig untergeordnete Rolle. Und natürlich müsste die Revolution der Beschleunigung von den arbeitenden Menschen – hier heute von Klasse zu reden, ist sicherlich kühn – und deren Organisationen, also den Gewerkschaften, mitgetragen werden. Stattdessen frönen diese Organisationen selbst dem Wachstumsglauben und fordern für die Nach-Corona-Zeit höhere Wachstumsraten, möglichst schnell die erste Million Elektroautos und ein paar Millionen neu gebaute Wohnungen.

Ist die einmalige Fridays-for-Future-Bewegung, in der doch erstmals die junge Generation sich gegen diesen irrationalen Wachstumsglauben aussprach, bereits wieder vergessen? Ja – »Die Zeit fährt Auto«, schrieb Erich Kästner. Doch wir sollten alles tun, selbst das Steuer zu übernehmen. Und verdeutlichen, dass Zeitdiktat und Fetisch Geschwindigkeit unmenschlich und uncool sind, dass die Entdeckung von Langsamkeit und eine entschleunigte Gesellschaft auch für Lebensfreunde und Genuss stehen. Die Menschen, die bei all dem Zeitdiktat noch fähig sind von einer anderen, einer solidarischen und genussvollen Welt zu träumen, die träumen nicht von Geschwindigkeitsrekorden, nicht von einem Roboter auf dem Mars und nicht von einer Künstlichen Intelligenz, die uns eine SMS aufs Handy schickt, wenn im Kühlschrank die Milch sauer wird. Sie träumen von einer Gesellschaft ohne Zwang zur Arbeit, aber oft durchaus mit Lust an kreativer Arbeit, von einem erfüllten Leben mit viel Freundschaft und umfassender Solidarität und buntscheckiger Kultur. In einer

Formulierung, die vor 170 Jahren für solche Verhältnisse gefunden wurde, ist die Rede von einer »kommunistischen Gesellschaft, wo Jeder nicht einen ausschließlichen Kreis der Tätigkeit hat, sondern sich in jedem beliebigen Zweige ausbilden kann, die Gesellschaft die allgemeine Produktion regelt und mir eben dadurch möglich macht, heute dies, morgen jenes zu tun, morgens zu jagen, nachmittags zu fischen, abends Viehzucht zu treiben, nach dem Essen zu kritisieren, wie ich gerade Lust habe, ohne je Jäger, Fischer, Hirt oder Kritiker zu werden.«[17]

Wenn es uns gelingt, eine solche Vision in moderner Sprache und mit Witz und Kreativität auszumalen und in Teilen zu leben, dann ist bereits viel gewonnen. Es war die kluge Kunstfigur Ziffel, die sich bei Bertolt Brecht in den »Flüchtlingsgesprächen« in diesem Sinn aufschlussreiche Gedanken machte: »Ich hab mich oft gewundert, warum die linken Schriftsteller zum Aufhetzen nicht saftige Beschreibungen von den Genüssen anfertigen, die man hat, wenn man hat. Ich seh' immer nur Handbücher, mit denen man sich über die Philosophie und die Moral informieren kann. [...] Eine einfache Beschreibung der Käsesorten, fachlich und anschaulich geschrieben, oder ein künstlerisch empfundenes Bild von einem echten Omelette würde ungemein bildend wirken.«[18]

17 Karl Marx, Die deutsche Ideologie, MEW Band 3, Seite 33.
18 Bertolt Brecht, Flüchtlingsgespräche, Gesammelte Werke, Frankfurt/M. 1967, Band 14, Seite 1393.

Literaturverzeichnis

Hendrik Ankenbrandt und Susanne Preuß, Wie man aus Pferdestärken Gold macht, in: Frankfurter Allgemeine Zeitung vom 13. Oktober 2020
Autorenkollektiv, Einbaum – Dampflok – Düsenklipper, Leipzig 1968

Wilfried Bade, Das Auto erobert die Welt, Biographie des Kraftwagens, Berlin 1938
P.S. Bagwell, The Transport Revolution from 1770, London 1974
Christian Bale; Interview mit Christian Bale und Matt Damon über rasende Männer, Frankfurter Allgemeine Zeitung vom 23. November 2019
J.G. Ballard (James Graham B.), Betoninsel. Roman, Frankfurt/M. 1973 (engl. Originaltitel: Concrete Island, London 1972)
Wolfgang Behringer, Thurn und Taxis: Die Geschichte ihrer Post und ihrer Unternehmen, München – Zürich 1990
Walter Benjamin, Gesammelte Schriften, Frankfurt/M. 1999, Band V/2, Das Passagenwerk
Bertolt Brecht, Flüchtlingsgespräche, Gesammelte Werke, Band 14, Frankfurt/M. 1967
Gisbert L. Brunner, Das war hier schon immer so. Im Vallée de Joux, dem Mekka der feinen Uhrmacherei, in: Süddeutsche Zeitung vom 26. Oktober 1993.
Heinrich Brüning, Memoiren 1918-11934, Stuttgart 1970
Michael Busse, Die Autodämmerung, Sachzwänge für eine neue Verkehrspolitik, FrankfurtM. 1980

Mike Clark, Leeds and Liverpool Canal. A History and Guide, Aston 1990 (Carnegie Press),

Patrick Dempsey, Um Leben und Tod, Interview in. Der Spiegel 40/2015
Colin Dexter, Mord am Oxford-Kanal, Hamburg 1990, S. 41. Original: The Wench is Dead, London 1989

Norbert Elias, Über die Zeit, Frankfurt/M. 1988,
Friedrich Engels, Lage der arbeitenden Klasse in England, erstmals erschienen 1845, MEW, 2
Detlef Esslinger, Wenn nichts mehr geht, Ein Crash-Kurs über Amerika, in: Süddeutsche Zeitung vom 22. August 2015

Jens Flottau, Wie es bei Airbus weitergehen soll, in: Süddeutsche Zeitung vom 19. Februar 2021
Henry Ford, Mein Leben, München 1923, S. 182 (Originalausgabe: My Life and my Work, New York 1922)
Henry Ford, Der internationale Jude – Ein Weltproblem. Das erste amerikanische Buch über die Judenfrage, Leipzig 1922
Viviane Forrester, Der Terror der Ökonomie, Wien 1997 (Originalausgabe: L´heurreur économique, Paris 1996)
Ron Freethy und Catherine Woods, Discovering the Leeds to Liverpool Canal, ohne Ort und Jahr (printed by Tamley-Reed-Limited)
Gisela Friedrichsen, Sinnloser Tod durch hirnlose Raserei, in: Die Welt vom 16. November 2019
Kristian Frigelj, Das Rad soll das Auto verdrängen – Münster plant ein verkehrspolitisches Experiment – und nimmt sich Groningen als Vorbild, in: Die Welt vom 2. Februar 2019

Hannes Gamillscheg, Sie fahren wie verrückt, in: Frankfurter Rundschau vom 25. Februar 2005

Global 2000 und Finance & Trade Watch, Grünes Fliegen – gibt es das?, Wien, November 2017
Klaus Gietinger, 99 Crashes. Prominente Unfallopfer, Frankfurt/M. 2014
Klaus Gietinger, Vollbremsung – Warum das Auto keine Zukunft hat und wir trotzdem weiterkommen, Frankfurt/M. 2019
Eberhard Greiser und Claudia Greiser, Epi-Consult GmbH, Musweiler; erstellt im Auftrag des Umweltbundesamtes, Dessau-Roßlau, März 2010.
Eckard Grube und Erhard Schütz, Mythos Reichsautobahn – Bau und Inszenierung der „Straßen des Führers" 1933-1941, Berlin 1996
Bernd Guggenberger, Unterwegs im Nirgendwo. Von der Raum- zur Zeitordnung, in: Zeiträume – Raumzeiten – Zeitträume, München 1991

Alexander Hagelüken, Zum Kegeln nach Mallorca, in: Süddeutsche Zeitung vom 5. Juli 2007
Anno Hecker, Spiel mit dem Tod, in: Frankfurter Allgemeine Zeitung vom 7. September 2019
Lisa Hegemann und Dirk Peitz, In der Luft wird es keinen Stau geben, in: Zeit-online vom 20. Juni 2019
Heinrich Heine, Die schlesischen Weber, Heinrich Heine, Sämtliche Schriften, Band 4, München 1997
Heinrich Heine, Die schlesischen Weber, Heinrich Heine, Lutetia, Sämtliche Schriften, München 1997, Band 5
Marcus Hellwig, Nils Mertens und Hartmut Wagner, Vier Tote nach Horror-Unfall mit SUV, in: Bild am Sonntag vom 8. September 2019
Michael Hennecka, Hundertfünfzig Jahre Eisenbahn. Für die Bahn ist der Zug längst abgefahren, in: Tageszeitung (taz) vom 18. Januar 1985
Werner Herzog: „Die Stechuhren kurz und klein schlagen", Interview in Handelsblatt vom 1. November 2019
Tim Höfinghoff, Netjets: „Warren Buffet ist wichtig für uns", in: Handelszeitung (Schweiz) vom 26. Februar 2016
Anton Hofreiter, VW ist immer am langsamsten, Interview in: Handelsblatt vom 3. November 2016
Brian Hollingsworth, Railways oft the World, New York 1979
Sebastian Huld, „Zombieflughafen" – Deutschlands Regionalairports in der Kritik, Capital vom 18. Februar 2021
Michael Hüther, Institut der deutschen Wirtschaft (IW), in Cicero vom 13. Januar 2021

Ivan Illlich, Die sogenannt Energiekrise oder die Lähmung der Gesellschaft, Reinbek 1974
Ivan Illich, Selbstbegrenzung. Eine politische Kritik der Technik, München 1998
International Air Transportation Association (IATA), IATA Annual Review 2020, Februar 2021
International Civil Aviation Organization (ICAO), ICAO Air Transport Report 2021
Katharina Iskandar, Außer Kontrolle, in: Frankfurter Allgemeine Zeitung vom 13. Oktober 2020

Hermann Knoflacher, Stehzeuge. Der Stau ist kein Verkehrsproblem, Wien 2001
Timo Koch, Aggressive Stimmung auf den Straßen, Berliner Zeitung vom 11. August 2016
Heiner Köhnen, Industrielle Beziehungen und betriebliche Auseinandersetzungen in Nordamerika – Neue Unternehmensstrategien und die Automobilgewerkschaften UAW und CAW, Münster 2000
Körber-Stiftung - Autos an die Front - Krieg auf vier Rädern, in: Geschichte mit Pfiff, Nürnberg, Nr. 1/1986; und Verkehrsrevolution Krieg, in: Spuren sichern - Schülerwettbewerb Deutsche Geschichte um den Preis des Bundespräsidenten, herausgegeben von der Körber-Stiftung, Nr. 4/1990

Bernhard Knierim, Carl Waßmuth, Winfried Wolf, Verkehrswende EU. Entwicklung und Bilanz des Personen- und Güterverkehrs und die politischen Gegenmaßnahmen mit dem Ziel eines nachhaltigen Verkehrssektors, Oktober 2020, S. 23. Studie verfasst im Auftrag der Fraktion GUE/NGL im Europaparlament.

Jens Koenen und Christian Wermke, In der Meilenfalle, in: Handelsblatt vom 25. Oktober 2019.

Gernot Kramper, Eisenbahntechnologie – schneller als ein Flugzeug. Südkoreas Hyperzug erreicht über 1000 km/h, in: Stern vom 13. November 2011.

Gernot Kramper, 1000 km7h – Chinas neue Züge sind schneller als ein Flugzeug, in: Stern vom 10. März 2018

Anja Krieger und Gerhard Richter, Vielfliegerei – Jede Flugmeile hat ihren Preis, in: taz vom 1. März 2015

Milan Kundera, Die Unsterblichkeit, Frankfurt/M. 2014

Robert Lacey, Ford - Eine amerikanische Dynastie, Düsseldorf – Wien – New York 1987 (Originalausgabe: Ford, The Men and the Machine, London 1986

Lee Lacy, Dwigt D. Eisenhower and the birth of the Interstate Highway System, 20. Februar 2018 https://www.army.mil/article/198095/dwight_d_eisenhower_and_the_birth_of_the_interstate_highway_system]

Freddy Langer, Weinprobe im Weltall, in: Frankfurter Allgemeine Zeitung vom 26. April 2018

Friedrich List im Staatslexikon von Rotteck Welcker, erschienen 1837. Wiedergegeben in der Einleitung zu Lists Schrift Über ein sächsisches Eisenbahn-System als Grundlage eines allgemeinen deutschen Eisenbahn-System, Leipzig o.J., Druck und Verlag von Philipp Reclam jun. (Erstveröffentlichung 1833).

Karl-Heinz Ludewig und Winfried Wolf, Transrapid, Chinarapid, Metrorapid – Hochsubventionierte Wege in eine verkehrspolitische Sackgasse, Berlin 2002

Ernest Mandel, Die Konkurrenz EWG – USA, Frankfurt/M. 1969

Gabriel García Márquez, Hundert Jahre Einsamkeit, Original 1967 (deutsche Ausgabe Köln 1970)

Karl Marx, Deutschen Ideologie, MEW Band 3

Karl Marx, Elend der Philosophie, MEW 4

Karl Marx, Kapital Band III, MEW Band 25

Hans W. Meyer, Mit 432,7 Stundenkilometer über die Reichsautobahn, in: Die Welt vom 12. März 2018

Petra Mies, „Ohne Rücksicht auf Verluste", in: Frankfurter Rundschau vom 5. Februar 2004

Matthias Moetsch, Unheilige Allianz, in: AutoBild vom 17. Oktober 2019

Massimo Moraglio, Driving Modernity. Technology, Experts, Politics and Fascists Motorways 1922-1943, New York 2017

Max Mosley, „Sex ist so irrational wie Rennwegen fahren", Interview in: Stern vom 1. Oktober 2015

Erhard Oeser, Zeitpfeil und Zeithorizonte, in: Zeit-Räume. Zeiträume – Raumzeiten – Zeitträume. Herausgegeben von Martin Bergelt und Hortensia Völckers, Wien 1991

Organisation Internationale des Constructeurs d´Automobiles (OICA)

Sven Pieper, Die Ära der Kanäle, in: Bauwelt 14 vom 12. April 1991 (82. Jahrgang)

Thomas Piketty, Kapital und Ideologie, München 2020

Alfred Pückel, Die Reichsautobahn Frankfurt a. M. – Mannheim – Heidelberg, in: Die Straße herausgegeben vom Generalinspekteur für das deutsche Straßenwesen, Heft 9 /1935

Wiebke Ramm, So wurde Raserei zum Mord, in: Der Spiegel vom 18. Juni 2020.
Ruben Rehage, Illegal? Scheißegal – Autorennen, in: Stern vom 24. November 2016
Ralf Roman Rossberg, Geschichte der Eisenbahn, Künzelsau 1977

Gerald Sammet, Das Klassensystem der Beweglichkeit, in: Sonderbeilage der Nürnberger Nachrichten vom 10. Mai 1985
Barbara Schäfer, Die Straße der Sehnsucht, in: Frankfurter Allgemeine Zeitung vom 19.10. 2006
Christoph Schäfer, Der Tod ist nicht kostenlos, in: Frankfurter Allgemeine Zeitung vom 18. Januar 2021
Wolfgang Schivelbusch, Geschichte der Eisenbahnreise, Frankfurt/M. – Berlin – Wien 1977
Philipp Schneider, Mordsidee – Die Formel E feiert ihren Saisonstart ausgerechnet im Öl- und Folterstaat Saudi-Arabien, in: Süddeutsche Zeitung vom 15. Dezember 2018
Heidemarie Schröder, Tesla in Grünheide – der Klimaretter Musk als Klimazerstörer, in: Lunapark21, Heft 53, Frühjahr 2021
Allgemeine Geschichte der Technik von den Anfängen bis 1870, herausgegeben von Semjon W. Schuchardin, Nikolai K. Laman, Alexander S. Fjodorow, Leipzig 1981
Elisa Schwarz, Rechts fährt der Neid, in: Süddeutsche Zeitung vom 25. Januar 2020
Werner Sombart, Die deutsche Volkswirtschaf im neunzehnten Jahrhundert und im Anfang des 20. Jahrhunderts – Eine Einführung in die Nationalökonomie, Berlin, 7. Auflage 1927
Andreas Spaeth, Die Demokratisierung des Himmels, Süddeutsche Zeitung vom 11. Oktober 2003
Andreas Spaeth, Concorde-Katastrophe – 133 Sekunden in der Hölle, Spiegel vom 23. Juli 2010
Andreas Spaeth, First Class – Jetzt ERST recht, in: Business Traveller Januar 2018
Bruce Springsteen , LP Darkness on the Edge of Town
John Steinbeck, Travels with Charley – In Search of America, New York 1961

Edward P. Thompson, Zeit, Arbeitsdisziplin und Industriekapitalismus, in: Derselbe, Plebeische Kultur und moralische Ökonomie. Aufsätze zur englischen Sozialgeschichte des 18. und 19. Jahrhunderts, ausgewählt und eingeleitet von Dieter Groh, Frankfurt/M. – Berlin – Wien 1980
Transport & Environment, Passenger Transport in the EU´s VAT system – Time to abolish exemptions, Brüssel 2016
Mark Twain, Bummel durch Europa – Den Fluß hinunter - Heidelberg 1878

Hans-Joachim Uhlemann, Berlin und die märkischen Wasserstraßen, Berlin 1987

Verkehr in Zahlen 2020/21, herausgegeben vom Bundesministerium für Verkehr und digitale Infrastruktur [und vorausgegangene Ausgaben]
Paul Virilio, Geschwindigkeit und Politik – Ein Essay zur Dromologie, Berlin 1980

Matthew L. Wald, "Walking? Beware the Male Driver!", in: New York Times vom 9. April 1999
Michael E. Ware, Canals and Waterways, Aylesbury 1987
Lukas Weber, Raubtier mit Beißhemmung, in: Frankfurter Allgemeine Zeitung vom 2. Juli 2019
Winfried Wolf, Alpträume und Visionen – Ein Beitrag der Deutschen Bundesbahn zu einem Verkehrskonzept der Zug-kunft, in: Auf der Strecke zwischen Fulda, Kassel und Hannover – Halbjahrestagung der Vereinigung der Stadt-, Regional- und Landesplaner e.V. (SRL), Bochum 1981
Winfried Wolf, Eisenbahn und Autowahn, 3. und erweiterte Auflage Hamburg 1992 (Erstveröffentlichung Hamburg 1986)

Winfried Wolf, Berlin – Weltstadt ohne Auto? Eine Verkehrsgeschichte 1848 - 2015, Köln 1994
Winfried Wolf, Verkehr. Umwelt. Klima – Die Globalisierung des Tempowahns, 2. und erweiterte Auflage, Wien 2009 (Erstveröffentlichung 2007)
Winfried Wolf, Das Aus des A380, Nachdenkseiten vom 19. Februar 2019
Winfried Wolf, Mit dem Elektroauto in die Sackgasse. Warum E-Mobilität den Klimawandel beschleunigt, Wien 2020, 3. und erweiterte Auflage
Winfried Wolf, abgrundtief + bodenlos, Stuttgart 21, sein absehbares Scheitern und die Kultur des Widerstands, 3. und erweiterte Auflage Köln 2019
Winfried Wolf, Stuttgart 2030 – Eine Stadt für die Menschen, Stuttgart Oktober 2020

Daniel Yergin, Der Preis - Die Jagd nach Öl, Geld und Macht, Frankfurt/M. 1991, S. 270 (Original: The Prize. The Epic Quest for Oil, Money, and Power, New York 1991)

Christian Zaschke, Ende des Tunnels, in: Süddeutsche Zeitung vom 20. Februar 2021
Daniela Zenone, Das Automobil im italienischen Futurismus und Faschismus – Seine ästhetische und politische Bedeutung, Projektgruppe Mobilität, Wissenschaftszentrum Berlin für Sozialforschung (WZB), Berlin o.J. (2002)

Winfried Wolf

Mit dem Elektroauto in die Sackgasse

Warum E-Mobilität
den Klimawandel beschleunigt

ISBN 978-3-85371-472-0, br., 232 Seiten, 17,90 €
E-Book: ISBN 978-3-85371-870-4, 15,99 €

Winfried Wolf

Verkehr. Umwelt. Klima

Die Globalisierung
des Tempowahns

ISBN 978-3-85371-300-6, geb., 512 Seiten, 36,90 €